persist

帝国突围

摇晃中的光绪二十四年

余 音 著

rigorous

上海远東出版社

图书在版编目(CIP)数据

帝国突围：摇晃中的光绪二十四年/余音著.
—上海：上海远东出版社，2018
ISBN 978-7-5476-1422-8

Ⅰ.①帝… Ⅱ.①余… Ⅲ.①戊戌变法—史料
Ⅳ.①K256.506

中国版本图书馆 CIP 数据核字(2018)第 202367 号

策　　划　曹　建

责任编辑　唐　鋆　曹　建

封面设计　张晶灵

帝国突围

——摇晃中的光绪二十四年

余　音　著

出　　版　上海遠東出版社

（200235　中国上海市钦州南路 81 号）

发　　行　上海人民出版社发行中心

印　　刷　昆山亭林印刷有限公司

开　　本　710×1000　　1/16

印　　张　13.75

字　　数　176 000

版　　次　2019 年 1 月第 1 版

印　　次　2019 年 2 月第 2 次印刷

ISBN 978-7-5476-1422-8/K·175

定　　价　56.00 元

我的“实说”历史主张

人类凶猛不如虎豹、灵巧不如雄鹰、奔跑不如羚羊、耐力不如骆驼，为何能成为地球之王？一言以蔽之，人类懂得历史，也就是懂得站在前人的肩膀上、以史为鉴、吃一堑长一智，在与自然界的长期斗争中，通过总结—提高—再总结—再提高，循环往复，最终优胜劣汰，取得了决定性的胜利。所以，历史学是人类社会有史以来最古老，最重要，也最有生命力的一门学问，文史著述永远都不会缺乏读者。

不同的“理论”导致不同的结果

关于研究历史的理论，多如牛毛。纵观过去研究历史的方法，解读、传承历史知识的模式，概括地说，可以分为三种类型：

其一，“戏说”，就是把历史演义化、庸俗化、戏剧化，只要能够吸引眼球、赚取“银子”，就可以肆意篡改、曲解，甚至是编造“历史”。

其二，“自说”，就是按照自己的理解、认知，打着“一家之言”的旗号，把历史当作面团，随意解读，难免坠入主观主义的泥潭。

其三，“纸说”，就是从故纸堆里寻章摘句，从文本到文本进行纯理性推演，形成一定的观点，得出“结论”。表面上，这些“结论”看似言之有据，实质上却与历史真相南辕北辙。

“实说”才是唯一正确的方法

所谓“实说”历史，有三层含义：

一是立论所依据的史料，应该是经过认真辨析的信史。

二是对可信史料的综合研究，不但要注意到该史料本身的价值，而且要注意该史料在当时的社会价值，即在当时语境下所产生的实际的社会效果。

三是对研究所得出的结论，还要放回当时的社会条件下加以检验，不王顾左右而言他，不为盈利而媚俗、作秀，本着学术良知，按照学术规范，秉笔直书，实话实说，实事求是地撰写、发表自己的学术研究成果。

四种历史理论优劣之比较

“戏说”，实际上就是历史虚无主义。从文学或娱乐的角度，有其存在的合理性，但把“戏说”引入史学研究、传播领域，则是应该坚决反对的。

历史是客观的存在。史学研究的前提之一，就是注重客观性——公理。“自说”者虽然可以自圆其说，但是，由于其主观色彩浓厚，很容易偏离客观事实而断章取义，强词夺理。比如，纪连海口若悬河，言之有“据”，将大禹“三过家门不入”的原因归结为他的“婚外情”，不仅是纯属虚构的无稽之谈，还是对华夏先祖的糟蹋和亵渎。博导、教授于丹不管《论语》的原意，在《于丹〈论语〉心得》中公开打出“一家之言”的旗号，任意解读《论语》，甚至望文生义，将“小人”曲解为“小孩子”，露出了自己学风不正、学识不精的“马大脚”。而轰动一时的《明朝那些事儿》，也充满了浓厚的“自说”色彩。

“纸说”是一般历史学者通用的研究方法，其危害尚未引起人们的足够重视。为了说明“纸说”与“实说”的本质区别，特举一例如下：

《康有为政论集》将《请断发易服改元折》[1]等《戊戌奏稿》全部作为真件收入。孔祥吉研究后指出，康有为的《戊戌奏稿》"于宣统三年(1911年)才出书，其距离百日维新已达十三年之久。事过境迁，政治形势发生了很大变化。因此，《戊戌奏稿》所辑奏疏之内容多有改易，特别是在一些重大问题上。"[2]不少奏稿并未送达朝廷，所以，在戊戌变法期间没有发生实际作用。一些研究者不辨真伪，以《戊戌奏稿》为基本依据来研究戊戌变法，闭门造车地撰写《戊戌变法史》等鸿篇著述，将高楼大厦建筑在谎言的沙滩上，其研究成果的科学性难免会大打折扣。

再比如，宋德华对《请断发易服改元折》进行了深入考证，指出"原折仅请改元易服"，"《断发折》并非戊戌年原折，而系日后重拟。"[3]即使是就1898年9月5日康有为上的《请易服改元折》而言，一般论者认为易服是"把变衣冠作为学习西方文明的一项重要内容，具有开启民智的意义"。而回到历史现场考察，就会发现，康有为此举实际上是脱离当时国情的激进主张，对戊戌变法起到的是损害作用。康有为的主张一经提出，立即遭到朝野反对，就连老百姓都不赞成。同情维新的封疆大吏刘坤一明确批评说："新法如改练洋操、添设学堂，实为当务之急，至欲变更衣冠，以新耳目，未免有拂人情。"[4]"易服"受阻，原因何在呢？

俗话说，江山易改，本性难移。风俗的形成，有一个漫长的过程。移风易俗，绝不可能一蹴而就。有些生活习俗，在理论上是可以而且应该改变的，在以后的岁月里也确实得到了逐渐的改变。但是，在特定的历史阶段，一下子"齐步走""向后转"就难以实现。比如，抽香烟的危害，那是人人皆知的。每包香烟的烟盒上，都按规定印有"吸烟有害健康"的警示语。但是，谁能下令全国烟民立即戒烟呢？一旦做出这个脱离实际的决定，其后果的严重性，不言自明。

---

① 汤志钧编：《康有为政论集》，中华书局，1981年版，第369页。

② 孔祥吉：《康有为变法奏议研究》，辽宁教育出版社，1988年版，第383页。

③ 宋德华：《〈戊戌奏稿〉考略》，《华南师范大学学报：社科版》，1988年第1期。

④ 中科院历史所第三所编：《刘坤一遗集》，中华书局，1959年版。

仍以“易服”为例，当时戊戌变法已进入攻坚阶段，光绪皇帝与慈禧太后的矛盾已呈白热化状态，改革有很多重要工作要做，维新派需要建立强有力的“统一战线”，变法大业更离不开强大的社会舆论基础做后盾。康有为贸然抛出“易服”主张，让人们马上脱掉穿了二百多年的长袍马褂，换成西装革履。且不说从审美角度上看，当时的人们是否能够接受，就是从更换服装的费用上来说，很多家庭也是一时难以负担的。所以，“易服”主张理所当然地受到了大多数人的抵制，维新派的威望因而降低，支持变法的社会力量因而涣散。用“纸说”方法分析，康有为的“易服”主张似乎是引领了时代之潮流，“具有开启民智的意义”；而回到戊戌变法现场，进一步考察“易服”主张所产生的实际社会效果，就会得出康有为此举是喧宾夺主、有悖民意、自乱阵线的败招的结论——这才是符合历史真相的科学论断。由此可知，“纸说”不过是飘浮在空中的枯树叶，而“实说”才是扎根于历史土壤的常青树。

并非多余的话

这些年来，“历史热”从未有降温的迹象，历史著述一直受到读者的青睐，研究、写作、讲座历史知识的人与日俱增，许多禁区被突破，许多空白被填补，许多定论被推翻，许多错案被纠正……可以说是百家登台，众声喧哗，鱼龙混杂。我也不能免俗，因研究中国改革家的楷模孙家鼐，而意外地闯入戊戌变法研究领域，阅读了各位前辈的研究成果，研究了许多史料，接触到一些当代戊戌变法专家、学者，眼界洞开，受益匪浅。窃以为，本书是站在前人肩膀上所做的创新之论，也是对以前历史研究方法、理论及其成果的深刻反思——因为我看到了相当多“成果”，不是戏说、自说，就是纸说。我们怎么可以给虔诚的、嗷嗷待哺、也是上帝的读者提供掺有大量“三聚氰胺”的文史“乳品”呢？作为专家、学者，我们是否应该具有学术良知？这种欺世盗名的“成果”与市场上不法奸商兜售的假冒伪劣食品，又有什么本质上的区别？

或许，有人会质疑：世上真有这样的专家、学者，举个例子看看啊？

远有康有为，近有郭沫若，当下的阎崇年，都可以算是典型代表。

康有为头上有很多光环，比如戊戌变法领袖、国学（儒学）大师、教育大师、书坛巨擘……康有为著述甚丰，其言论曾经作为戊戌变法研究的基本依据而广受重视。其实，回到戊戌变法现场，就会发现，这个并未到任的七品工部主事，在红顶如云、等级森严的晚清京师，并非一个举足轻重的人物，不要说其无法操纵国家决策，就是他的变法宣传所产生的积极影响也是十分有限的。而且，其得意弟子梁启超早在康老师还健在时，就坦率地批评道："（康）有为以好博好异之故，往往不惜抹杀证据或曲解证据，以犯科学家之大忌，此其所短也。有为之为人也，万事纯任主观，自信力极强，而持之极毅；其对于客观的事实，或竟蔑视，或必欲强之以从我。……其所以自成家数崛起一时者以此，其所以不能立健实之基础者亦以此；读《新学伪经考》而可见也。"

作为戊戌变法的亲历者，20 世纪 20 年代，梁启超也承认："吾二十年前所著《戊戌政变记》，后之作清史者记戊戌事，谁不认为可贵之史料？然谓所记悉为信史，吾已不敢自承。何则？感情作用所支配，不免将真迹放大也。"①20 世纪 60 年以来，经过黄彰健、孔祥吉等学者的考证、揭露，人们才恍然大悟，"以前研究戊戌变法和康有为上书都根据康有为本人于宣统三年五月刊印的《戊戌奏稿》，大家对之深信不疑。哪里会想到，他所刊行的并非戊戌时期的真奏议。康有为部分是由于原稿不在手头，更重要的是为了辛亥革命期间的政治需要，竟把自己过去的上书增删篡改，弄得面目全非，刊印公布出来。这样就把后世的研究工作引入了歧途。"②《戊戌政变记》实为康梁的政治宣传品，而非纪实的信史，其描述带有康梁固有的党派色彩和偏见。"康有为确是维新变法的重要人物之一，但是把康有为的活动等同于维新变法运动，以康有为为惟一进步的力量，并仅从康有为的角度来描述整个

---

① 梁启超：《中国历史研究法》，上海古籍出版社，1998 年版，第 97 页。

② 戴逸：《康有为变法奏议研究·序》。《康有为变法奏议研究》，辽宁教育出版社，1988 年版，第 3—4 页。

维新运动，并不正确。”①

郭沫若在中国文学史、学术史、政治史上，都是举足轻重的大家，其历史著述的权威性，在一定阶段曾经无人能比。但是，晚年的郭沫若却“脱胎换骨”，与先前那个追求真理、主张正义、敢怒敢言、文采飞扬的郭沫若判若两人，不仅诗文极尽奴言卑膝之能事，而且，在学术研究中，也是主动献媚，刻意逢迎，《李白与杜甫》一直为学界所诟病。1969 年 1 月，他在给友人周国平的一封信中，不无愧疚地说：“我这个老兵非常羡慕你，你现在走的路才是真正的路。可惜我‘老’了，成为了一个一辈子言行不一致的人。”

阎崇年曾坐过十年冷板凳，是著名的清史专家。但是，在中央电视台的“百家讲坛”栏目中，他竟不顾历史事实和民族血泪，大放厥词：“剃发易服是民族文化的一种交流形式。”“文字狱有它的历史局限性，虽然制约了一定的思想灵性，但起码维持了社会稳定。”作为专家学者，他却不能设身处地地回到历史现场：当年满清占领者自食“不杀人，不剃发，安民乐业”的郑重承诺，颁布“剃发令”，限十日内尽行剃头，削发垂辫。在滴血的刀剑威逼之下，汉文化圈几千年来相沿成习的发式被强行改变，以至于留发不留头、留头不留发，使数以百万计维护民族尊严、不愿剃发留辫的汉族百姓惨遭杀害。“百家讲坛”在普及历史文化知识方面，做出过有益的探索。可是，阎老先生却在“百家讲坛”上公然赞美惨无人道、禁锢思想、灭绝中华民族整体创造活力的“文字狱”，的确让人心寒。

“建国后相当长的一段时间里，我们近代史的研究比较强调事件的起因、人物的动机，好以起因定性质、以动机判善恶，而对历史事件及历史人物的所作所为在当时社会实际所产生的效果重视不够，对一些历史事件及人物的褒扬也往往只是归结到精神的层面，夸赞其‘斗争精神’如何如何。这实际是一种纯道德的评判标准。……这种评判标准把错综复杂的历史发展进程简单化、脸谱化了，同时它也夸大了道德在历史发展中的作用，忽视了

---

① 戚学民：《〈戊戌政变记〉的主题及其与时事的关系》，《近代史的研究》，2001 年第六期，第 117 页。

历史事件和人物活动的社会效果，尤其忽视了生产力的发展这个‘社会进步的最高标准’。以此来评判历史，显然不能得出符合历史实际的正确结论。”①这种伪学术研究模式，如今已不该提倡。回到历史现场，以“生产力标准”作为研究指针，重估历史，刻不容缓！

真正的专家、学者，就应该回归学术，追求真理，不应该媚俗、低俗、哗众取宠，更不应该昧着良心，有意给读者提供含有“三聚氰胺”的文史成果！

① 赵春晨：《坚持实践第一，重在社会效果的评价标准》，《颇多建树 大有可为——简评建国以来对维新派与维新运动的研究》，广州《学术研究》，1998 年第 9 期。

目　录

人 物 新 论

变法新说

第一章

戊戌政变其实并未发生过

从 1898 年 6 月 11 日（光绪二十四年四月二十三日），以光绪皇帝颁布《明定国是诏》为标志，戊戌变法拉开帷幕。到 9 月 21 日（八月初六），慈禧太后第三次训政，戊戌变法仅仅存活了 103 天，所以，戊戌变法也被人们称作“百日维新”。

“戊戌政变”的由来

戊戌变法终结后，梁启超在日本驻华使馆的庇护下，搭乘日本军舰“大岛”号，于 1898 年 10 月 18 日逃到日本东京。不久，康有为也在英国驻华使馆的庇护下，经香港赶到日本。劫后余生，师徒们异国重逢，禁不住悲从心来，抱头痛哭。梁启超为何不能像谭嗣同那样慷慨赴死、以血醒民呢？他在长诗《去国行》中做了一番自我辩解：

呜呼济艰乏才兮，儒冠容容；佞头不斩兮，侠剑无功。君恩友仇两未报，死于贼手毋乃非英雄，割慈忍泪出国门，掉头不顾吾其东。……吁嗟乎！男儿三十无奇功，誓把区区七尺还天公。……潇潇风雨满天地，飘然一声如转蓬。披发长啸览太空，前路蓬山一万重，掉头不顾吾其东。①

① 梁启超：《去国行》，《饮冰室合集·文集之四十五》，中华书局，1988 年版，第 2 页。

同年12月10日，日本《东亚时报》开始刊登梁启超《戊戌政变记》的有关章节。《东亚时报》虽是日文半月刊，但所连载的四期《戊戌政变记》却是中文。13天后，在横滨，梁启超在旅日华商冯镜如等人的资助下，正式创办《清议报》。该报是旬刊，每期40页，主笔梁启超。在发刊词中，梁启超开宗明义地指出《清议报》的性质是"为国民之耳目，作维新之喉舌"。在《支那近事》专栏中，梁启超又以任公为笔名，开始连载《戊戌政变记》并特意申明："政变记凡八篇，卷帙太繁，今先将第四篇登载于报中。"1899年5月，《新民丛报》社发行单行本《戊戌政变记》(九卷本)，长达11万字，属于纪事本末体，分为五篇。第一篇《改革实情》，记叙了康有为在变法时期的新政上书，集中说明康有为与戊戌变法兴起的直接关系；第二篇《废立始末记》，记录了慈禧太后发动戊戌政变、幽禁光绪帝的台前幕后；第三篇《政变前纪》，分析了政变原因；第四篇《政变正纪》，记载慈禧太后推翻新政、株连维新人士的情状；第五篇《殉难六烈士传》，为康广仁、杨深秀、杨锐、林旭、刘光第、谭嗣同分别作传，使其留名青史。

《戊戌政变记》是第一部系统记述、研究戊戌变法的著作。"梁启超将变法的过程描述为康有为由布衣而卿相的个人发迹史，将清政府陆续推行的新政缩减至康有为主导的'百日维新'[①]，将康有为思想诠释为戊戌年新政运动的唯一指导思想，将政变的原因约化为主维新的光绪和主守旧的慈禧之间的帝后党争。这些观点在现行的叙述中演变为：康有为是维新运动的主要领袖，康、梁、谭等人构成的维新派是当时唯一的进步力量，康有为的思想是变法的主导思想，他多年奔走推动了变法运动的发展，并最终得到光绪皇帝的支持，于1898年推行了短暂的新政。但是由于光绪皇帝没有实权，又与慈禧太后长期失和，维新派与顽固派的力量相差悬殊，变法被以慈禧太后为首的满汉顽固派所扼杀。"[②]

由于梁启超是戊戌变法运动的重要参与者，《戊戌政变记》又是戊戌变

① "百日维新"这一概念由梁启超提出。最早见于《清议报》中的《戊戌变记事本末》一文，专指1898年6月11日至同年9月21日的新政。

② 戚学民：《〈戊戌政变记〉的主题及其与时事的关系》，《近代史研究》，2001年，第六期，第82—83页。

法研究的开山之作，所以，《戊戌政变记》一直被众多戊戌变法研究者奉为经典，深信不疑，并以此为基础展开研究，不断“层累地”建立起一个以康有为为领袖、以康党为主角的戊戌变法话语叙述体系。“戊戌政变”一词也因此深入人心，成为戊戌变法研究的常识性概念。

但事实果真如此吗？

亲政本是一句空话

政变，有其特定、明确的定义。据《中国大百科全书·政治学卷》的解释，所谓政变，通常指统治集团少数人通过密谋，用政治手段或暴力手段等非正常途径实现国家权力转移的行为。① 政变的目的只有一个，就是自下而上，篡夺国家最高领导权。如果说“戊戌政变”的确发生过，那就应该是慈禧太后等少数顽固派用“政治手段或暴力手段”，从光绪帝手里突然夺回国家最高领导权。可是，在戊戌变法时段乃至整个光绪年间，光绪皇帝何时执掌过国家最高权力？

亲政之前，光绪帝毫无实权，这是毋庸置疑的。光绪不但在政事上无权可言，而且，连打理自己私生活的权利都被残忍地剥夺。

应该说，载湉刚入宫的那段岁月，慈禧太后还是很疼爱自己的亲侄子光绪(也是亲外甥)的。军机大臣、外务部尚书、协办大学士瞿鸿禨(1850—1918，湖南长沙人)在《圣德记略》中披露，有一次，慈禧太后在谈及光绪时，颇为动情地说：

> 皇帝入承大统，本我亲侄。从娘家算，又是我亲妹妹子，我岂有不爱怜之理！皇帝抱入宫时，才四岁，气体不充实，脐间常流湿不干，我每日亲与涂拭，昼间常卧我寝榻上，看着天气寒暖，亲自为他加减衣衿，节

① 中国大百科全书出版社编辑部：《中国大百科全书·政治学卷》，1992年版，第469页。

其饮食。皇帝自在醇王府时即胆怯，怕听到大声特别是雷声，每有打雷下雨，我都把他搂在怀里，寸步不离。皇帝三五岁后，我每日亲书方纸，教皇帝识字，口授读《四书》《诗经》，我爱怜惟恐不至……

慈禧还反复挑选，最终确定书法、学问、人品都闻名遐迩的翁同龢、孙家鼐等鸿儒为光绪师傅。翁同龢为光绪帝授课时，慈禧多次亲临毓庆宫，检查教学。每天放学后，光绪帝也像普通百姓家的孩子一样，去见慈禧，背诵当日功课。光绪十一年，当慈禧发现小光绪的作文颇有进步时，降下懿旨，要求把"（皇帝）每日所作诗、论及对子，均缮写清本，随功簿一并呈览"。光绪十三岁时，她又让光绪实习政务。大臣们递上奏折，慈禧总是让光绪也看一遍，她提出处理意见后，再给小皇帝解释这样决策的道理，传授治国理政的经验。同时，她还让翁同龢、孙家鼐等给光绪增加了讲解奏折的内容。这段时间，可以说是慈禧与光绪帝感情融洽的黄金时期。慈禧对光绪帝的表现也很满意，表扬他"实在好学，坐、立、卧皆诵书及诗"。

慈禧不慈，晚年犹嬉。她不仅工于心计、权欲无极，而且翻手覆云、冷酷无情。为了稳坐"女皇"宝座，她在物质上、精神上对光绪进行控制，恩威并施，不择手段。特别是发现成年后的光绪不太听话之后，更是脸色陡变，采用种种手段，对光绪加以虐待，使其身心受到极大摧残。光绪帝整日如履薄冰，战战兢兢，就像忍辱负重的汉献帝似的，过着非人般的生活。苏勋丞在《我所见到的慈禧和光绪》中回忆道：

光绪……那时约30多岁，中等身材，瘦长脸，面色苍白，体质羸弱。我们从未见他笑过。说实在的，他过的是囚犯生活，怎么能乐起来呀！慈禧每日三宴，每宴108样菜，光绪却没有这个排场。慈禧每餐拣自己不喜欢吃的三四样菜命人给光绪送去，以示慈爱。有时，三四样菜要分三四次"赏"，每送一次，光绪都得起立叩头谢恩，连一顿安生饭也吃不成。隆裕是慈禧的亲侄女，她可以就着慈禧的桌子吃。我们那时都私下猜疑，光绪瘦弱，多半是差了点饭食。慈禧怕光绪再反对他，监视光

绪很紧，每次去万寿山，都带光绪同行，说是疼光绪，形影不离，在我们看来，只不过是押在马后的犯人罢了……①

苏勋丞是河南永城人。1901年，他经老乡介绍，到袁世凯所建的武卫前军当兵，被编入武卫右军右翼第一营。武卫右军的统领是后来的"辫帅"张勋(1854—1923，江西奉新人)。1902年1月，《辛丑条约》签订后，慈禧太后从西安经洛阳、开封等地，回到北京。为了自身安全，慈禧命令张勋所带的武卫前军右翼第一营作为自己的卫队。每天晚上5点至次日早上7点在皇宫站岗。慈禧和光绪外出时，也跟随保驾，一直到1905年才撤出去。苏勋丞在值勤时，多次见到慈禧和光绪，并近距离地观察了宫廷内的生活情形。他在这里所回忆的是戊戌变法后光绪的悲惨遭遇。实际上，在戊戌变法之前，光绪皇帝身边也是眼线密布，活动受限，内心十分不爽。

慈禧太后，二十多岁就成为寡妇。那正是她如狼似虎时节，手握重权的她，岂能耐得住紫禁城里的寂寞？天下哪有不透风的墙？于是，慈禧绯闻便越过高墙徐徐传到宫外，成为人们茶余饭后悄悄交流的"精彩段子"，如慈禧喝药堕胎、慈禧同李鸿章六弟李昭庆的床第情缘、慈禧与荣禄以及李莲英不清不白的关系等。但陈灨一(1882—1953，江西新城人，曾在民国初年担任袁世凯幕僚)在笔记《睇向斋秘录》中指出：世上流传的慈禧太后淫乱段子，不下数十件，大都是捕风捉影、牵强附会之谈。以我所听到的，某部侍郎连夜逃跑一事，真实可信，此事足见慈禧之荒淫无度。政界大佬大多都知道这个故事。某部侍郎，安徽人，风华正茂，皮肤白皙，一表人才。一天，慈禧在听取他的工作汇报时，两眼直钩钩地盯着他，一见钟情，禁不住欲火中烧。按照清朝规矩，官员晋见太后时，只能俯首猫腰蹶腚，跪在地上，如果违反，那是大不敬、杀无赦。所以，该侍郎并不知道慈禧的心意。汇报完毕，侍郎退下去休息，慈禧就密遣心腹李莲英过去打探他的意见，说太后准备将其留在宫中，办理"机要"。该侍郎一听就明白了，他佯装答应，到了夜里，却乘机

① 文安主编：《清宫轶事》，中国文史出版社，2004年版，第20页。

逃了出来，从此变名易姓，终身不仕。①

年老体衰之后，慈禧在情欲方面似乎有所收敛，却久病成医，深谙“用情感软刀子杀人”的精髓。这也成为她企图降服光绪的一把暗器。

光绪有一个皇后、两个妃子，皇后是慈禧亲弟弟桂祥的女儿隆裕，无论相貌、才学、性情，光绪都不中意，但是，由于是慈禧太后敲定的，光绪帝只能“照单收下”。两个妃子谨妃、珍妃姊妹二人，也是慈禧太后挑选的。隆裕比光绪大三岁，生在宫外，见多识广，据说，由于初夜不谐，两个人的感情产生裂痕。后来，光绪“移情别恋”，对皇后采取冷淡态度，却与年少活泼的珍妃打得火热，引得隆裕醋性大发，频频向姑妈告状……夫妻关系的恶化，直接影响到了慈禧与光绪的“母子”关系，也为光绪皇帝悲惨的后半生埋下伏笔。清史专家谢俊美指出：“西太后为什么让隆裕去做皇后？实际上是为了控制光绪皇帝，实际上西太后为了自己掌权，各方面都设计好，最后把光绪变成一个傀儡。”长期的精神虐待和思想压抑，使光绪皇帝的健康大受影响，“光绪幼年即身体虚弱，大婚之前稍感风寒，必头疼体瘦，年仅十五六岁已弱不禁风，二十七八岁患耳鸣脑响，渐次加重，又长期遗精。”②这样的生活真是太残酷、太可怕了。

光绪帝生于1871年8月14日，按照祖制规定，1887年2月7日(光绪十三年正月十五)，朝廷为虚岁16岁的光绪举行了亲政典礼，慈禧太后改为“训政”，实际上还是她当权；1889年3月4日(光绪十五年二月初三)，朝廷再次为光绪帝举行亲政大典，慈禧太后不得不正式宣布“归政”，驻跸颐和园。

但是，光绪亲政后，斥巨资修复了颐和园，专门用来颐养母后慈禧；每隔一天前往颐和园，向慈禧请安；每日各地上报的奏折，皇上阅读后，都要密封好，派人送到颐和园，请慈禧审阅、指示。③ “太后此时，表面上虽不与闻国政，实则未尝一日离去大权。身虽在颐和园，而精神实贯注于紫禁城也。”④光绪也非常“懂事”，“处理哪一件事情，都刻意求工地模仿着太后的旧规，这

① 陈灨一：《睇向斋秘录》(近代史料笔记丛刊)，中华书局，2007年版，第11—12页。

② 戴逸：《光绪之死》，《文汇报》，2008年11月2日。

③ 恽毓鼎：《崇陵传信录》。转引自汤志钧：《戊戌变法史》，上海社会科学出版社，2003年版，第473页。

④ [英]濮兰德等：《慈禧外记》，珠海出版社，1997年版，第112页。

不用说自然是很使太后高兴的了。可惜太后的雄心太大，光绪纵然如此谨慎小心，她还不能完全满意。后来，她又知照光绪遇事必须先禀告她，然后再决定办法。于是，光绪的亲政便成了一句面子上的空话，全部的政权依然牢牢地握在太后自己的手掌里，等于她不曾退休一样。”①

恽毓鼎(1862—1917)，字薇孙，河北大兴人。光绪十五年考中进士，从光绪二十三年(1897年)开始，他长期担任翰林院侍读学士、起居注官，其工作职责就是记录光绪每天的起居言行，对他的习性和事迹非常熟悉。光绪帝驾崩后，葬在河北易县的崇陵。宣统三年四月(1911年5月)，在清朝灭亡前夕，恽毓鼎写成了光绪传《崇陵传信录》，其中，对于慈禧太后专权，荣禄策划另立大阿哥、谋废光绪帝，以及义和团运动等记录得尤为详细，是研究晚清宫廷政治活动的重要史料。在《前言》中，恽毓鼎挥泪写下这样一段声情并茂、可感可叹的文字：

> 缅维先帝御宇，不为不久。幼而提携，长而紧制，终於损其天年。无母子之亲，无夫妇、昆季之爱，无臣下侍从宴游暇豫之乐、平世齐民之福，且有胜于一人之尊者。毓鼎侍左右，近且久。天颜戚戚，常若不愉，未尝一日展容舒气也。

“总裁”与“CEO”

戊戌变法是经过慈禧同意才开始的。甲午战败后，清政府割地赔款，丧权辱国，“外患内扰相通而至”的危险形势，促使许多“国人之迷梦亦渐醒”②。“光绪帝是满洲皇族中比较能够接受新思想的青年皇帝，颇想有所作为。”③

---

① 德龄：《光绪皇帝》，中国文史出版社，2003年版，第187页。
② 中国史学会主编：《戊戌变法》第四册，上海人民出版社，1957年版，第102页。
③ 范文澜：《中国近代史》，人民出版社，1953年版，第254页。

1898年春夏之交，全国维新热情日趋高涨，光绪忍无可忍，毅然向太后“摊牌”，争取到了事权后，光绪帝又去颐和园当面请示维新变法事宜，然后，才颁布《明定国是诏》，正式宣布变法。对此，梁启超做了明确记述：“御使杨深秀、侗读学士徐致靖相继上书，请定国是。上既决心，乃白西后，召军机全堂下此诏书，宣示天下……一切维新基于此诏，新政之行开于此日。”①

戊戌变法期间，光绪仍无实权。6月15日，也就是戊戌变法进入到第5天，慈禧迫使光绪连下三道“上谕”：第一道，下令免去有维新思想的师傅翁同龢的协办大学士、军机大臣等一切职务，驱逐回原籍；第二道，凡授任新职的二品以上大臣，须到皇太后面前谢恩，实质上是向朝野宣布，大权仍在太后手中；第三道，任命她的亲信荣禄署直隶总督（不久实授该职兼北洋大臣，加授文渊阁大学士衔，统领北洋三军）。从6月16日到24日，慈禧又迫令光绪任命崇礼为步军统领，怀塔布掌管圆明园八旗、包衣三旗及鸟枪营，刚毅掌管健锐营，将军事大权牢牢地攥在手心。由此可知，慈禧“下放”给光绪的事权十分有限，国家最高权力中的核心权力兵权、人事权和理政决策权，仍被慈禧掌控着。茅海建在《戊戌变法史事考》②中提供的一组统计数据表明，从戊戌年四月一日至七月二十八日，在117天内，光绪皇帝与太后同住69天，请安68次，伺早膳32次，伺晚膳22次，侍看戏15次。百日维新期间，光绪12次前往颐和园“请安”，在交通不畅、轿扛船载的晚清时代，相距15公里的路程，去一趟就得三四个小时，这对身体虚弱、日理万机的光绪帝，不光是变相体罚，简直就是一种“刑罚”。可以说，在戊戌变法期间，光绪至少有一多半时间是在太后的身边，看其脸色行使事权的。而且，朝廷文件明确写着“朕钦奉慈禧……皇太后懿旨”，说明慈禧与光绪在行政上是上下级关系。

“从四月二十三至八月初五日（6月11日至9月20日），军机处一共向慈禧太后上呈了折、片、呈、书等共计462件，最多的一天上呈了29件。百日维新进入其高潮期七月之后，几乎每天都有上送慈禧太后的奏折原

---

① 中国史学会主编：《戊戌变法》第一册，上海人民出版社，1957年版，第19页。

② 茅海建：《戊戌变法史事考》，三联书店，2005年版，第32页。

件。……光绪帝确实将此一时期的重要奏折，包括军机处都无法看到的‘留中’的折件，基本上都送到慈禧太后手中。”①“不管什么时候慈禧太后来到北京，他总是严格遵守礼仪，在宫门外跪着迎接她。当去颐和园拜访她的时候，不许皇帝宣布驾临，皇帝被迫跪在内宫等候大太监允许他晋见。太监李莲英非常憎恨皇帝，让皇帝等待使他内心感到非常高兴，有时通报老佛爷说皇帝驾临甚至要拖半个小时。每当这些时候，他总是感到非常受压迫，皇帝也像宫中的官员一样，必须买通太后身旁的太监开道。事实上，这些忠实的追随者就像对待那些满族贵族一样，根本不把皇帝放在眼里。”②光绪有了眼泪只能往肚里咽，难怪他常以处境凄惨、生不如死的“汉献帝”自比啊。

北京大学历史系教授房德邻在《回顾戊戌，重温历史——在戊戌变法110周年之际》座谈时指出：“在100多天的变法中，光绪皇帝每隔两三天就要去一次颐和园，去一次要住两三天。每日的奏折，光绪皇帝处理之后，都要封好，派人送给慈禧。慈禧如果认为皇帝处理不当，就会令皇帝改正。我在中国第一历史档案馆看到有一道废漕运的上谕，头一天发出，第二天又有旨改正。”③在这一时段，慈禧太后与光绪皇帝的关系，打个未必恰当的例子，慈禧太后就像是清政府的“总裁”，而光绪帝最多不过是个“CEO”。一切重大决策，还得“总裁”拍板，连“CEO”的去留，也是“总裁”说了算。

《康南海自编年谱》中，记述了光绪为废除八股改试策论一事的决策过程。康有为写道：光绪帝于二十四年五月“初二日诣颐和园请太后懿旨，而至初五日乃降旨也。百事皆如此。上扼于西后，下扼于顽臣，变法之难如此。”④《清廷戊戌朝变记》《四朝佚闻》分别提供了有力证据。《清廷戊戌朝变记》认为，自四月二十三日宣布变法以来，皇上所采取的新政举措，没有一项

① 茅海建：《戊戌变法史事考》，三联书店，2005年版，第17—18页。

② [英]濮兰德、贝克豪斯：《慈禧统治下的大清帝国》，天津人民出版社，2008年版，第104—105页。

③ 《回顾戊戌 重温历史——在戊戌变法110周年之际》，《光明日报》，2008年12月7日。

④ 康有为：《康南海自编年谱》，转引自梁启超：《康有为传》（名人名传丛书），团结出版社，2004年版，第143页。

不是先赴颐和园向太后报告，太后同意后才对外宣示的。虽然他表面上拥有事权，但并不敢独断专行。①

梁启超说得更直白："皇上自四月以来，屡次所下新政之诏，交疆臣施行，而疆臣皆西后所擢用，不知有皇上，皆置诏书于不问，皇上愤极而无如之何。"《四朝佚闻》指出：光绪帝摄于太后的积威，见到太后就浑身筛糠，胆战心惊，虽然已经亲政，却不敢擅自做主。戊戌变法时期，也是事事都要向太后请懿旨。

这些证人证言，无可辩驳地证实，在戊戌变法期间，光绪皇帝并没有真正掌握国家最高权力。换句话说，政变的前提根本是子虚乌有的。

子虚乌有的"政变"

"尽管名义上慈禧太后从政府的职务上退休，但是不管什么时候只要她愿意，她仍然是帝国的专制统治者，并时刻准备声称她有这种能力。"②所以，当慈禧太后感到光绪帝"不听话"了，对自己的地位产生威胁时，她便主动出击，"如缚雏鸡""如薙枯草"③，囊中取物似的收回授予光绪的事权。

据史料记载，9月18日（八月初三日）下午2时以后，也就是光绪皇帝离开颐和园、返回紫禁城不久，杨崇伊"恳请太后再次训政"的奏折，被送到了慈禧手里。

接到《奏折》时，慈禧正在看京剧。对政治动向极为敏感的慈禧太后深感问题的严重性。思量半晌，当晚八九点钟，她才定下决心，明日一早就回宫去。美国传教士何德兰（1859—1942）的《慈禧与光绪——中国宫廷中的生存游戏》里，做了如下描述：

---

① 苏继祖：《清廷戊戌朝变记》，中国史学会主编：《戊戌变法》第三册，上海人民出版社，1957年版，第342页。

② [英]濮兰德、贝克豪斯：《慈禧统治下的大清帝国》，天津人民出版社，2008年版，第108页。

③ 中国史学会主编：《戊戌变法》第三册，上海人民出版社，1957年版，第312页。

她（慈禧太后）叫来了自己的轿子，上了去紫禁城的路。她没带军队，只由她可以全力依靠的自己宫内的那些太监护卫着，一旦出起事来也足够可以抵挡皇上的那些太监了。……皇上听说她已在路上的消息之后，就派人送信给康有为，叫他逃走，并想办法挽救时局，而自己则想要躲进外国使馆，但还未等到这么做就被慈禧太后抓住了。于是，光绪结束了他的亲政生涯，开始了囚徒生活。①

德龄（1881—1944）是满洲汉军正白旗人，父亲裕庚是清末三品外交使臣，后任太仆寺卿，母亲是法国人。1903 年 3 月，经庆王载振推荐，德龄、容龄姐妹俩进宫，成为慈禧的御前侍女，为慈禧做英语、法语翻译。德龄在慈禧身边生活时间较长，掌握了许多宫廷秘闻。她说："我因为曾经留在清宫内给太后当过几年侍从女官，对于光绪的一切，幸得有较深的认识。同时，得到最先的机会听到他自己所说的许多悲痛的故事，以及他打算革新国家政务的各项计划。"②从 1911 年开始，她陆续出版了《童年回忆录》《金凤》《清宫两年记》《慈禧御苑外史》《光绪泣血记》《皇室烟云》《莲花瓣》等作品，每部著作的出版或再版，都风靡海内外，盛销不衰。《光绪泣血记》也曾译作《瀛台泣血记》或《光绪皇帝》。对于慈禧太后返回皇宫"夺权"一事，德龄做了比较翔实、生动的记录：

……第三次密报又来了，其时太后的鸾舆正在匆忙地抬进宫门。

光绪因为早已死心塌地的缘故，精神反而觉得安定了许多。他和珍妃就在很少的几个太监的掖护之下，整好衣冠，走到最外面的一座大殿前的石坪里跪着，静待太后到时接驾。

……即使光绪自己还甘冒不韪，用武力来和太后周旋一下的话，事实上也办不到。因为……他手里没有可以直接指挥的军队……

① [美]何德兰：《慈禧与光绪——中国宫廷中的生存游戏》，中华书局，2004 年版，第 93—94 页。

② 德龄：《光绪皇帝》，中国文史出版社，2003 年版，第 4 页。

老佛爷的一帮侍卫，都堆着怪骄傲的神气走进来，仿佛是专门随着太后来拿办光绪的。不久，太后自己也从鸾舆里慢慢地跨下来了。光绪大着胆，偷眼望她一瞧，只见她满面怒容，颜色泛白，白中透青，真像一个打算跟人家拼命的老太太一样。这倒也是怪不得她的，因为当她从颐和园回到大内这一段路是相当长的，她老人家独坐在鸾舆内，尽把这件事翻来覆去地想着，自然愈想愈恼了。

……他（光绪）虽然说得十分恳切，无奈太后已不愿再跟他多费唇舌。因此，她就愤愤地把手一挥，制止他再说下去。

"别再给我花言巧语了，现在只有很干脆的几句话：你要知道这天下是老祖宗们打下来的，他们所定的一切法度、一切规矩，当然都有他们的道理。我们做子孙的人，要保守这个基业，就只有完全遵守这些法度和规矩的一个法儿，你是什么人，配来变动它们啊！要如真照你想的那些混账新法儿搅下去，我们大清帝国的天下，怕不要在你手里断送掉吗？如今你自己也该明白了，你到底配不配再统治这个国家？快给我想一想看，你现在应该如何收拾才好？"

太后这句话一说，光绪心里是立刻明白了。他知道自己的政治生活已到了不能不暂时结束的地步了——当初他真以为是暂时的结束，不料后来却变为永远的休止。于是他重复再磕着头说："亲爸爸，孩子懂得了，明天孩子马上草一张诏书下去，把掌理国家大事的权柄依旧请你老人家来执掌，因为孩子实在太没用了。"①

同样的戏剧性政变场面，在京师大学堂西学总教习丁韪良的《花甲记忆》中，也出现过：

面对皇帝的革新措施，保守派魁首惶惶不可终日，叩请慈禧太后挽救大清帝国于水火之中。于是，太后像天神一般降临人间，斥退了年轻

① 德龄：《光绪皇帝》，中国文史出版社，2003年版，第274—276页。

的法厄同(即太阳神之子,驾驶其父亲的太阳车狂奔,险些焚掉了整个世界,幸好被宙斯用雷击毙),避免世界着火焚烧,而太阳车也回归原来轨道。

皇帝的九五之尊得自太后,此次犯错,便扑倒在母后脚下,承认错误,恳请母后"示儿如何治国"。①

当然,我们对这些像电视剧一样的记录可以提出质疑,但是,戊戌事变后,"始作俑者"杨崇伊在递给慈禧的密折中的说辞,却有助于我们了解当年的"政变"实情,也有利于解答我们提出的各种疑问。在《乱党虽平,慎防后患折》中,杨崇伊对"政变"的记叙是:"祸机一发,各国环集,时日先后,间不容发。幸而皇太后即日训政,不动声色,弭乱未形。"②也就是说,慈禧太后不费吹灰之力,就把国家大权夺下来。世上还有这样"不动声色,弭乱未形"的"政变"?

"从实际情况看,即使双方的矛盾已经发展到了不可调和的程度,孱懦的光绪皇帝也丝毫没有与当政几十年的太后分庭抗礼的胆略和力量,这也正是慈禧能够轻易用'训政'的形式,便将皇帝控制住的原因所在。因此,这次政变,如果也算作一次非正常的权力移交的话,充其量也只是'和平政变'。"③马忠文虽然对政变说法不太满意,但他的结论有些扭扭捏捏,尚不够旗帜鲜明。而戊戌当年的舆论,也有"皇太后布置一切,以收回事权……"④的说法。

综上所述,我认为,"戊戌政变"是"皇权至上"者及光绪皇帝的同情者梁启超等人脱离实际的臆见,它根本就没有发生过。回到历史现场去看一看,就会幡然醒悟,当年 9 月 21 日所发生的,只不过是慈禧太后从傀儡皇帝光绪手里收回事权事件,应准确地概括为"戊戌收权事件"或"戊戌事变"。

① [美]丁韪良:《花甲记忆》,广西师范大学出版社,2004 年版,第 325 页。
② 杨崇伊:《乱党虽平,慎防后患折》,藏中国第一历史档案馆。
③ 马忠文:《戊戌政变研究三题》,《福建论坛》(人文社科版),2005 年,第十期,第 59 页。
④ 《字林西报》,1898 年 10 月 13 日报道,转引自(中国近代史资料丛刊)《义和团》第三册,第 251 页。

在《戊戌政变记》一书中，政变“原委”占据突出位置。全书的六卷正文，都是按照戊戌政变的原因、经过和结果来展开叙述的。这是为什么呢？据研究，慈禧太后重新登台后，康党在海外掀起“勤王求救”运动。梁启超于“9月27日，在大岛军舰上上书伊藤博文，希望他‘念兄弟之邦交，顾东方之大局’，‘与英、米诸国公使商议，连署请见女后’，告之曰‘若大皇帝有大故，某等各国将下国旗绝交，兴问罪之师，代支那讨弑君贼’，并请营救谭嗣同等。10月26日，上书日本总理大臣兼外务大臣大隈重信，说政变的原因有四：‘一曰帝与后之争，二曰新与旧之争，三曰满与汉之争，四曰英与露之争。’并列举慈禧‘可讨之罪’，光绪‘英明仁厚’‘奋然行之’之圣，从而‘为秦廷之哭，呼将伯之助’。”[①]康有为则相继抛出了杜撰的两道“密诏”，并在《奉诏求救书》中，详细列举慈禧“不恤国家”“失地失权”等十大罪状，其训政是“废君篡位”的“伪临朝”，为“勤王求救”大造舆论。就是在这一时代背景下，《戊戌政变记》应运而生。康梁精心炮制的“政变”之说，由此开始传播，被大量近代史教材和相关专著所尊信。对此，有人做了一番精心梳理、辨析：

比如颜昌峣的《中国最近百年史》（太平洋书店，1928年版），历史研究社编的《中国近代史研究纲要》（新知书店，1946年版），以及李鼎声的《中国近代史》（光明书局，1948年版）等等，都以《戊戌政变记》的体系来描述这段历史。中华人民共和国建立以后，陆续出版了不少有关维新变法的研究专著，20世纪五六十年代汤志钧的《戊戌变法史略》（联群出版社，1955年版）和胡滨的《戊戌变法》（新知识出版社，1956年版），在整体叙述方面虽然力求精致严密，但依然沿用了梁氏的体系。20世纪80年代以来，有多部相关学术专著问世，其中代表性较强的有王栻的《维新运动》（上海人民出版社，1986年版）和汤志钧的《戊戌变法史》（人民出版社，1984年版），它们对于维新变法运动的具体史实的考订严谨细密，但是在总体叙述体系上如出一辙，仍然没有越出梁启超《戊戌政变记》一书的框架。与此同时，大量出版的中国近代

① 汤志钧：《近代史研究和版本校勘、档案求索——〈戊戌政变记〉最早刊发的两种期刊》，历史档案，2006年，第2期，第32页。

史教材，在维新变法史的叙述方面也沿袭了前人的套路。因此，梁启超对戊戌变法史的叙述体系逐渐权威化，其主要观点成为史学界长期以来普遍接受的一个基本观念体系。比如，梁启超将变法的过程描述为康有为由布衣而卿相的个人发迹史，将清政府陆续推行的新政缩减至康有为主导的"百日维新"，将康有为思想诠释为戊戌年新政运动的唯一指导思想，将政变的原因约化为主维新的光绪和主守旧的慈禧之间的帝后党争。这些观点在现行的叙述中演变为：康有为是维新运动的主要领袖，康、梁、谭等人构成的维新派是当时唯一的进步力量，康的思想是变法的主导思想，是他的多年奔走推动了变法运动的发展，并最终得到光绪皇帝的支持，于1898年推行了短暂的新政。但是，由于光绪皇帝没有权力，又与慈禧太后长期失和，维新派与顽固派的力量相差悬殊，变法被以慈禧太后为首的满汉顽固派所扼杀……

就这样，《戊戌政变记》在众多"推手"的大力鼓吹下，广泛传播了一百多年，不知误导了多少人。

其实，早在1921年，梁启超就公开认错，坦言《戊戌政变记》是"有事虽非伪、而言之过当者"。他说："无论何部分之史，恐'真迹放大'之弊皆所不免。……吾二十年前所著《戊戌政变记》，后之作清史者记戊戌事，谁不认为可贵之史料？然谓所记悉为信史，吾已不敢自承。何则？感情作用所支配，不免将真迹放大也！治史者明乎此义，处处打几分折头，庶无大过矣。"①

"《中国历史研究法》，原是梁启超于1921年秋在南开大学所作的演讲，同年11月、12月，《改造》第四卷第三四一号曾部分摘载，成书时文字上有修改，辑入《饮冰室合集》第十六册之七十三。"②

1923年1月，商务印书馆出版《中国历史研究法》单行本，到1947年，已经印了6版。出版时间很早，发行量也不小。对于普通读者，读不读，也许无所谓。但作为史学研究者，特别是戊戌变法研究者，不读此书，不知道任公对《戊戌政变记》的认错，继续以讹传讹实在说不过去。

① 梁启超：《中国历史研究法》，上海古籍出版社，1998年版，第97页。
② 梁启超：《中国历史研究法·汤志钧导读》，上海古籍出版社，1998年版，第9页。

对此，20 世纪 40 年代，陈寅恪就已明确指出《戊戌政变记》存在“硬伤”。

吴其昌（1904—1944），字子馨，号正厂，浙江海宁县硖石镇人，著名诗人徐志摩的从表弟。1925 年，他考入清华大学国学研究院，师从梁启超，深得器重。梁启超在清华大学的文稿，不少都是由吴氏记录、整理而成的。从 1932 年开始，他先后担任武汉大学历史系教授、历史系主任。可惜，他呕心沥血写作《梁启超传》，仅完成上卷就病逝了。在《读吴其昌撰〈梁启超传〉书后》，陈寅恪批评道：“子馨此书，叙戊戌变法，多取于先生自撰之《戊戌政变记》。此记先生作于情感愤激之时，所言不尽实录。子馨撰此书，亦为一时之情感多动荡。故此传中关于戊戌政变之记述，尤有待于他日之考订增补者也。”①

---

① 陈寅恪：《寒柳堂集·读吴其昌撰梁启超传书后》，读书·生活·新知三联书店，2001 年版，第 148 页。

第二章

戊戌变法是失败还是夭折

1898年12月31日（光绪二十四年十一月十九日），北京城内，景山脚下，马神庙中，没有鼓乐齐鸣，没有红毯铺地，也没有贵宾致辞、“领导”剪彩、代表发言……管学大臣孙家鼐默默地率领中西教习和160名仕学生、中学生和小学生，对着万世师表孔子的灵位顶礼膜拜。当时既无摄影，更无录像，开学典礼的情形，早已尘归尘，土归土，烟消云散了。幸运的是，报纸的记载还能找到，凭借白纸黑字，后人似乎还能隐隐约约看见当年京师大学堂开学时的情景。1899年2月6日，位于上海的英文报纸《北华捷报》作了如下报道：

京师大学堂于两星期前举行了隆重的开学仪式。除了该校的西教习之外，没有其他外国人参加这个开学仪式。

京师的传教士们，或至少是其中的一部分人，对此表示相当愤慨，因为西教习们在开学典礼上对着孔子的灵位脱帽和鞠躬敬礼。他们认为此举表示西教习们跟他们的中国同事们一样崇拜孔子。有人说，尽管西教习们的本意并非崇拜，但本地的中国人却肯定会这样理解。

然而，在中国居住时间更长的人就不会这样想。虽然中国人可能会真的报道说西教习们对孔子的灵位顶礼膜拜，但就连他们自己也不会相信这样的话，更别提其他人了。西教习们曾被告知，在这件事上他们可以按照自己的意愿办。但在开学典礼前举行的教员会议上，他们一致表达了在经过孔子灵位时要脱帽致敬的意愿。中教习中的基督徒也被管学大臣孙家鼐免除了下跪磕头的礼仪，因为后者说他不想强迫他们在这件事上违背自己的良心。孙大人虽然是个保守派，但却通情达理，具有十足的绅士风度。①

考虑到交通和通信工具的落后，信息传递缓慢，报刊也很稀少，《北华捷报》又是周刊，所以，这条消息在当时还是很具新闻性的。可惜的是，该报并未详细记载京师大学堂具体的开学时间，以至于后来连学术大师、考据权威、北大校长胡适都没弄清楚"北大生日"，以至于北京大学的校庆活动，先是在每年的12月17日，后来又改在每年的5月4日……1998年，专家根据当年的上海中文报纸《申报》，才得出了1898年12月31日是京师大学堂"生日"的科学结论，总算把这个百年谜团彻底破解。

1899年1月17日，《申报》刊登的京师大学堂首次开学告示全文如下：

> 兹照录总办告示曰：为传到事，前经出尔，本学堂学生斋舍，按照定章原额尚不敷。兹将例应住堂各学生，分作三项，核定名数。计仕学院学生三十名，中学生六十名，小学生七十名。除照章报名入仕学院之学生十二名，由本学堂另行知会外，其余各生姓名具列如左，仰该生等于十八日到堂，十九日开学。如有不愿住堂者，限于十八日以前报明。如届期不报，立即扣除，以便续传足数。切切勿违，特云。②

历史永远充满着耐人寻味的神奇魅力，也蕴藏着众多待解谜团，京师大学堂的生日就是一例。

1898年6月11日，在《明定国是诏》中，光绪皇帝宣布："京师大学堂为各行省之倡，尤应首先举办。"到9月21日，戊戌变法黯然落幕，一共103天；而从9月21日再到12月31日，京师大学堂大难不死，侥幸开学，也是103

① 转引自沈弘：《京师大学堂何时成立？》，《中华读书报》，2001年11月21日。

② 转引自郝平：《北京大学创办史实考源》，北京大学出版社，1998年版，第144—145页。

天。前后两个 103 天，是巧合，还是另有玄机，谁能够说得清楚？现在可以说清楚的，就是仕学生、中学生、小学生混杂在一起举行大学开学典礼，恐怕在世界教育史上也是绝无仅有的“创举”，这样的大学办学模式，恐怕只有用“中国特色”四个字来做解释。

富有浓郁的“中国特色”的京师大学堂的创建成功，对于戊戌变法，到底意味着什么呢？

时代最强音：以教育扭转乾坤

京师大学堂是戊戌变法的产物，但是，她的酝酿却在戊戌变法之前，而且历经了多年。

1840 年 6 月，第一次鸦片战争爆发。中国有八旗军 22 万人、绿营军 66 万人，又有坚固的堡垒、众多的炮台，以逸待劳，可以守攻自如；英军总司令懿律率领的舰队从印度出发，拥有 40 余艘舰船、4000 名士兵，师出无名，又是劳师远征。中国将士虽然奋不顾身，英勇抵抗，但血肉之躯岂能抵挡住英军的炮火？

在英军的一连串进攻面前，清政府束手无策，连吃败仗，不得不屈膝告饶，在南京静海寺与英国政府谈判。8 月 29 日，清政府被迫接受英国提出的议和条款，在英军旗舰“康华丽”号上，正式签订了中国近代第一个不平等条约——中英《南京条约》。香港岛被割让给英国，上海、广州、福州、厦门、宁波五大口岸开放给英国人贸易和居住。《南京条约》签订后，西方列强闻风而动，纷纷威逼中国签订不平等条约。1844 年 7 月 3 日，中美签订《望厦条约》；同年 10 月 24 日，中法签订《黄埔条约》，享有领事裁判权和传教权等。

自从紧闭的国门被英军的炮火轰开以后，大清帝国这只“纸老虎”立马现出原形，顷刻间沦为世界舞台上的“瘪三”，列强们谁愿意过来打两拳，就打两拳；谁想踢三脚，就踢三脚……第二次鸦片战争、英俄争夺中亚和武装入侵新疆、中法战争接踵而来，最后，连中国人最看不起的“蕞尔小国”日本，也在1894年的甲午战争中将中国打败。整整半个世纪，清政府签订了数不清的丧权辱国的不平等条约，成万、成亿两白银潮水般地赔偿给战胜国，以肉饲虎，使得强国越强，中国越弱。百姓被朝廷敲骨吸髓，生活在水深火热之中，举国上下百业凋零，满目疮痍，好一派"国破山河在，城春草木深"的衰败景象！

侵略者的隆隆炮声，让神州颤抖，也迫使被儒学禁锢了数千年的中国人的大脑渐渐开窍。一些不甘做亡国奴的先贤们开始睁开眼睛看世界，反思中国落伍的根源，寻找救国良方。可以说是众声喧哗，莫衷一是，谁也说服不了谁。然而，在教育改革的问题上，却达成了惊人共识：中国落后是因为缺乏人才，人才缺乏是因为教育方法不当——满篇之乎者也、满口仁义道德、满腹子曰诗云，只能是"内战内行，外战外行"，对内欺上瞒下，对外落后挨打。士子们皓首穷经数十年，"尚不知汉唐为何代，郡县为何名"，更不可能"通万国之情形，考中外之法治"，这种以愚民和培养奴才为终极目标的教育制度"与自缚倒戈，何以异哉"？

在《创建寿州公学记》①碑文中，孙传檙（举人。孙家铎的三儿子，孙家鼐的亲侄子）痛心疾首地感叹道：

> 环球欧美诸国，学校林立，人才勃兴，方以兵力称雄海上。日本一弹丸之地，亦崛起东瀛，步武泰西，凌厉无前，俨为列强之一。独我自秦汉后二千余年，学术颓放。虽有学官之设，释菜之典，而士大夫仅以经义词章帖括相尚，罕能揆文奋武，并为一辙，以经邦本而御侵凌；而乡曲之士，则尤尠见罕闻，群疑众骇，日抱其俗学以赍咨涕洟，惟恐其或失坠落。吁，何其陋也！

随着时光的流逝，当年的愚昧无知已被集体遗忘。好在还有很多文字

① 孙传檙：《创建寿州公学记》。石碑立于寿县第三中学院内。孙传檙（1852—1924），字稺筠，光绪辛卯年（1891年）举人。曾任南陵县教谕、署江西临江府知府。1899年以后，出任寿州孙氏家族企业上海阜丰面粉厂总董、寿州公学校长等职。

记载的真实故事，生动形象地揭露了国学育人、八股取士的危害性，无声却有力地揭露大谈特谈国学优越性的“新遗老”们的“伤疤”。

陈赣一在《睇向斋闻见录》中写道：礼亲王世铎年迈昏庸，不识时务。一年冬天，京城雪大如席。其子、侄辈有从欧洲游历回来者，登门探望他。世铎见面后，问道：“洋鬼子的国家也下雪吗?”听者掩口而笑，回答说：“中国与外国同在天地间，所以都有风霜雨雪。”世铎听罢，默然无语。

咸丰进士、军机大臣王文韶（1830—1908，浙江杭州人）素以“官场玻璃球”著称。一天，日斯巴尼亚国派遣使臣来华，要求缔结某项新约。接到报告，王文韶勃然大怒：“日本鬼子又来胡闹!”军机处某章京解释说：“日斯巴尼亚就是欧洲的西班牙国，并不是亚洲的日本国。”王文韶板起面孔，说：“你怎么知道这不是日本鬼子有求于我国，恐怕我不答应而故意改个国名蒙混呢？即使按你说的那样，西班牙又称为日斯巴尼亚，可以一国两名，安知日本就不能一国两名呢!”那位军机章京听后，只能哑然失笑，却不敢辩解。①

还有一则故事也很有讽刺味道。一次，旗人官员德寿提出，要把各洋务学堂的算学、体操、地理三门功课全部取消，理由是：“算学可删，因做官的自有账房先生料理财务；体操可删，因我辈是文人，不必练那个；地理一科是风水先生之言，何必让读书人去做风水先生呢?”

进士出生的林则徐，被称为近代中国“睁开眼睛看世界第一人”。但是，林则徐的西学知识也很有限。1838 年 12 月，道光皇帝命林则徐为钦差大臣，派往广东禁烟。次年 3 月，林则徐会同两广总督邓廷桢、广东水师提督关天培在广州筹划禁烟。林则徐立下誓言：“若鸦片一日未绝，本大臣一日不回，誓与此事相始终，断无中止之理。”他采取果断措施，迫使英商陆续交出 2 万多箱鸦片，并在虎门海滩当众销毁。为了报复，1840 年 6 月 28 日，英舰封锁珠江海口，第一次鸦片战争正式爆发。两个月后，浙江定海已被英军攻陷。身在广州指挥抗英战争的林则徐忧心如焚，再次上折，提出可以利用乡井平民打败英军，收复定海。他的主要理由是英军仅持船坚炮利，而“一至

① 陈灨一：《睇向斋秘录》，近代史料笔记丛刊，中华书局，2007 年版，第 30 页。

岸上，则该夷无他技能，且其浑身裹缠，腰腿僵硬，一仆不能复起，不独一兵可手刃数夷，即乡井平民，亦尽足以制其死命”。在相当长的时间内，林则徐认为英国人“腰腿僵硬”“屈伸皆所不便”，因而对“一仆不能复起”这一见识深信不疑。据说，有人还向林则徐献上钩镰枪——一种带着钩子的长矛对付洋鬼子。其理由是，洋鬼子的膝盖不能弯曲，只要用钩镰枪钩住他们的腿，将其拖倒，他们就再也无法站起身来。这样，就可以置洋鬼子于死地。林则徐采纳了这一建议，并在部署官涌炮台的防备时，以直腿的洋鬼子肯定爬不上去为由，没有对其侧后方加以防备。结果，洋鬼子竟能腿打弯儿灵活地爬了上去，导致炮台陷落。

不改革空洞、陈旧、落后的教育模式，人才匮乏，中国必亡！于是，关于改革国学教育模式、创建京师大学堂的建议此起彼伏，时有高论。

光绪八年（1882 年），曾出使过日本、俄国的晚清外交家王之春（1842—1906，湖南衡阳人）在《广学校篇》中指出：

> 西学规例极为详备，国中男女老幼，无论贵贱，自王子以至于庶人，至七八岁皆入学。……学分四科：曰经学、法学、智学、医学。……更有技艺院、格物院，均学习汽机电报织造采矿等事。又有算学、化学，考验极精。……总之，造就人才，各因所长，无论何学，必期实事求是，诚法之至善者也。①

1893 年，清末改革思想家郑观应（1842—1922，广东中山人）出版了巨著《盛世危言》，全书贯穿着“富强救国”思想，对政治、经济、军事、外交、文化等提出了切实可行的改革方案。郑观应认为，要国家富强，就必须重视西学，发展教育，注重掌握西方天文、地理、人学的新式人才的培养。他说：“学校者，造就人才之地，治天下之大本也。”他主张大力翻译西方书籍，改革科举

① 王之春：《清朝柔远记·蠡测卮言》，转引自北京大学校史研究室编：《北京大学史料》第一卷，第 3 页。

考试，增设格致、电子、医学等新科目，录用精通西学的人才。

《盛世危言》一经问世，朝野震动，各界人士争相传阅，重印20余次，影响很大。光绪帝师、时任会典馆副总裁的孙家鼐曾将《盛世危言》推荐给光绪皇帝。皇上阅后，赞叹不已，命令总理各国事务衙门（简称总署，下同）印刷2 000部，分发各级官员学习。《盛世危言》对于康有为、孙中山乃至少年毛泽东，都有很大影响。后来，在延安的窑洞里，毛泽东回忆说："在深夜，我常把我室中的窗门遮盖起来，使我的父亲看不见灯火。我这样读了一本我喜欢的书，叫做《盛世危言》。《盛世危言》激发了我继续求学的欲望……"

1895年7月，天津小站练兵开创者胡燏棻向朝廷上了一道《条陈变法自强事宜疏》①，就修铁路、开矿产、创邮政、练陆军、设学堂等十个问题，全面、翔实地提出变法主张，"今日即孔孟复生，舍富强外亦无治国之道，而舍仿行西法一途，更无致富之术"。在第十个问题"设立学堂以储人才"中，他大胆建议："拟请特旨同饬各直省督抚，务必破除成见，设法变更，弃章句小儒之习，求经济匡世之材。应先举省会书院，归并裁改，创立各项学堂，……数年以后，民智渐开，然后由省而府而县，递为推广，将大小书院一律裁改，开设各项学堂。""商有学堂，则操奇计赢之术日娴；工有学堂，则创造利用之智日辟；农桑有学堂则树艺饲畜之利日溥；矿务有学堂，则宝藏之富日兴。"

光绪帝深为赞许，将胡燏棻调任卢津（北京卢沟桥至天津）铁路督办，不久，又提拔他当了顺天府尹（相当于北京市长）。

对于当时"学子"如云，而"左无才相，右无才史，阃无才将，痒序无才士，陇无才民，廛无才工，衢无才商"②的尴尬局面，有识之士无不痛心疾首。龚自珍曾大声疾呼："九州生气恃风雷，万马齐喑究可哀。我劝天公重抖擞，不拘一格降人才。"康有为则深刻反思："考据家著书满家，如戴东原，究复何用？"梁启超指出：清廷官吏"不学兵旅而掌兵，不懂会计而掌财，见洋人栗栗

---

① 胡燏棻：《条陈变法自强事宜疏》，见沈桐生辑：《光绪政要》，南洋书局，1909年版。胡燏棻（1840—1906），安徽泗县人，祖籍浙江萧山，字芸楣，亦作云眉。同治进士，选庶吉士。后捐纳为道员，补天津道。光绪十七年（1891年），出任广西按察使；1895年底，袁世凯接替他到天津小站练兵，胡燏棻调任芦津铁路督办，后来担任顺天府尹、总理各国事务大臣等职。

② 龚自珍：《龚定庵全集类编》卷四，《乙丙之际箸议第九》。

变色”，因此，“变法之本，在育人才；人才之兴，在开学校”。

创办新式学堂，培养新型人才，已成为时代的最强音。

洋务学堂的路子也走不通

事实上，在人们热烈谈论教育改革的时候，伴随着洋务运动的勃兴，洋务学堂已经如雨后春笋般在全国各地陆续开办。

同治元年(1862 年)，同文馆在北京创建，标志着中国近代新式教育迈出了第一步。执教同文馆 20 多年、后来担任总教习的丁韪良认为，“有希望革新这古老的帝国的是新教育，新教育的肇端是同文馆”，同文馆是新教育潮流“最初的源泉”①。据统计，到 1896 年，各地开办的洋务学堂多达 34 所，培养的毕业生也有 1 000 多名。像近代思想家严复、民族英雄邓世昌、哲学家张君劢、戏曲理论家齐如山和外交家张德彝、汪凤藻、陆徵祥等，都出自洋务学堂。

当时，洋务学堂分为两大类型。第一类，主要以传授“西文”的方言学堂即外国语院校，如京师同文馆、广州同文馆、上海广方言馆、武昌自强学堂、两江方言学堂等。晚清虽是“瘪三”，但“精神胜利法”仍然在起作用，时时处处还以“天朝上国”自居，而将西方视为“蛮夷之邦”，“蛮夷之邦”的语言当然是“方言”了；第二类，就是以传授“西艺”的实业学堂，如马尾船政学堂、北洋水师学堂、江南水师学堂、旅顺口鱼雷学堂等。1895 年 10 月 2 日，天津海关道盛宣怀通过直隶总督王文韶，禀奏朝廷请求设立新式学堂。光绪帝御笔钦准，成立天津北洋西学学堂，并由盛宣怀任首任督办；1896 年，北洋西学学堂正式更名为北洋大学堂。北洋大学堂(天津大学的前身)由此成为中国近代第一所工科大学。

洋务学堂是新生事物，被守旧派视为“旁门左道”；所传授的科学技术，

① 参见丁韪良：《同文馆记》(上篇)，写于 1907 年 6 月 19 日，《教育杂志》，第 27 卷，第 4 号。

也被贬之为“奇技淫巧”。体仁阁大学士、理学大师徐桐振振有辞地说：“立国之道，尚礼义不尚权谋；根本之图，在人心不在技艺。……康乾之世非有机器也，然而廪溢库充，民丰物阜。”1867 年，北京地区春季大旱，瘟疫流行；6 月 10 日，又刮起沙尘暴，飞沙走石，遮天蔽日。两个时辰内，大白天的紫禁城犹如黑夜。随即，谏议大夫杨廷熙上疏道：“天象之变，必因时政之失。京师中街谈巷议，皆以为同文馆之设，强词夺理，师敌忘仇，御夷失策所致。”

洋务学堂在实践中，也遇到了诸多困难。以马尾船政学堂为例，除了食宿免费外，学生每人每月可得白银四两（当时物价低，一般人家二两白银即可解决每月的温饱问题），以便赡养家属。但是，如此优厚的待遇，前来报名的学生还是寥寥无几。对此，李鸿章大为感慨：今入水师学堂者等于术艺（即不是正经读书而是学习技艺）……中国士大夫由来囿于积习，名门望族，未必肯让他们的子弟进洋务学堂做学生。①

就像一艘顶风破船，洋务学堂摇摇晃晃，艰难前行，似乎随时都会葬身海底。

洋务学堂在教育改革中，虽然有破冰作用，但是，其弊端也像秃子头上的虱子——明摆着。对此，改革派看得很清楚，批评起来也是毫不客气。郑观应认为：“今中国既设同文、方言各馆，水师、武备各堂，历有年所，而诸学尚未深通，制造率仗西匠，未闻有别出心裁、创一奇器者，技艺未专，而授受之道未得也。”②梁启超也口诛笔伐：“言艺之事多，言政与教之事少。其所谓艺者，又不过语言文字之浅，兵学之末，不务其大，不揣其本，即尽其道，所成已无几矣。”③

对于国学教育和洋务学堂的“软肋”，1896 年，光绪帝师、署工部尚书、管理官书局事务大臣孙家鼐作了全面而深刻的阐述。他一针见血地指出：“……中国京师建立学堂，为各国通商以来仅有之创举，苟仅援引此官学、义

① 转引自张侠等：《清末海军史料》，海洋出版社，1982 年版，第 603 页。
② 夏东元：《郑观应集》（上），上海人民出版社，1982 年版，第 246 页。
③ 光绪二十二年八月二十一日《时务报》第六册，梁启超：《饮冰室文集》丙申集。

学之例，师徒授受以经义帖括，猎取科名，亦复何裨大局？即如总署、同文馆、各省广方言馆之式，斤斤于语言文字，充其量不过得数十翻译人才而止。福建之船政学堂、江南制造局学堂及南北洋海军武备各学堂，皆囿于一才一艺，即稍有成就，多不明大体，先厌华风，故办理垂数十年，欲求一缓急可恃之才而竟不可得者，所以教之之道，固有未尽也。此中国旧设之学堂，不能仿照办理也。”①

宏伟蓝图再次被束之高阁

纲举才能目张。创建新型教育体系的“纲”是什么？就是京师大学堂。

甲午战败后，“中华民族到了最危险的时候”，尽快创办京师大学堂，已成为朝野共同的心愿。1896 年前后，呼声达到了高潮。

外交家姚文栋（1853—1929，上海人）在《京师学堂条议》中说：东洋、西洋各国的首都都建有大学，为人材总汇之所，……专门设置学务大臣，以管理全国的教育，所以他们才人材奋起，国势日强。② 翰林院编修、强学会骨干熊亦奇上了一道《京师创立大学堂条议》：学校，是天下之公器。今日世界，西方人先明白这个道理，因此，其国势强盛，其民智洞开，其国内政治与教育分别治理。以前官书局计划创建一所新学馆，开风气育人才，不过粗引其端。现在建议，国家在首都设立学部，称之为京师大学堂；聘请中西通儒，译编课本。自小学开蒙依次分门教育，坚持百年，才俊必将大兴，风气必将不变。③ 美国著名传教士狄考文（1836—1908）、李佳白（1857—1927）也坦言相告：今天的中国，已不是过去的中国，国大而弱，民贫而愚，人口众多

---

① 孙家鼐：《议复开办京师大学堂折》，北京大学校史研究室编：《北京大学史料》第一卷，北京大学出版社，1993 年版，第 23 页。

② 姚文栋：《京师学堂条议》，北京大学校史研究室编《：北京大学史料》第一卷，北京大学出版社，1993 年版，第 11 页。

③ 熊亦奇：《京师创立大学堂条议》。转引自万俊人：《北大：中国二十世纪文化精神的缩影——写在北京大学百年校庆之际》，《中国青年报》，1998 年 5 月 7 日。

却没有可用之才；大学堂里，备有各等学问，所以培养训练出来的人都是全才。①

在众多的建言中，作用最大的要数刑部左侍郎李端棻（1833—1907，贵州贵阳人）所上的《奏请推广学校折》。1896年6月12日，李端棻在《奏请推广学校折》中指出："自京师以及各省府州县皆设学堂，府州县学，选民间俊秀子弟年十二至二十者入学，其诸生以上欲学者听之。……京师大学，选举贡监年三十以下者入学，其京官愿学者听之。"并提出设藏书楼、创仪器院、开译书局、广立报馆等具体建议。光绪皇帝阅后，立下谕令，让总署"议奏"。同一日，总署就回奏道：该侍郎所请求在京师建设大学堂，是扩充官书局的一项内容，应请皇上降旨，让管理书局大臣孙家鼐察度情形，妥善办理。

同年8月，孙家鼐"与在局诸臣悉心筹议"之后，上了一道《议复开办京师大学堂折》。在办学宗旨上，他认为："今中国创立京师大学堂，自以中学为主，西学为辅；中学为体，西学为用。中学有未备者，以西学补之；中学有失传者，以西学还之。以中学包罗西学，不能以西学凌驾中学……"在校园建设上，他用妙笔描绘出一幅现代大学才有的优美愿景："先建大学堂一区……堂之四周，仍多留隙地，种树莳花，以备日后扩充建设藏书楼、博物院之用。"在学科设置上，他坦言："不立专门，终无心得。"在教学管理上，他建议："大学堂内应延聘中、西总教习各二人。"在学习激励上，他破除了国家出资、学生免费求学的传统做法，规定："四小学之学生……考取入学，自备薪水，数年后中西各学俱通，升入大学堂，始给薪水，以示鼓励。"遗憾的是，这一美好蓝图，被守旧派以经费不足等为借口再次束之高阁。

2007年11月17日，贵州省隆重举行了"纪念李端棻逝世100周年暨学术研讨会"，有人指出："他（即李端棻）在1896年6月呈给光绪皇帝的奏折中，第一次正式提议在京师设立大学堂。"很显然，其评价与历史事实并不相符。

---

① 北京大学校史研究室编：《北京大学史料》第一卷，北京大学出版社，1993年版，第14页。

新政第一大举动

光绪是一个国学造诣精深，而又能够与时俱进的开明皇帝。他对中西教育的本质区别有足够清醒的认识："西人皆日为有用之学，我民独日为无用之学。"甲午战败后，又接连发生德、俄先后强占我国胶州、旅大等事件，光绪"怒甚"，更加意识到，原来终日攻读的历代经典"皆无用之物，命左右焚之……遂决变政"。[①] 因此，当御史王鹏运于 1898 年 2 月 15 日奏请开办京师大学堂时，光绪帝立即谕令总理衙门："京师大学堂，迭经臣工奏请，准其建立，现在亟须开办。其详细章程，着军机大臣会同总理衙门王大臣妥议具奏。"可是，刚毅、荣禄等把持的总署，却以"事属创造，筹划匪易"为借口，久拖不办。

1898 年 6 月 11 日，经慈禧太后批准，拥有"事权"的光绪皇帝毅然颁布《明定国是诏》，决定进行维新变法，以求自强：

> ……嗣后中外大小诸臣，自王公以及士庶，各宜努力向上，发愤为雄，以圣贤义理之学，植其根本，又须博采西学之切于时务者，实力讲求，以救空疏迂谬之弊。专心致志，精益求精，毋徒袭其皮毛，毋竞腾其口说，总期化无用为有用，以成通经济变之才。
>
> 京师大学堂为各行省之倡，尤应首先举办，着军机大臣、总理各国事务王大臣会同妥速议奏。所有翰林院编检、各部院司员、大门侍卫、候补候选道府州县以下官、大员子弟、八旗世职、各省武职后裔，其愿入学堂者，均准入学肄业，以期人材辈出，共济时艰。不得敷衍因循，循私援引，致负朝廷谆谆告诫之至意。

① 转引自沈弘：《京师大学堂何时成立？》，《中华读书报》，2001 年 11 月 21 日。

在《明定国是诏》中，光绪皇帝明确提出创建京师大学堂，并用了超过三分之一的篇幅，详加论述，具体部署。实际上是把建立一所新型、综合性大学摆在了“天字第一号”工程的高度，意义非同凡响。

但是，总署仍旧是磨磨叽叽，不肯买账。

6月26日，光绪帝十分生气，下了一道杀气腾腾的谕旨：“前因京师大学堂为各省之倡，特降谕旨，令军机大臣、总理各国事务王大臣会同议奏，即着迅速复奏，毋再迟延。……倘有仍前玩愒，并不依限复奏，定即从严惩处不贷。”接到“最后通牒”，军机大臣和总理各国事务大臣们才感到问题的严重性，无不“跪诵之下，悚惧莫名”。于是，他们马上放下架子，请梁启超起草《京师大学堂章程》。梁启超略取日本学规，参以本国情形，拟订了8章52节。

6月30日，御史李盛铎（1859—1934，江西德化人）上了一道《奏京师大学堂办法折》，就择立基址、酌定功课、筹集的款（即确实可靠的款项）等提出具体建议。他还特意提请委派孙家鼐担任“专办大臣”。

7月3日，光绪帝决定：“派孙家鼐管理大学堂事务，办事各员由该大臣慎选奏派，至总教习、综司功课，尤须选择学赅中外人士，奏请选派。……所需兴办经费及常年用款，着户部分别筹拨；原设官书局及新设之译书局均着并入大学堂，著管学大臣督率办理。”“举人梁启超著赏六品衔，办理译书局事务。”随后，军机处将“会奏筹办京师大学堂并开办详细章程折、单一件，又奏复御史杨深秀等奏请设局译书片，拟请俟发下后，再降谕旨。谨将原折、片、单恭呈慈览。”得到慈禧的首肯。

好事多磨，京师大学堂吵嚷多年，终于揭开盖头，进入到正式筹建阶段。

据统计，在103天的变法时段内，光绪皇帝“令如流水”“书朝上而电夕下”，连续颁布230多道（另一说是184道）除旧布新的上谕。但是，他对创建京师大学堂却是格外重视，直接涉及京师大学堂的上谕至少有15道。比如，7月4日，他命令庆亲王奕劻、礼部尚书许应骙负责大学堂工程建设，并要求迅速办理。7月10日，他发布上谕：“前经降旨开办京师大学堂，入堂肄业者，由中学小学以次而升，必有成效可睹。惟各省中学小学尚未一律开办……着各该督抚督饬地方官，各将所属书院坐落处所、经费数目，限两个月详查具奏，即将各省府厅州县现有之大小书院，一律改为兼学中学西学之学校，……皆颁给《京师大学堂章程》，令具仿照办理。”7月20日，他批准将景山脚下、地安门内的和嘉公主府作为大学堂校址；8月9日，孙家鼐在《奏覆筹办大学堂情形折》中，提出八条建议，并请求派丁韪良为西学总教习、赏二品顶戴，光绪当即恩准；9月9日，孙家鼐在《奏请另设医学堂折》中，建议另设医学堂，考求中西医学，由大学堂管辖。也得到了皇上的批准……可以说，创建京师大学堂的每一个环节，都凝聚了光绪皇帝的心血；而京师大学堂每向前迈进一步，都紧紧吸引着朝野和社会舆论的目光。10月3日，《北华捷报》在一篇报道中披露：

> 《京报》几乎每天都登载孙家鼐有关京师大学堂的奏折。这所大学似乎成了文人圈子中最经常和最热门的话题。翰林院有多名学者被聘为大学堂教授汉学经典的教习，而作为校长的传教士和神学博士丁韪良正在仔细挑选西教习。语言系可望在十月中旬开课，医学系约在一个月之后也可以上课。一座由政府管辖的医院将成为医学系的附属医院，以便供学生实习。大学堂各系的所有学生一旦毕业，都将被政府授予文凭、官衔，以及政府部门中的职务。①

众所周知，变法是一个系统工程，不可能毕其功于一役。作为系统工程，戊戌变法应该有自己的初级目标、中级目标、高级目标。在戊戌变法期间，创建京师大学堂就被朝廷“视此为新政第一大举动”②。而《明定国是诏》“把创办京师大学堂作为一个国家行为，提到启动新政之首要举措的高度，并以此推动全国教育及其他方面变革与现代化的进程。”③假使把“兴民权，

① 转引自沈弘：《京师大学堂何时成立?》，《中华读书报》，2001年11月21日。

② 李盛铎：《奏京师大学堂办法折》，北京大学校史研究室编：《北京大学史料》第一卷，北京大学出版社，1993年版，第45页。

③ 王晓秋：《戊戌维新与京师大学堂》，《北京大学学报》(哲学社会科学版)，1998年，第二期。

设议院，立宪法”看作戊戌变法的高级目标，那么，把创建京师大学堂视为初级目标，应该不是溢美之辞。

戊戌变法取得了阶段性成果

戊戌事变后，慈禧“罢新法，悉复旧制”，在“北京尘天粪地之中，所留一线光明，独有大学堂一举而已”。12月31日，京师大学堂正式开学，仕学生、中学生、小学生加在一起才有160名，后来陆续招生，到了1899年5月，学生已有218人。许德珩在《北京大学校史・序》中指出：“京师大学堂本身就是戊戌变法运动的产物，是维新派克服了顽固守旧势力的重重阻挠和反对才创立起来的。”①京师大学堂的幸存、发展，是戊戌变法的一大重要成果。既然初级目标已经实现，怎能一口认定戊戌变法就失败了呢？我认为，戊戌变法只是夭折而已，应该用“夭折说”取代“失败说”。

也许有人会提出质疑：夭折不也是一种失败吗？的确，总体来说，夭折也是一种失败，但是，它与一般意义上的失败在程度上有大小、轻重之别。就像古人对疾病一词所作的解释那样，“疾”也是一种病，可是，“疾”是小恙，而“病”才是比较严重的病痛。同样，在史学研究中，“志”与“传”、“年谱”与“年表”、“正史”与“野史”等，都有着本质区别；在文学史上，唐诗、宋词、元曲代表着不同时代文学所取得的最高成就，但从本质上来看，都属于诗歌体裁。为什么要分别以唐诗、宋词、元曲加以命名呢？道理很简单，三者在写作要求上具有不同特点。这并非咬文嚼字，不同的命名，说明了认识的深化和清晰。因为名不正则言不顺，言不顺则理不真。那种葫芦绞茄子、大而化之、似是而非、模棱两可的研究，只能说明研究者的理论肤浅和思维混乱。

正因为戊戌变法只是夭折，所以，京师大学堂创建成功之后，她在中国近、现代史上所占的地位更加特殊，其历史意义远远超过一所大学的应有

---

① 萧超然编：《北京大学校史》，上海教育出版社，1981年版，第1页。

分量。

其一，作为管学大臣，孙家鼐不仅是京师大学堂第一任校长，而且还是统管全国新式学堂的第一任教育部长。“是时管学大臣之权限，不专管理京师大学堂，并节制各省所设之学堂。实以大学校长兼全国教育部长之职权。”①“维新变法运动遗留下来的京师大学堂具有重要意义，它表明维新教育改革在一定范围内取得了进展，同时标志着中国近代高等教育进入了创立阶段，设置专职教育行政官吏也从此开始。”②

其二，京师大学堂是中国第一所国家开办的综合性大学，学术起点很高。谈及戊戌学制，有人或许会提出这样的问题：京师大学堂创办之时，仕学生不过30名，能算一所真正的大学吗？回到历史现场，就可以知道，当时的先贤早就给出了答案。丁韪良在回忆录《花甲记忆》中认为，牛津大学、剑桥大学创建时，都没有固定校舍，学生上课要到处打游击；哈佛大学开办的第一学期，只招收六七个学生，教材只有《圣经》一本。而京师大学堂的校园规模、学生数量、管理章程都像模像样。而且，课程设置借鉴了牛津、哈佛和东京帝大的经验，连西教习的学袍、礼帽都是牛津大学的样式。

兰多是英国人，在八国联军攻入北京时，他是战地记者。后来，他在《中国与八国联军》一书中指出：

> 这个新建的大学堂与翰林院有天壤之别，这儿每个房间的墙上都挂满了地图，而在架子上则堆满了用于物理、几何和化学实验的各种仪器。倘若遮住建筑物上那些翘角的屋檐，它看起来跟世界上任何地方的同类正规大学并无本质上的区别。③

其三，京师大学堂还是中国高等学校的一个重要摇篮。她不仅直接演

---

① 柯劭忞：《清史稿》卷一百七，志八十二。转引自关晓虹：《晚清学部研究》，广东教育出版社，2000年版，第38页。

② 朱从兵：《教育史话》，社会科学文献出版社，2000年版，第52页。

③ 兰多：《中国与八国联军》（第2卷），1901年，第275—276页。转引自沈弘：《京师大学堂何时成立？》，《中华读书报》，2001年11月21日。

化成北京大学，而且先后繁衍出北京师范大学、中国医科大学、中国农业大学、中国地质大学等众多名牌高校。如果把与京师大学堂有渊源关系的高校排列出来，数量、质量都是可观的，对于中国近现代化的推动作用也是巨大的。

其四，由于戊戌变法在教育改革中，紧紧抓住了创建京师大学堂这个“纲”，纲举目张，一旦国家最高综合性大学得以创办，那么，全国各地的中学堂、小学堂呈数量级开办，也就顺理成章。假以时日，以新型的大学、中学、小学教育体系取代古老、腐朽的太学、书院、私塾教育体系，更是水到渠成。“由于他(孙家鼐)在政界与学术界的威望，他一手筹办了中国第一所综合性的大学，这在中国文化史和教育史上有不可磨灭的贡献。”①可以说，当代中国实行的小学、中学、大学教育体系，追根溯源，其老祖宗就是京师大学堂。虽然在京师大学堂之前也有洋务学堂存在，但是，那些洋务学堂犹如花果山上的毛猴，与人类并无血缘关系。京师大学堂才是“北京猿人”!

其五，京师大学堂影响很大，“效应”深远。1899年6月27日，在白色恐怖下，京师大学堂的存在给人们带来了希望和鼓舞。《北华捷报》以有些调侃的语气报道说：

> 通常发自天津“有关关闭京师大学堂的报道”，就像驴子拉磨那样，又转了一圈，传到了我们这里。与此同时，可以容纳160多个学生的楼群正迅速接近完工。西文图书馆的第一批藏书即将在偌大的“藏书楼”摆上书架。我们希望这只是一个良好的开端，而这批图书收藏终将从“藏书楼”顶上向大学堂的所有成员，乃至整个京师的居民，放射出“甜蜜和光明”。②

1998年，在纪念北大百年华诞时，著名学者王瑶在《北大校长与中国文

① 罗筠筠：《教育改革乃强国之本》，汤一介编：《北大校长与中国文化》，北京大学出版社，1998年版，第25页。

② 转引自沈弘：《戊戌年京师大学堂藏书楼考》，《中华读书报》，2002年1月16日。

化·序言》中进一步强调指出:“近年来由于我国执行对外开放政策,中外学术文化的交流十分频繁……甚至有人称之为‘文化热’。其实就文化学术思想的变迁而言,这个过程至少从戊戌维新运动就开始成为震撼社会的思潮了,而‘京师大学堂’的成立就是一个重要的标志。应该说,这是中国现代化进程的一个组成部分,而且我们今天仍然处在这个历史过程之中……”①

总而言之,我认为,断言“戊戌变法失败”是对前人历史性贡献的忽视和误读,而以“戊戌变法夭折说”取代“戊戌变法失败说”,才更为客观、准确,实事求是。

人类同源于非洲大陆,同住在“地球村”。迄今为止,在学习、借鉴、吸收外来文化方面,我们常常设置“中学与西学”“体与用”“中化与西化”等藩篱,自缚手脚。其实,按照“黑猫白猫论”(不管黑猫白猫,抓住耗子就是好猫),放开眼界,将中外一切优秀文化都视为人类文明的优秀成果,施行“拿来主义”(鲁迅的主张),那么,所有的思想枷锁就会如冰见日,涣然消融。

① 汤一介编:《北大校长与中国文化》,北京大学出版社,1998年版,第1页。

第三章

翁同龢何曾"冒寒留南海"

以前研究戊戌变法，大都以康有为的《戊戌奏稿》《康南海自编年谱》等作为理论依据。可是，纸里包不住火，随着史学家的考证深入，康有为篡改、编造历史文本问题逐渐被证实。曾经被康有为"妙笔"创作的"常熟冒寒留南海"的传奇经历，也渐渐受到质疑……

百年谎言相继被戳穿

岁月如刀，它能够一层层剐去作伪者脸上的油彩，戳穿其精心编造的谎言，还历史以本来面目。

康有为善于造假作伪，前人早有过多次揭露。乔大壮(1892—1948，四川华阳人)是鲁迅欣赏的书法家，在中华民国北京政府教育部办公室内，他曾与鲁迅对桌办公达4年之久。生前，他讲过这样一件奇闻：

郑文焯(1856—1918，辽宁铁岭人)，"清季词学四大家"之一。1918年在苏州逝世。康有为得知郑家珍藏着许多宋版书，十分眼热。一天，他乘郑公子不在家之际，打着悼念老友的旗号，到郑家吊孝。一番哭鼻子抹泪以后，他才对郑文焯遗孀说："文焯先生生前答应要送给我几部书，现在他走了，我今天特地来取，好拿回去作终生纪念。"看到大名士康有为这么重情讲义，郑太太没有多想，就打开书橱，让他自取。康有为一点也不客气，连忙挑了几部，便匆匆离去。不久，郑公子回来，闻讯后，连呼上当。他立即找到康有为，希望讨还珍贵图书。但康有为却是个明白人，没等郑公子开口要书，便一把拉住他的手，一边失声痛哭，一边讲述自己与郑先生的友谊，还好吃好喝地款待郑公子，弄得郑公子根本不好意思启齿要书，最后，只得空手回家。康有为的表演功夫，可见一斑。

而在戊戌变法研究中，对康有为等人沽名钓誉、伪造历史的真面目进行深刻揭露，却是近些年的事。比如，姜鸣在《天公不语对枯棋》一书中考证，《马关条约》签订前后，各地举人（即公车）赴京应试上书 31 件，签名者多达 1555 人次；京官领衔上书 7 件，签名公车 135 人次；梁启超领衔上书不过一件，签名公车 80 人。而且，前面 38 件上书均送达御前，唯独梁启超的上书没有送达，其原因是，康记“公车上书”压根就没有递交都察院。两个月后，康有为的《公车上书记》却大张旗鼓地在上海自行出版，并未送达的康记“公车上书”俨然成为康党推动维新变法的一大功勋。后来，康有为还在《汗漫舫诗集》中煞有其事地宣称：“东事战败，联十八省举人三千人上书，次日美使田贝索稿，为人传抄，刻遍天下，题曰《公车上书记》。”姜鸣不禁惊叹道：“‘公车上书’是康有为对历史的一次成功的大欺骗。”“奇怪的是，证明康有为在‘公车上书’事件的记载中弄虚作假，自相矛盾的材料比比皆是，但几乎所有的教科书、通史类著作、辞书，以及绝大多数研究专著论文，却都陈陈相因，重复着错误的说法，并加以大量定性的评论。许多现代知识分子将‘公车上书’看成是近代知识分子觉醒的嚆矢，倾注了大量的感情。可惜他们没有去细读历史史料。”①

再比如，《戊戌奏稿》于 1911 年 6 月（宣统三年五月）由上海广智书局初版。在《南海先生戊戌奏稿凡例》中，麦孟华说：“戊戌数月间，先生手撰奏折

① 姜鸣：《天公不语对枯棋》，三联书店，2006 年版，第 148、151 页。

都六十三首，一代变法之大略在焉，亦有代作者。戊戌抄没，多所散佚，即篇目亦不能忆。内子同薇文涧，先生女也，累年搜集抄存，得二十篇，迟迟久待，终无由搜全，惧久而弥失，先印之以应天下之望，余俟搜得，陆续补印。”该书辑录奏疏 17 篇、进呈编书序 5 篇、补录 3 篇，列存目 13 篇。《戊戌奏稿》出版后，历来是研究康有为的重要史料，也是许多专家将康有为塑造为戊戌变法领袖或代表性人物的奠基石。但是，经过孔祥吉、黄健彰等人的考证，才真相大白：康有为收录于《戊戌奏稿》的“大作”，是后来经过多处增删篡改的伪作。

台湾学者黄彰健考证后认为：“《戊戌奏稿》所载奏折 20 篇及进呈书序 5 篇，其中仅《进呈俄彼得变政记序》及《呈请代奏皇帝第七疏》见于光绪二十四年三月上海大同译书局石印本《南海先生七上书记》，系戊戌政变前公开印行，真实可信，其余 23 篇都是假的。”①

孔祥吉进一步指出，康有为非但对奏疏进行改易，而且对其在变法时的进呈著作的序言，也进行了一系列改删。这种情况，在《进呈波兰分灭记序》中表现得更加明显。

《波兰分灭记》是戊戌变法后期，康有为为了促使光绪早日开设制度局，全面推行新政而进呈的一部重要著作。故宫博物院藏有进呈原本，凡七卷，分订三册。在这部著作中，康有为笔带感情，深入分析了波兰国王与民隔绝，拒不变法，结果被俄国“蹂躏而蚕食之”的惨痛教训，并以此为鉴戒，希望光绪帝鼓起变法到底的勇气。康有为大声疾呼：如不开设制度局，百废庶政，一切更始，“我真为波兰矣”。时隔多年，他在《自编年谱》中回忆道：“当万寿后，进《波兰分灭记》，言波兰被俄奥分灭之惨，士民受俄人荼毒之酷，国王被俄人控制之害，守旧党遏抑之深，后国王愤悔变法，俄使列兵禁制，不许变法，卒以割亡，哀痛言之。上览之，为之唏嘘感动。”②

据孔祥吉考证，《戊戌奏稿》所辑《进呈波兰分灭记序》与进呈本序言相

---

① 黄彰健：《戊戌变法史研究》（下册），上海书店出版社，2007 年，第 662—663 页。

② 康有为：《康南海自编年谱》，转引自（名人名传丛书）梁启超：《康有为传》，团结出版社，2004 年版，第 152 页。

比，简直改得面目全非，一塌糊涂，除去题目相同外，正文几乎全为康有为后来重写。比如，《波兰分灭记》戊戌进呈原本写作：

我辽东之旧地，实藉俄力，而以铁路输之，今岁则以旅大与之，动辄阻挠，我之不为波兰者几希。今吾贵族大臣，未肯开制度局以变法也。夫及今为之，犹或可望，稍迟数年，东北俄路既成，长驱南下，于是而我乃欲草定宪法，……而不许者矣。

在《戊戌奏稿》中，却被改为：

与其分灭于外，惨为亡国之戮囚，孰若付权于民，犹得守府而安荣。乃逡巡迟疑，徘徊不决，至于国势濒危，大势尽去，乃始开国会而听之民献……终无救于亡矣。

进呈本强调“开制度局以变法”，而《戊戌奏稿》则主张“付权于民”“开国会而听之民献”，纂改之迹十分明显。①

对康有为真面目作了无情而生动的揭露的，当数有“中国第一记者”之称的张建伟。有人根据他的代表作《温故戊戌年》，概括出了“康有为十大骗绩”：

第一件：涉嫌“剽窃”张之洞门生廖平两篇文章《知圣篇》和《辟刘篇》，也就是说作为康记维新的理论著作、当年极大地震动中国朝野的《孔子改制考》和《新学伪经考》，竟然都是抄袭之作。根本原因是，在北京四处碰壁的康有为急于在学术界奠定自己的地位，而不惜侵犯别人的知识产权。

第二件：公车上书，也是一骗。当时只是在松筠庵门前召集了各省举人，准备上书，但终究没上，原因是康有为从一个内线太监那里得知他已经被录为进士。如果带头上书，他的进士“功名”可能被取缔，煮熟的鸭子就会飞跑。

① 孔祥吉：《康有为变法奏议研究》，辽宁教育出版社，1988年版，第382—383页。

第三件：为了用手中仅有的权力泄私愤、报私仇，康有为制造“莫须有”的罪名，硬把广东老乡许应骙(1832—1903，字筠庵，番禺人。道光三十年进士。鲁迅夫人许广平的祖叔父)当作变法反对派，唆使王照上书弹劾，最终酿成了影响很大的礼部六堂官被罢免事件。

第四件：假传圣旨，说光绪帝允许他直接觐见，还说皇上授予他“专奏权”：“何必代奏？后此康有为有折，可令其直递来。”上书可以不通过都察院传递。事实上，变法后他的所有上书，要么是通过都察院递交的，要么是代宋伯鲁、徐致靖等人拟稿，而后以别人名义上报的。要是他真有“专奏权”，何必多此一举。

第五件：炮制“伪诏”，诱劝袁世凯发兵包围颐和园，进行军事政变。光绪帝给杨锐的诏书中只说要缓和与慈禧太后的矛盾，康记伪诏却变成了“围园锢后杀(荣)禄”。

第六件：错信袁世凯，康党中人都说袁世凯不可信，但康有为固执己见，强逼毕永年充当“敢死队长”，强逼谭嗣同夜访袁世凯，结果阴谋败露。戊戌事变发生后，袁世凯的告密，使维新派受到了更加残酷的镇压，使戊戌变法的成果几乎全被废除，也使历史发展步伐出现了严重倒退。

第七件：康有为向光绪帝大力推荐伊藤博文，并倡议中国与日本、英国等国“合邦”，其实就是卖国求荣，甘做汉奸。

第八件：为了掩盖“锢后杀禄”阴谋，逃到日本后软禁知情人王照。

第九件：曾写信给日本“大同学校”的康党，叫他们“不得招待孙逸仙”，因为怕孙中山革命党的“恶名”影响他成为真正的帝师。

第十件：以假诏做虎皮，在日本和加拿大骗取钱财，供自己挥霍。

《温故戊戌年》发表后，好评如潮，1997年，曾获首届鲁迅文学奖(报告文学)。应该说，“康有为十大骗绩”在言辞上虽有激愤之嫌，但所曝光的事实却是有据可查，至少我们可以因此受到启发，破除禁区，打破神话。在研究戊戌变法及康有为的“丰功伟绩”时，要学会多维度思考。否则，“研究者的视野和价值标准可能为康梁所左右。”(戚学民语)，呕心沥血做出的研究只能是鹦鹉学舌，自欺欺人。

两个乖戾之人

在康有为的发迹史上，翁同龢是一个关键人物。康有为对翁同龢的知遇之恩，不仅感激涕零，而且高度评价，广为传播。其中，胶州湾事件后，翁同龢礼贤下士，于寒冬某日凌晨，屈尊到“圣人居”——南海会馆，登门挽留他在京城发动变法的精彩故事，至今还在为世人津津乐道。

事实果真如此吗？

康有为(1858—1927)，又名祖诒，字广厦，别号长素。广东南海人，世称“南海先生”。

康有为有“康圣人”之称。据他的得意门生梁启超在《康南海先生传》中披露，康有为“成童之时，便有志于圣贤之学。乡里俗子笑之，戏号之曰‘圣人为’，盖以其开口辄曰‘圣人全人’也”。也就是说，少年康有为张口“圣人长”、闭口“圣人短”。因为他“少有创立新教，取孔子而代之志”，于是，“圣人”二字时常挂在他的嘴边，所以，乡下的小伙伴就给他起了个“康圣人”的绰号。

但是，康有为并不满足于做“圣人”，他还给自己起了一个惊世骇俗、寓意颇深的别号——“长素”。“长素”，就是长于素王、凌驾于素王。素王即不用加冕的民间帝王，是当年人们对万事师表孔子的尊称。“长素”别号，将康有为的自恋心理暴露无遗：他不仅自视为圣人，而且自认为比圣人还要神圣。

同时，康有为还给他的得意弟子一一赐予不同凡响的别号：

陈千秋，别号“超回”，即才华超过颜回之意。颜回是孔子最得意的门生，孔子曾评价他是“一箪食，一瓢饮，在陋巷，人不堪其忧，回也不改其乐”。

梁启超，别号“轶赐”。轶，即超车；“轶赐”，即梁启超要超过子贡。子贡，端木赐，赐乃其名，子贡是其字。他也是孔子的得意门生，儒商之鼻祖。

麦孟华，别号“驾孟”，即凌驾于亚圣孟子头上之意。

曹泰，号“越伋”，含有超越子思之意。孔伋，即子思，孔子之孙，孟子的祖师爷。

韩文举，别号“乘参”，隐含“把孔子弟子曾参当马骑也”。

康有为的狂妄，受到了许多人的猛烈抨击。章太炎毫不客气地指出：“梁卓如等昌言孔教，余（即太炎）甚非之，或言康有为长素，自谓长于素王，其弟子或称超回轶赐，狂悖滋甚。”①“麟（章太炎原名学乘，字枚叔，后来易名为炳麟）自与梁、麦诸子相遇，论及学派，辄如冰炭。仲华亦假馆沪上，每有议论，常与康学牴牾，惜其才气太弱，学识未富，失据败绩，时亦有之。卓如门人梁作霖者，至斥以陋儒，诋以狗曲，面斥之云狗狗。麟虽未遭謑询，亦不远于辕固之遇黄生。康党诸大贤，以长素为教皇，又目为南海圣人，谓不及十年，当有符命，其人目光炯炯如岩下电，此病狂语，不值一笑。”②

隋朝开创了科举取士制度之后，日积月累，相沿成习，逐渐形成许多“潜规则”。科举考试中，乡试主考官称作“房师”，会试主考官称为“座师”。任何考中进士的人，都要尊称会试主考官为自己的“座师”。“座师”对于自己恩重如山，因此，学子考中之后要上门跪拜，以表感激之情。但是，康有为却不吃这一套。陶菊隐的《近代佚闻》里，记载了一则康有为不礼座师的生动故事：

> 康有为，字长素，名字皆夸诞。康曾密遣党徒赴长江一带组“富有”“贵为”两会，隐有帝王之志；其后折节为保皇党魁，殆非始料所及也。……康未应试前文采奔放，名噪甚。清代主考皆欲罗致知名之士为荣，盖喜其易于腾达也。中试者必谒座主，呼为受知师，终其身弗改。康既脱颖而出，房官喜而不寐。康久不拜，房官惑之，遣人将意，康大言曰：“吾以学力获隽，渠不过为朝廷甄拔真才耳，宁以是沽恩耶？”唾而不顾。来者婉言至再，康曰：“必欲吾往，须依吾条件：第一，不下拜；第二，称谓不以师生。”来者返命，房师恚曰：“吾正欲为之师耳。彼不肯承，来亦奚益？”其人又持以告康，执不可，房官遂听之。无何，康以言论获咎，欲央人缓颊，环顾无可恃者。大吏派员究其事，其人系房官挚友。康不获已，肃衣冠往拜，执

① 丁文江、赵丰田：《梁启超年谱长编》，上海人民出版社，1983年版，第66页。

② 章太炎：《致谭献书》（光绪二十三年三月十九日），转引自汤志钧编：《章太炎政论集》（上册），中华书局，1977年版，第14—15页。

弟子礼甚恭；房官善款之，且为转圜，然心窃鄙之，二人过从殊简。

如果说，这则逸事多少反映出他敢作敢为、不甘落俗的鲜明个性，那么，傅国涌在《康有为要孙中山拜师才结交》中所讲的逸事，却折射出他的自高自大、好为人师的乖戾心理：

> 最初康有为在广州长兴里讲学，号“长兴学舍”，喜欢读西方译本，凡是上海广学会出版的书报都尽量购取。后移到广府学宫，改名“万木草堂”，和双门底圣教书楼近在咫尺。……当时（即1893年）孙中山在那里挂牌行医，因为康有为常到书楼来买书，知道他有志于西学，想和他结交，就托人转达此意。康有为的回答是：“孙某如欲订交，宜先具门生帖拜师乃可。”孙中山认为康妄自尊大，就此作罢。①

数年后，康梁、王（照）、徐（勤）等因戊戌变法失败而逃亡东京，孙中山正好也在那里，他曾三番五次地约见康有为，康有为都是避而不见。②

事实证明，如果说袁世凯是一个“窃国大盗”，那么，将康有为视为“窃名大盗”，还算冤屈他吗？

同样，翁同龢也是一个心直口快、喜怒于色者，他“以帝师而兼枢密，预闻军国，实隐操大权”，“好延揽而必求为己用，广结纳而不能容异己”③。翁同龢是两朝帝师，长期担任户部尚书、军机大臣，养成了骄横跋扈、固执己见的做派。“光初朝局系翁一言，同僚议事，偶有不合，翁辄怫然，常入报帝，必伸己意，众已侧目……”④，借光绪帝压制、打击政见不同者，与许多好友反目成仇。他与同朝重臣李鸿藻、沈桂芬、阎敬铭、潘祖荫、孙毓汶、徐用仪等人

---

① 傅国涌：《主角与配角》，长江文艺出版社，2005年版。
② 冯自由：《革命逸史·初集》，中华书局，1981年版，第49页。
③ 金梁：《四朝佚闻》，中国史学会主编：《戊戌变法》第四册，上海人民出版社，1957年版，第222页。
④ 金梁：《四朝佚闻》，中国史学会主编：《戊戌变法》第四册，上海人民出版社，1957年版，第212页。

的关系，大抵如此。1894年，荣禄曾给鹿传霖（1836—1910，字润万，号迂叟。河北定兴人。时任陕西巡抚兼摄西安将军）写过一封密信：

> 常熟（指翁同龢）奸狡成性，真有令人不可思意（议）者。其误国之处，有胜于济南（指军机大臣孙毓汶），与合肥（指李鸿章）可并论也。合肥甘为小人，而常熟则仍作伪君子。刻与共事，几于无日不因公事争执。①

有一个例子，似乎可以一斑窥豹，更好地了解翁同龢的为人。翁同龢的书法，在同（治）光（绪）年间堪称冠绝一时。在北京，登门索请书法者络绎不绝，让翁同龢招架不住，苦不堪言。据传，有一日，一个落魄京官又拿了一把扇子，上门求书。翁同龢心里老大不愿意，但碍于情面，又不好一口拒绝。于是，就请他放下扇子，写好后派人给他送去。这个京官走后不久，翁同龢眉头一皱，计上心来。他抓起毛笔，刷刷几下，写好后，就吩咐佣人给那位京官送去。京官接到团扇，定神一看，上面却写着"山穷水尽"四个大字，不觉满面羞红，直冒冷汗。从此，他再也不好意思上门索字，连其他想借翁字为荣者，也都断了念想。

《蜷庐随笔》里说，翁同龢好客，客至无不接见。但他的世交好友潘祖荫却不以为然："叔平（翁同龢，字叔平）实无知人之才，而欲博公卿好士之名，实亦愚不可及。……吾与彼皆同时贵公子，总角之交，对我犹用巧妙（江苏方言：阴谋），将来必以巧妙败。"

同僚之中，基本都被他得罪遍了，很少有几个知心朋友。甚至在光绪帝面前，他的言行有时也不知收敛。

1898年4月的一天，在讨论俄国公使巴甫罗夫觐见皇上礼仪问题时，光绪"著上纳陛亲递国电"，翁同龢则不以为然，反对说："此次该使并无格外请索，似不必加礼"，光绪"不谓然，谓此等小节，何妨先允，若待请而允，便后著

① 《荣禄致鹿传霖便条》，中国史学会主编：《中日战争》第四册，上海书店出版社，2000年版，第576页。

矣，并有欲尽用西礼之语”。又谈到德国亲王觐见礼仪，光绪讲了自己的打算。翁同龢提出“优待极矣，然有窒碍”，并申述五点理由。光绪“皆驳之，并盛怒责刚毅，谓尔总不以为然，试问尔条陈者能行乎？否乎？”光绪十分不快，逐条反驳翁同龢，但他不便让师傅脸面上太难堪，于是，敲山震虎，找了一个由头，对刚毅指桑骂槐，训斥一番。锣鼓听声，说话听音，翁同龢岂能不明白这个道理？当天晚上，他在日记中颇为内疚地写道：“知圣意焦劳，臣等因循，一事不为办，为可愧憾也。”

疑似作伪一新证

康有为自视甚高，同朝之人，无论长幼，很少有能被他瞧得起的。唯独对翁同龢，他是敬佩有加，在诗文中多次称颂，并把戊戌变法开始才 5 天，就被罢官回籍的翁同龢抬到了“中国维新第一导师”的位置。

在《怀翁常熟去国》一诗的附注中，康有为写道：

> 胶变（即胶州湾事件）上书不达，思万木草堂学者，于（光绪二十三年）十一月十九日（即 1897 年 12 月 12 日）束装将归。先是常熟已力荐于上，至是闻吾决行，凌晨来南海馆，吾卧未起，排闼入汗漫舫，留行，遂不获归。及常熟见斥，吾又决行，公谓上意拳拳，万不可行。①

读到这些，很容易让人产生“萧何月下追韩信”那样的联想。这一联想，并非读者的误读，而是康有为刻意制造的意境，其诗中写道：“胶西警近圣人居，伏阙忧危数上书。已格九关空痛哭，但思吾党赋归欤。早携书剑将行马，忽枉轩裳特执裾。深惜追亡萧相国，天心存汉果何如？”这就是明证。

一个自知“非吏才”、未到任的工部虞衡司候补主事，因报国无门，心灰意

① 《康有为遗稿·万本草堂诗集》，上海人民出版社，1996 年版，第 90 页。

冷，即将踏上返乡旅程；一个当朝帝师、军机大臣、户部尚书、协办大学士，闻讯后，却于凌晨顶着凛冽寒风，亲自登门，热情挽留，真是一个千古佳话啊。

可是，这一"美景"却被康有为自己给打破。在《康南海自编年谱》中，康有为提供了另外一个版本：（光绪二十三年十一月）"是时将冰河，于十八日（即1897年12月11日）决归，行李已上车矣，常熟来留行。"①

这里，就产生了两大矛盾：翁同龢登门挽留康有为，到底是在哪一天？一个是"卧未起"，另一个却是"行李已上车"，如果确有其事，那么，那一天凌晨翁同龢登门时，康有为到底起没起床？

康有为的记述自相矛盾，爱记日记的翁同龢是怎么记录的呢？同一天，《翁同龢日记》中记道：

> 早入，外折一，见起三刻……论胶事，上述慈谕看照会稿甚屈，以责诸臣不能整饬，坐致此侮。臣愧悔无地，因陈各国合谋图我，德今日所允，后日即翻，此非口舌所能了也。词多愤激，同列讶之，余实不敢不倾吐也。散时尚早，小憩出城，赴总署发罗使电。②

早朝散后，翁同龢就"小憩出城"了。按理说，当时，翁同龢还认为康有为"大才槃槃，胜臣百倍"，登门又是在寒冷的凌晨这个特殊时刻，如果翁同龢真的登门去挽留康有为，在《翁同龢日记》中应该有所记录才是。然而日记里，却没记上只言片语。

同样，在梁启超的《戊戌政变记》等著述中，我也没有看见相关记载。

后来，经过黄彰健的认真考证，得出这样的结论：《怀翁常熟去国》诗注，并不是戊戌年翁同龢开缺回籍时所写，而是他以后根据形势需要补作的，其记述事实的真实性的确值得打上一个大问号。

在《康南海自编年谱》中，康有为说，"常熟冒寒留南海"之"翌日，给事中

---

① 康有为：《康南海自编年谱》，转引自（名人名传丛书）梁启超：《康有为传》，团结出版社，2004年版，第129页。

② 陈义杰整理：《翁同龢日记》，中华书局，2006年版，第3067页。

高夔曾奏荐请召见，并加卿衔出洋，常熟在上前力称之。"查历史记录，"高夔曾奏荐康有为"之事发生在光绪二十三年十一月十九日，似乎从侧面证明了"常熟冒寒留南海"发生在十一月十八日。但问学通例，孤证不立。"常熟冒寒留南海"仅见康有为一家之言，而且，他的一家之言还有两个版本，所以，我认为，这件事大有可疑。

另外，随后，在《康有为自编年谱》中，又出现了极其相似的一幕：

> 是时已定(光绪二十四年四月)二十四日出京，适见家信云："粤中疫疠甚盛，学者皆散归，宜迟归；即还，亦当在上海少候。"是日以国是既定，与其候于上海，不如少留京师或更有补，遂迟迟行。二十五日，忽为徐学士荐备顾问，奉旨著于二十八日(光绪帝)预备召见……

徐致靖(1844—1918)，祖籍江苏宜兴人，光绪二年进士，时任礼部右侍郎、侍读学士。其父徐家杰，为道光进士。其长子徐仁铸为光绪十五年进士，官至湖南学政；次子徐仁镜为光绪二十年进士，官至翰林院编修。

康有为两次要离开京城，两次都被萧何级的官员劝留、举荐，结合"康有为好捏造谕旨"、擅长说谎的秉性，"常熟冒寒留南海"一事不能不令人打个大大的问号。

中国社会科学院副研究员马忠文考证后认为，《康南海自编年谱》在康有为生前从未刊印，稿本又多有涂改增删处，康逝世前又添加注语，揆诸以上情形，可知从初稿到定稿，经过了不断修订。自编年谱的主体当形成于戊戌年底，这一点不应有疑问。但康对原稿一直有点窜和增补，很难说最后的定稿时间是何时，如将康氏自己最后添加注语的1927年作为年谱成书定稿的时间，可能更为合理。至少，在无法完全弄清康氏不断调整、修改年谱的内情时，把年谱看作1927年是康氏内心世界与思想状态的反映，应该是相对准确的，这样或许可以在一定程度上减少因康有为"倒填年月"而带来的负面影响。

康有为"年谱'光绪十四年戊子'记康'参加乡试不售后，发愤上万言书，极言时危，请及时变法'，并通过国子监祭酒盛昱将此书(后称《上清帝第一书》)

转交翁同龢，请代上达，但因种种原因翁未予递上。康氏解释说，因书中'直言时事'，'常熟恐以此获罪，保护之，不敢上'。这种叙说明显含有翁因爱才而'保护之'的意味，笔者以为，这与当时翁康二人的实际关系不甚相符。……翁日记十月二十七(11月30日)日记云：'盛伯羲以康祖诒封事一件来，欲成均代递，然语太讦直，无益，只生衅耳，决计复谢之。'细读二人记述之语境，《翁同龢日记》所记与《康南海自编年谱》所叙确有吻合的地方。不过，如果将《康南海自编年谱》定稿时间视作1927年，则上述两则材料之间可能存在一种神秘的关联：康有为生前是看过1925年出版的《翁文恭公日记》的，'保护'之说或从'只生衅耳'一语演绎而来。"[①]黄彰健断言：康的记载常自相矛盾，"我们对康有为的著作及其谈话，应仔细审核其内容，不可盲目轻信。"[②]茅海建也提醒说："康诗题记称翁来时'吾卧未起'睡态，又与(《我史》)'行李已上车'场景不相吻合。以《我史》的行文风格而论，对于这种过于戏剧性的场景，须慎重。"[③]

综上所述，我们似乎可以做出这样的推断："常熟冒寒留南海"是康有为在翁同龢等当事人作古之后，根据已公开出版的《翁文恭公日记》等史料，为了抬高身价沽名钓誉，而精心编造的又一欺世盗名"杰作"。

翁康交情有多深

翁同龢与康有为的交情有多深？这也是一个很值得探讨的问题。

戊戌事变后，为了避祸，翁同龢曾将自己的日记做了一些删改，使有些事实扑朔迷离。但是，据专家考证，《翁同龢日记》的真实性还是比较高的。通过日记的一系列记载，仍然能够比较清晰地看出他与康有为的交往过程，更能看清康有为在他心目中的真实地位。

---

① 马忠文：《康有为自编年谱的成书时间及相关问题》，《近代史研究》，2005年，第四期，第285页。

② 黄彰健：《戊戌变法史研究》，(台北)中研院历史语言研究所，1971年版，第149页。

③ 茅海建：《从甲午到戊戌：康有为〈我史〉鉴注》，三联书店，2009年版，第224页。

1888年11月16日，康有为揣着《上清帝第一书》，登门求见翁同龢。《翁同龢日记》记载："南海布衣康祖诒上书于我，意欲一见，拒之。"①

但康有为并不甘心，他将《上清帝第一书》"递与祭酒盛伯羲先生昱，祭酒素亢直，许之上。"②盛昱转交翁同龢，请其代递皇上，仍被翁同龢拒绝。

1894年，两广总督李瀚章奉旨查究康有为所著的《新学伪经考》。为了平息此事，梁启超曾登门向翁同龢求助。"初十日，……康之弟子梁启超卓如来，未见。"③翁同龢此前曾读过《新学伪经考》。"初二日，……看康长素（祖诒，广东举人，名士）《新学伪经考》，以为刘歆古文无一不伪，窜乱六经，而郑康成以下皆为所惑云云。真说经家一野狐也，惊诧不已。"④

甲午战败后，民族危机空前严峻，国难当头，变法已成为时代的主旋律，全国兴起了上书热潮。1895年7月1日，康有为前往翁府拜访。翁同龢将当天见面的情况写进了日记。但戊戌事变后，他在删改日记时，将康有为的名字改为李慈铭。孔祥吉在《清人日记琐谈》中指出，翁氏忙乱之中，忘了李慈铭已在1894年就已谢世。因此，改删的漏洞一目了然。孔先生参考翁氏后人翁万戈提供的日记原稿本，发现李慈铭三字是事后剪贴上去的，做工精细，不仔细端详，几乎看不出来。那天的日记是："饭后，李莼客先生来长谈，此君举世目为狂生，自余观之，盖策士也。"当时，李慈铭已是花甲老人，称做"狂生"显然不妥，如改为康有为，就比较好理解了。因为在翁同龢眼中，他顶多只是一个口若悬河而无多少政治经验的"策士"，而"狂生"也符合翁同龢对康有为的一贯评价。

1895年8月，《万国公报》创刊，不久就改称《中外纪闻》。11月，强学会成立。即使是在强学会中，康党的地位也是不高的，台前唱戏的是陈炽（1855—1899，时任户部郎中、军机处章京，强学会正董）、沈曾植（1850—1922，时任刑部郎中，强学会正董）、沈曾桐（1853—1921，时任翰林院编修，

① 中国史学会主编：《戊戌变法》第一册，上海人民出版社，1957年版，第507页。
② 中国史学会主编：《戊戌变法》第四册，上海人民出版社，1957年版，第120页。
③ 中国史学会主编：《戊戌变法》第一册，上海人民出版社，1957年版，第512页。
④ 中国史学会主编：《戊戌变法》第一册，上海人民出版社，1957年版，第511页。

强学会副董)、文廷式(1856—1904,时任侍读学士,强学会副董),幕后支持者是军机大臣李鸿藻和翁同龢、充管理沟渠河道大臣孙家鼐、直隶总督兼北洋大臣王文韶、两江总督刘坤一、湖广总督张之洞等,主力都是朝廷命官,康有为、梁启超、麦孟华等人微言轻,在其中并无多大号召力,梁启超只担任强学会的书记员(也就是别人讲话,他做记录)。现在,人们一谈到强学会,就把康有为抬得很高,而实际情况并非如此。

1898年1月24日,在总署西花厅里,奉光绪帝之命,李鸿章、翁同龢、荣禄、廖寿恒和张荫桓等五大臣听取了康有为的变法主张。后来,在《康南海自编年谱》中,康有为做了详细而生动的记录,让人一睹其侃侃而谈、舌战群儒的风采。康有为写道:"阅日召见枢臣,翁以吾言入奏,上命召见,恭邸谓请令其条陈所见,若可采取,乃令召见。上乃令条陈所见,并进呈《日本变政考》及《俄彼德变政记》。"但是,同一天,翁同龢却对康有为的表现非常失望、反感,他在日记中写道:"传康有为到署,高谈时局,以变法为主,立制度局、新政局、练民兵、开铁路、广借洋债数条,狂甚。灯后归,愤甚,疲甚。"①

由于康有为等人的张狂生事,危害到变法大局,所以,早在戊戌变法帷幕拉开之前,翁同龢就有调虎离山的想法。康有为在《康南海自编年谱》中承认:

> 于是,谤言塞途,宾客至交皆避不敢来,门可罗雀,与三月时成两世界矣。……上读《日本变政考》而善之,再催总署议覆,然以粤中学者咸集,已决归。上时决意变法,使庆邸告西后曰:"我不能为亡国之君。如不与我权,我宁逊位。"西后乃听上。于时恭邸薨,吾乃上书常熟,促其亟变法,勿失时;常熟以吾谤鼎沸,亦欲吾去;乃召还,亦听吾归矣。②

周素园曾担任过礼部尚书李端棻的文案。他在《周素园文集》中说:"迩

① 中国史学会主编:《戊戌变法》第一册,上海人民出版社,1957年版,第520页。

② 康有为:《康南海自编年谱》,转引自梁启超:《康有为传》(名人名传丛书),团结出版社,2004年版,第137页。

园先生在戊戌维新史上曾扮演了重要的角色(李典试广东,拔识梁启超,以其从妹妻之。启超入京会试,馆于李宅,日夜为其师康有为延誉,李亦心折之。遂介有为于翁同龢,翁向光绪帝推荐,有为遂柄用)。”①

翁同龢向光绪帝举荐了康有为的说法,无论是在当年,还是今天,都很流行。但是,翁同龢却矢口否认。他在1899年12月23日的日记中辩解道:

> 《新闻报》记(十一月)十八日谕旨,拿康梁二逆,并及康逆为翁同龢荐引,有其才百倍于臣之语,伏读悚惕。窃念康逆进身之日,已微臣去国之后。厥后臣若在列,必不任此逆猖狂至此而转以此获罪,惟有自艾而已。

公说公有理,婆说婆有理。到底怎么看?我认为,台湾学者高阳的观点值得参考。他在《两朝帝师翁同龢》一书中指出:

> 然则翁同龢保荐康有为之说何来?一则是后党如荣禄等人,有意散播流言,因康有为与张荫桓同乡交密,而翁倚张为左右手,效此种流言,易为人所信。再则康有为刻意欲攀附翁同龢以自高身价,其《康南海自编年谱》中,虚构与翁交往的情形,实不值一哂。②

孔祥吉、村田雄二郎通过研读《张荫桓日记》,作出如下判断:

> 自丁酉至戊戌之间,政局瞬息万变。翁同龢原来为光绪皇帝所信任,但是,随着张荫桓的启迪,光绪皇帝对外认识的迅速提高,愈来愈相信张荫桓,而与翁同龢之间芥蒂日增。因此,张荫桓在介绍康有为方面有相当重要的作用。……张荫桓在百日维新开始之前,迎合皇帝之所

---

① 周素园:《周素园文集》,贵州人民出版社,1994年版,第418页。

② [台]高阳:《两朝帝师翁同龢》,团结出版社,2005年版,第168—169页。

好，在推荐康有为方面，做了许多外人无法得知的工作。①

现在还不能断定在举荐康有为时，翁同龢与张荫桓谁先谁后，谁的作用更大，但至少可以说明，不是翁同龢独自向光绪帝举荐了康有为。康有为只字不提南海老乡张荫桓的举荐之恩，是因为戊戌变法后期，他与张荫桓闹得很僵，"戊戌七八月间，御史王鹏运及王照相继上书弹劾张荫桓，揭发他贪污受贿，极力称誉'以万金贿求保荐'的张尚达，而这两人均同康有为关系非常密切，且多次代康氏向朝廷呈递奏章。他们出面弹劾张荫桓，因此，就有人怀疑是康有为出的主意。"②

这里，有人可能会提出这样的质疑：也许是时隔数年，康有为把翁同龢凌晨冒寒去挽留他的时间记错了。据"一律以撰著时间为序"的《康有为政论集》提供的信息，《怀翁常熟去国》作于光绪二十四年六月；而《康南海自编年谱》文尾记载，该年谱作于光绪二十四年"岁暮书于牛込区早稻田四十二番之明夷阁"③。也就是说，两个版本前后相距不过半年，康有为的说法竟有两处明显不同，恐怕就不是记忆问题了。当然，在谢世前，康有为对《康南海自编年谱》做过多次修改，此处的修改情况，看到稿本即可水落石出。

或许有人还会提出这样的质疑：康有为何必要编造这个"美丽的谎言"呢？其实很简单。正如姜鸣所说的那样，康有为是想借助翁同龢的名望，拉大旗做虎皮，以抬高自己的身价，改变人微言轻的尴尬局面。反正当年传媒业不发达，翁同龢已被罢官回家乡。无论康有为在外面怎么编造，他都蒙在鼓里。

① 孔祥吉、村田雄二郎：《掀开历史人物的面纱——读〈张荫桓日记〉有感》，孔祥吉：《清人日记研究》，广东人民出版社，2008年版，第229—233页。

② 同上，第237页。

③ 康有为：《康南海自编年谱》，转引自梁启超：《康有为传》(名人名传丛书)，团结出版社，2004年版，第170页。据马忠文研究，关于康有为《康南海自编年谱》成书的时间，学界通常认为撰写于1899年初，康氏自己还有起稿于1895年的说法。通过研究与分析，马忠文认为，所谓从乙未年开始撰写年谱的说法应不可靠；年谱的主体内容撰写于1899年初，大致无疑问，但需要说明的是，此后康氏对年谱仍有修订和增删，将其视为康逝世前定稿，可能更为合理一些。

第四章

戊戌事变导火索探秘

众所周知，从光绪帝登基到驾崩的34年间，他一直是在慈禧太后的淫威下做着傀儡皇帝。即使是在戊戌变法期间，慈禧给予他的仅仅是“事权”，而国家权力中的核心部分兵权、人事权和治国理政决策权，仍牢牢地掌握在太后的手中。1898年9月21日，慈禧易如反掌地收回了光绪帝的事权，轰轰烈烈的戊戌变法运动就此夭折。

戊戌事变断送了戊戌变法，也使中国再一次失去改革崛起、复兴中华的良机。那么，戊戌事变是怎么引发的呢？

过去，史学家们在探寻戊戌政变的导火索时，曾提出“杨崇伊上奏”“伊藤博文访华”“袁世凯告密”等多种解释。我认为，如果是八月初三(1898年9月18日)“杨崇伊上奏”引发了戊戌事变，那么，慈禧在八月初四回到宫中，就应立即收回事权，而不必等到八月初六才原形毕露。如果是“伊藤博文访华”引发的，那么，慈禧在八月初四突然回宫，不必公布初六返回颐和园的计划，而应在初五上午光绪帝接见伊藤博文之后，就应该干脆利落地收回事权；如果是慈禧担心取消皇上接见伊藤博文的计划会引起日本抗议而产生外交纠纷，那么，按照计划，初八日，皇上还要接见英国传教士、广学会总干事李提摩太，无论是当时英国的实力，还是李提摩太在中国政界的影响力，都是前者所无法比拟的，慈禧为何不怕取消皇上接见李提摩太的计划而引起英国政府的抗议呢？

不少人认为，八月初四，慈禧发布初六返回颐和园的计划，是一个迷惑光绪的阴谋。我觉得，在没有确切史料证明的情况下，动不动就用“阴谋说”

来解释历史谜团，是难以服人的。

解铃还须系铃人。戊戌事变在八月初六爆发，应该与慈禧太后此前的行为举止，特别是她当天的活动有直接关系。

伊、李北京“巧遇”

1895年5月，“公车上书”的消息传出后，一向热衷于中国变法的“鬼子大人”李提摩太匆匆赶到北京，并在北京滞留了很长一段时间。10月12日，李提摩太拜访翁同龢，提出七项改革措施：皇帝应聘用两位外国顾问（据李提摩太私人信件中查证，一名是日本前首相伊藤博文，另一名虽未写明，明眼人一看即知是李提摩太本人）；成立学部，开办新式学堂和大学堂等。“此项建议后来由翁同龢奏报皇帝御览，得到了皇帝的批准。”[①]由于慈禧太后说不，未能施行。5天后，康有为初次拜访李提摩太，并应邀指派得意门生梁启超担任李提摩太的临时秘书，李提摩太支持并参加了强学会。从此，康、李联系更加密切。

1898年9月（光绪二十四年七月），戊戌变法进入关键时刻，“清帝光绪锐行新政，康有为骤获显要，以帝师自居”[②]，他一方面向光绪建议聘请李提摩太、伊藤博文为外国顾问；另一方面，他给在上海的李提摩太写信，“要他火速进京商议对策。……李提摩太深知维新派人士的良苦用心，为挽救变法的危局，他再度北上。”[③]“夏天时，康有为曾经向我咨询改革的方式方法问题，并建议说，伊藤博文已经使日本变成了一个强盛的国家，对中国政府来说，最好的办法就是请伊藤博文担任皇帝的顾问。过了没多久，康有为邀请我进京，担任皇帝的另一位顾问。乘坐同一艘轮船的旅客中，有两位很有意

---

① [英]苏慧廉：《李提摩太传》（周云路译），基督教辅侨出版社，1957年版，第21页。

② 中国史学会主编：《戊戌变法》第四册，上海人民出版社，1957年版，第241页。

③ 施宣圆、吴树杨：《李提摩太与戊戌变法》，《复旦学报》（社科版），1988年，第四期，第101页。

思的人物。一位是袁昶；另一位叫容闳。"①李提摩太的中文秘书程濬也有记载证实："景皇帝（光绪）欲开懋勤殿，聘李君为顾问大臣。戊戌七月二十四日，李君与余（自沪）航海北行，月杪至京。寓英公使署。适英使避暑外出。翌晨乃迁至米市施医院。"②

9月11日，伊藤博文经朝鲜来到天津。"自御史李岳瑞、洪汝冲等上书请用客卿，朝臣斥为汉奸将引外人从中取事。及至伊藤到津，皆云系康有为勾引而来，将入军机。王公卿相士庶皆言之凿凿，竟有陛见之督抚大员，曾谓军机章京曰'公等好事新堂官也'。……伊藤在津日，又值皇上电询，可否在津多留数日？伊藤答以两礼拜。守旧者皆惶悚不安。"③12日，直隶总督兼北洋大臣荣禄在北洋医院宴请伊藤博文，袁世凯、聂世成作陪。荣禄对伊藤博文将被皇上聘为顾问大臣的传闻非常惊慌，宴请时，他"神色惨沮不欢，未遑终席，借事辞去"④。14日，伊藤博文应光绪之邀入京；同期，李提摩太也"碰巧"到达北京，"和伊藤博文侯爵住在同一所旅馆里，并同他的首席秘书津田先生进行了长谈。"⑤

16日（八月初一），康有为等人与伊藤博文谈话，内容全是变法之事，伊藤博文答应，愿尽力帮助，促变法成功。⑥

18日（八月初三）下午，康有为拜访了李提摩太，告诉他"明日将南下""奉谕旨办上海官报"⑦，光绪决定聘伊藤博文、李提摩太做变法顾问官，预定9月20日（八月初五）接见，正式任命。随后，伊藤博文就接到了总署的正式通知。

19日（八月初四），光绪帝召见孙家鼐。然后，吏部尚书、管学大臣、协办大学士孙家鼐当面通知李提摩太，皇上将在9月23日（八月初八）接见他。

---

① ［英］李提摩太：《亲历晚清四十五年》，天津人民出版社，2005年版，第245页。

② 中国史学会主编：《戊戌变法》第一册，上海人民出版社，1957年版，第420页。

③ 苏继祖：《清廷戊戌朝变记》，中国史学会主编：《戊戌变法》第一册，上海人民出版社，1957年版，第341—342页。

④ 苏继祖：《清廷戊戌朝变记》，中国史学会主编：《戊戌变法》第一册，上海人民出版社，1957年版，第342页。

⑤ ［英］李提摩太：《亲历晚清四十五年》，天津人民出版社，2005年版，第245页。

⑥ 汤志钧：《戊戌变法人物传稿》（增订本）下编，中华书局，1982年版，第642页。

⑦ 中国史学会主编：《戊戌变法》第一册，上海人民出版社，1957年版，第420页。

帝后矛盾骤然尖锐

伊藤博文和李提摩太同时到达北京，引起朝野极大震动。慈禧对此是什么态度，没有直接的史料记载。但是，通过光绪帝的异常反应，可以看出，“帝后矛盾”在这一时段骤然尖锐。

9月16日(八月初一)，光绪即赐密诏给杨锐：“即如(七)十九日之硃谕(指罢免礼部六堂官之谕)，皇太后已以为过重，故不得不徐留之，此近来之实在为难之情形也。……朕位且不能保，何况其他？今朕问汝：可有何良策，使旧法可以渐变，将老谬昏庸之大臣尽行罢黜，而登进通达英勇之人令其议政，使中国转危为安，化弱为强，而又不致有拂圣意。尔等与林旭、谭嗣同、刘光第及诸同志妥速筹商，密缮封奏，由军机大臣代递。俟朕熟思审处，再行办理，朕实不胜紧急翘盼之至。”光绪帝已预感到“位不能保”。老成持重的杨锐鉴于康有为的负面作用越来越大，就向皇上直接建议“康不得去，祸不得息也”。[①]

次日(八月初二)，经过深思熟虑，光绪帝采纳这一建议，特别下了一道明诏：

> 工部主事康有为前命其督办官报局，此时闻尚未出京，实堪诧异！朕深念时艰，思得通达时务之人，与商治法，闻康有为素日讲求，是以召见一次。令其督办官报，诚以报馆为开民智之本，职任不为不重，现在筹有的款，着康有为迅速前往上海开办，毋得迁延观望！

按照清朝惯例，没有重大急迫的政事不明降谕旨，一般事务都是军机大臣传旨。这道明诏，表面上是严令康有为“迅速前往上海”，实质上是光绪向慈禧交底：“闻康有为素日讲求，是以召见一次。”言外之意，是说自己与康有

① 汤志钧：《戊戌变法人物传稿》，中华书局，1982年版，第141页。

为并无深交。由此推测，康党屡次建议开“懋勤殿”，已经让慈禧感到其醉翁之意不在酒，而在于让光绪自建顾问班底抢班夺权；康党更进一步，又把伊藤博文和李提摩太引进北京担任顾问大臣，以洋人势力相威慑，更让慈禧暴跳如雷。因此，初二这一天，她一方面要拿康有为开刀（光绪做出让步，发布明诏，催促他早日离京，做出姿态给太后等顽固派看，说明光绪是个有谋略之君）；另一方面，决定从次日（八月初三）开始，从光绪手里收回变法等重大问题事权，只给光绪留下一般政务的处置权。

查戊戌年八月《上谕档》，可知：

初二：本日孙家鼐遵议学堂中额折，奉交片谕旨，著孙家鼐会商礼部办理；阔普通武奏保举人才折，奉明发谕旨一道……等折、片、呈共二十一件，恭呈慈览。又本日内阁代递曹广权等条陈，现拟议办法，均俟分别办理后，再行陆续恭呈慈览。

初三：本日陈兆文奏保人才片，奉明发谕旨一道。闵荷生奏请将会馆改学堂片、耿道冲奏请设保险公司折，又二十七日胡元泰请清教案呈、宋汝淮条陈矿务河工呈，还签拟办法，恭呈慈览，俟发下后再行办理。……都察院代递桂格等折呈，俟拟定办法，再行签呈慈览。谨将陈兆文等各原折、片、呈，并昨日因行抄录未及呈递之孙家鼐、阔普通武……各原折、片、呈，恭呈慈览。

比较八月初二、初三《上谕档》，可以看出：八月初二，光绪帝拥有全部事权。初三日，光绪帝离开颐和园回宫，其事权已被部分剥夺：一般性的政务，皇上“明发谕旨一道”，独立行使；事关变法、教案等重要政务如“胡元泰请清教案呈、宋汝淮条陈矿务河工呈”等，“俟拟定办法，再行签呈慈览”，也就是等拿出具体方案，经慈禧太后批准才能施行。

据《内务府来文·外交》八月初三记载：“准军机处知会，本月初五日皇上御勤政殿，接见日本侯爵伊藤博文……”①虽然初二日太后与光绪发生过激烈争执，并收回皇上手中的大部分事权，可是，她仍然同意光绪于初五日接见伊藤博文。这充分说明，她还在继续考察光绪帝，尚未下定再次训政的决心。

---

① 《内务府来文·外交》，光绪二十二年至二十八年，441/5-50-1/N/第1715包。

慈禧回宫并无异常

八月初三下午2时许，光绪帝按计划离开颐和园，返回紫禁城。

次日早朝，他婉转地透露了自己丧失大部分事权的信息，他“谓枢臣曰：‘朕不自惜，死生听天，汝等肯激发天良，顾全祖宗基业，保全新政，朕死无憾。’”①

可是，祸不单行。八月初三，“御史杨崇伊、庞鸿书揣知太后意，潜谋之庆亲生奕劻，密疏告变，请太后再临朝，袖疏付奕劻，转达颐和园”②。杨崇伊别有用心地写道：

> 风闻东洋故相依藤博文即日到京，将专政柄。臣虽得自传闻，然近来传闻之言，其应如响。依藤果用，则祖宗所传之天下，不啻拱手让人。③

在送达时，奕劻还提醒太后：“伊藤博文已定于初五日觐见。俟见，中国事机一泄，恐不复为太后有矣。”④

听到这句话，自信心过人的慈禧不禁一愣，她突然意识到问题的严重性。据茅海建考证，慈禧经过反复琢磨，当天晚上八点半至九点钟之间，她才临时做出决定：次日也就是八月初四离开颐和园，回皇宫一探究竟。

据内务府《杂录档》(颐和园)载：“八月初三日，总管宋进禄等为本月初四日圣母皇太后还西苑……于是日寅初在东宫门外预备。……于八月初六

① 中国史学会主编：《戊戌变法》第一册，上海人民出版社，1957年版，第345页。

② 恽毓鼎：《崇陵传信录》，近代史料笔记丛刊《乐斋漫笔、崇陵传信录(外二种)》，中华书局，2007年版，第56页。

③ 国家档案局明清档案馆编：《戊戌变法档案史料》，中华书局，1958版，第461页。

④ 苏继祖：《清廷戊戌朝变记》，中国史学会主编：《戊戌变法》第一册，上海人民出版社，1957年版，第344页。

日还颐和园。所传引导、跟随车辆于是日寅初在福华门外预备。”①“尽管所用的车马都在寅初，即凌晨3时分别在东宫门、新宫门准备完毕，但她回到西苑却已很晚。《清代起居注册》称，光绪帝于‘申刻’（下午3至5时）在瀛秀园门外跪接慈禧太后。”②“午刻，奉皇太后幸乐寿堂侍晚膳毕，驾还养心殿。”由此可见，慈禧初三夜里回宫的决定做得很突然。

但是，她往回走的时候，心中并不着急，她对控制光绪胸有成竹。而且，直到此时，慈禧仍在犹豫之中。贪图享乐的慈禧怎么会轻易地放弃“太上皇”的地位，而再次走到事务缠身的政治前台？

初四晚上，慈禧住在西苑仪銮殿（辛亥革命后，此处更名为怀仁堂）。《起居注》记载：“八月初四日，乙酉，卯刻（下午5至7时），上诣瀛秀园门前跪按慈禧端佑康颐昭豫庄诚寿恭钦献祟熙皇太后还仪銮殿。诣议蛮殿皇太后前请安。驾还养心殿。”

八月初五“午初一刻（约午前11时10分），皇上御勤政殿接见日本侯爵前总理大臣伊藤博文、议政院议员大罔育造、随员头本元员、森泰次郎、时罔茂宏、署理公使林权助、天津领事官郑永昌、翻译官郑永邦。”③接见完全是礼节性的，在15分钟内，伊藤有颂词，光绪帝对着由总署代拟、经慈禧审定的《答词》照本宣科，根本就没涉及聘请顾问等实质性内容。“觐毕，赐宴。”④有关慈禧太后躲在帘后监视的记载，显然有些低估了慈禧的政治自信和办事手腕。

当天，军机处《知会簿》记载：“皇上明日卯初二刻升中和殿看祝版，毕，还海（指西苑）。办公事后至瀛秀园门跪送皇太后，毕，还宫（回养心殿）。满头班全知会。”这说明，至此，一切正常，慈禧还计划初六日返回颐和园。

但是，八月初六，光绪帝“驾还涵元殿”，慈禧却以他的名义发布谕旨宣布再次“训政”，原因何在？经过研究，我认为慈禧突然发难，一举收回光绪的全部事权，很可能与袁昶谢恩时说了什么“隐情”有关。

---

① 《杂录档》（颐和园），光绪二十四年八月。

② 茅海建：《戊戌变法史事考》，三联书店，2005年版，第101页。

③ 中国第一历史档案馆：军机处奏片，光绪二十四年八月初五。

④ 王芸生：《六十年来中国与日本》，三联书店，2005年版，第三卷，第236页。

一颗耀眼的变法之星

袁昶(1846—1900),原名振蟾,字爽秋,浙江桐庐人。素以敢于直谏闻名政坛,庚子事变中,因为反对纵容义和团、与多国开战而成为被顽固派杀害的"五大臣"之一。

袁昶是光绪二年(1876 年)进士,授户部主事。1883 年,充总理各国事务衙门章京。光绪十八年(1892 年),以员外郎出任安徽徽宁池太广道道台,任上 5 年,政绩称最。

光绪二十四年闰三月初一(1898 年 4 月 21 日),在戊戌变法揭开帷幕之前,他就敏感地把握住政治动向,撰写一篇长达两万字的奏折,系统地提出练兵、理财、开矿、改官制、兴学校等变法建议。他分析列强觊觎神州的态势时,以为"俄日之祸纾而大",德英诸国之祸"急而小";"以目前物力兵力不能议战,要不可不议守"。因此,在外交策略上,应该选聘精通洋务的外交人才,尽力和西方列强修好以纾祸,对内则要整顿边防。在内政方面,他指出:"由宋、金、元、明以迄我朝,革命不革政,率以用文法太密而弱,误国毁名。欧墨俄倭因利乘便,皆以用文法疏阔而强……中国非亡于外夷而亡于名法耳!"他还举荐郑孝胥、陈三立、曾纪泽、薛福成等人参与变法。

袁昶的《条陈》经安徽巡抚邓华熙代奏,得到光绪帝赞赏,光绪在此奏折上亲书"戊戌条陈",更让袁昶声名鹊起。同年 8 月 7 日,光绪谕令"着军机大臣会同总理各国事务王大臣切实妥速议奏"。经研究,其中关于"请筹八旗生计""清理屯田"于七月二十九日(9 月 14 日)颁诏施行。

据《庚子事变中被杀五大臣研究》①统计,袁昶的建议(还结合了太仆少

① 陆玉芹:《庚子事变中被杀五大臣研究》,华东师范大学博士论文,2005 年 4 月,第 50—53 页。

卿岑春煊等人的奏折)被光绪采纳的有7条之多,十分风光。但是,袁昶的变法措施推行后,也引起顽固派的强烈不满。如关于训练八旗人才,他的初衷是想解决满族人的生计问题,以减轻国家财政负担,但事实上却剥夺了满族人不劳而获的特权,当谕令"八旗人丁,如愿出京谋生计者,任其自由",满族"大哗不已"[①];关于裁汰冗员,如裁汰詹事府、漕运总督和湖北、广东、云南巡抚等措施,更让众多官员产生恐慌和怨恨心理。

而光绪帝却很欣赏袁昶的才华,四月(1898年5月),将他破格提拔,连升三级,从四品道员提拔为陕西按察使(从二品,未到任);五月,改任江宁布政使。七月下旬,袁昶进京领职,正巧与从上海进京拟任"顾问大臣"的李提摩太搭乘同一艘轮船。袁昶在总署干过九年,旅途中,他与李提摩太交谈应是情理之事。李提摩太很可能有意无意地把康有为邀请他担任皇上顾问,以及康党拟将中国与英、美、日本"合邦"的密谋和盘托出。

收权事件突然发生

9月20日(八月初五),内务府档案披露:

> 令侍卫内大臣为知照事。八月初五日由内奏事口传,奉旨:朕于明日办事毕,由勤政殿檐前乘轿出德昌门……至中和殿阅视祝版,毕,乘轿由后左门进乾清门,换轿至圣人前拈香,毕,乘轿出乾清门……还瀛台。更衣,用膳,召见,毕,诣皇太后前请安、侍膳,毕,还瀛台。卯初二刻伺候。[②]

晚清的习俗,一天只吃两顿正餐。早餐一般是卯时(时至7时),晚餐是

① 转引李剑农《中国近百年政治史》,复旦大学出版社,2002年版,第171页。
② 《内务府来文·礼仪》,光绪二十四年八月至十月,411/5-50-1/N/第323包。

酉时(17 时至 19 时)。正餐之外,还有酒膳和各种小吃。同日,《内务府来文》却发生了变化:"八月初五日,总管宋进禄等为前传本月初六日圣母皇太后还颐和园,今改为本月初十日还颐和园。"[①]《值宿档》也记载说:"由侍卫处询得初七日皇上办事后出西苑门……至社稷坛致祭,毕,仍由旧路还海。召见后,诣皇太后前请安、侍膳,毕,还瀛台。"[②]

由此可知,其一,初五日晚些时候,光绪帝已经知道太后改变了初六返回颐和园的计划;其二,光绪并没有察觉到初六日慈禧要收回全部事权,所以,他正常安排了初六、初七的日程;其三,光绪是一个性情十分敏感的人,如果慈禧更改日程与剥夺他的全部事权有关,他不会没有感觉或反应,可见初六发生的戊戌事变是一个突发事件。

9 月 21 日(八月初六),宫中《穿戴挡》做了这样的记载:

> (皇上)卯初外请至中和殿看阅视祝版,毕,至圣人前拈香,毕,还勤政殿。朝珠、金龙褂、带挎下来,更换寻常,见大人(指军机大臣)毕,还涵元殿。

《起居注》记载:

> 卯刻,上诣中和殿阅视祝版,诣圣人前拈香,毕,诣仪銮殿慈禧太后前请安,驾还涵元殿。

军机处《早事》记载:"江宁藩司袁昶到京请安。……召见袁昶、徐寿朋、李征庸、冯汝骙、军机。"另据宫中《召见单》"外官"册记中,也写有"袁昶(江宁布政使),冯汝骙(四川顺庆府知府),李征庸(简放道)"[③]的名字。

上述史料,记载有详有略,大致可以看清楚光绪帝当天的行踪路线:卯

---

① 《内务府来文·巡幸及行宫》,光绪二十四年六月至十二月。
② 内务府奉宸苑《值宿档》,光绪二十四年八月初五日记。
③ 茅海建:《戊戌变法史事考》,三联书店,2005 年版,第 116 页。

初(早晨5时),他按照计划先到中和殿看阅视祝版①、拈香;到勤政殿分别召见军机大臣和袁昶、徐寿朋、李征庸、冯汝骙等人;到仪銮殿向慈禧太后请安;最后返回涵元殿。

可见,初六日,光绪帝按照先"办事"、后请安的计划,于上午在勤政殿召见袁昶等人,然后,晚饭前(光绪不情愿与太后在一起,所以,请安时间不会太早,估计在下午五六点钟之间)去仪銮殿请安。

由此,可以做出以下两个版本的"大胆推测":

其一,当天下午早些时候,作为从二品新官,袁昶又按照"凡授任新职的二品以上大臣,须到皇太后面前谢恩"的规定,前往仪銮殿向太后谢恩。可以推测,慈禧的父亲惠征曾任徽宁池太广道员,慈禧也可能随父亲在安徽生活过一段时间,所以,在袁昶前来谢恩时,慈禧可能念及旧情,与他多聊几句。袁昶本来就反对"合邦",所以,他很有可能顺便把从李提摩太那里听到的"隐情"说了出来。慈禧闻讯,岂能坐视不管?

对于洋人,慈禧的心情十分复杂,可以说,是既恨又怕,难以启齿。

1861年,第二次鸦片战争期间,她在丈夫咸丰帝的率领下,落荒逃到承德避暑山庄,结果,咸丰帝死在那里,一夜之间,27岁的她就成为寡妇。

1894年,她60岁大寿,日本又挑起了甲午战争,割地赔款,闹得她很不开心。

现在,维新之目的是为了使中国由弱变强,不再受洋人的欺负和控制,结果却适得其反,与英、美、日本"合邦",不就等于让与英、美、日本名正言顺、明目张胆地瓜分中国吗?

变法以来,光绪帝日益激进,一次次越过慈禧太后划定的"祖制"底线:罢免六堂官、任命军机四章京、动议剪辫易服、屡次提出重开懋勤殿、请洋鬼子做顾问……如今他又背着自己要与日、英、美"合邦",借洋人的势力剥夺自己的权柄,这样的变法,慈禧岂能答应?

---

① 阅视祝版即审阅礼部起草的祀社稷坛祭文。初七日,皇上将祭社稷坛。社稷是"太社"和"太稷"的合称,社是土地神,稷是五谷神,两者是农业社会最重要的根基。每年春秋仲月上戊日清晨举行大祭,清皇帝都要亲临社稷坛祭太社和太稷,为天下祈福。

据黄鸿寿《清史记事本末》记：光绪帝阅毕出殿，即有侍卫、太监来，称奉太后命，将其引到太后处，太后责之曰："汝之变法维新，本予所许，但不料汝昏昧糊涂，胆大妄为，一至于此。汝自五岁入宫，继立为帝，抚养成人，以至归政，予何负于汝？而汝无福承受大业，听人播弄，如木偶然。朝中亲贵重臣，无一爱戴汝者，皆请予训政，汉大臣中虽一、二阿顺汝者，予自有法治之。"①

丁韪良则回忆说："皇帝的九五之尊得自太后，此次犯错，便扑倒在母后脚下，承认错误，恳请母后'示儿如何治国'。"②

慈禧还指使手下，将勤政殿内的奏折全部收缴，送到仪銮殿仔细审查。果然，当天的奏折中，就有宋伯鲁请与日、美、英合邦及保荐康有为的上奏：

> 昨闻英国教士李提摩太来京，往见工部主事康有为，道其来意，……拟联合中国、日本、美国及英国为合邦，……今拟请皇上速简通达外务名震地球之重臣，如大学士李鸿章者，往见该教士李提摩太及日相伊藤博文，与之商酌办法。以工部主事康有为为参赞，必能转祸为福。③

可以推论，在袁昶的"告发"被确认后，慈禧太后才下定了收回光绪全部事权的决心。

其二，也有史料说，初六日"均太后、皇上一同训话"。如果是这样，似乎也可以另行推测，在"太后、皇上一同训话"时，袁昶汇报了自己所掌握的"合邦"情报，当即点燃慈禧心中的怒火。

不管是上述哪一种情况，慈禧对于光绪和康有为背着自己与洋人"合邦"，都是不能容忍的。以袁昶的性格来看，他在关键时刻，也是能够仗义执言的。随后，在庚子事变中，作为太常寺卿(相当于外交部礼宾司长)，他敢

① 黄鸿寿：《清史记事本末》卷六十六，上海文明书局，1935 年版。
② [美]丁韪良：《花甲记忆》，广西师范大学出版社，2004 年版，第 325 页。
③ 国家档案局明清档案馆编：《戊戌变法档案史料》，中华书局，1958 版，第 170 页。

于在御前会议上，力言“拳术不可恃，外衅必不可开”，“杀公使，悖公法”，最后因言获罪，成为罹难的“五大臣”之一。

因此，初六日，慈禧太后才把庆王奕劻、端郡王载漪和军机大臣、御前大臣等叫到仪銮殿，对光绪进行了初次审讯，收回全部事权，并宣布八月八日在勤政殿举行“训政”仪式。

袁昶“一载三迁恩遇无”

收回事权的当天，慈禧太后便开始对维新派进行报复。她在下达给刑部尚书兼步兵统领崇礼的懿旨中写道：“谕军机大臣等：工部候补主事康有为结党营私，莠言乱政，屡经被人参奏，著革职，并其弟康广仁（显然是因为哥哥康有为而受到株连），均交步兵军统领衙门拿交刑部，按律治罪。”①其中，“莠言乱政”与康有为奏请聘用洋顾问等激进主张密不可分。处罚宋伯鲁的懿旨写道：“御使宋伯鲁滥保匪人，平素声名恶劣，着即行革职，永不叙用。”②这与他奏请重用康有为以及建议中、英、日等“合邦”不无关系。

初七日，太后单独审讯皇上一次。初八日，皇上率百官恭贺训政。太后旨，命皇上拜于阶下。礼成，复于便殿召群臣质讯皇上。将所抄皇上书房中及康有为寓中奏章说帖等件，逐条审讯，以诸臣质之。内有杨锐、林旭述上意，催康迅速出京之函。太后大怒，问皇上，皇上不敢认，推杨锐之意。③

如果袁昶在戊戌事变时没有特殊贡献，那么事变之后，康梁等人四处逃命，“六君子”血染菜市口，支持变法的徐致靖被永远监禁，李端棻、张荫桓被革职并流放新疆，甚至连地位低下的熊希龄、张元济等人都被查处……而“变法明星”袁昶不但没有受到慈禧的任何追究，而且还官运亨通，连他自己

① 《清实录》，中华书局，1987年版，第57册，第598页。

② 《上谕挡》，光绪二十四年八月初六日。

③ 苏继祖：《清廷戊戌朝变记》，中国史学会主编：《戊戌变法》第一册，上海人民出版社，1957年版，第346页。

在诗中大发感慨，“一载三迁恩遇无”。[①] 八月，袁昶调补直隶布政使。

不久，身为顽固派的徐用仪（1826—1900，字吉甫，号筱云，浙江海盐人）在光绪“二十四年，皇太后再训政，复直总署，乃密荐太常寺卿袁昶”[②]，并得到批准。10 月 2 日（八月十七日），袁昶调在总理各国事务衙门大臣上行走。1899 年 3 月（二十五年二月），袁昶补授光禄寺卿。后来，袁昶又被提拔为太常寺卿。

戊戌事变发生后，“慈禧太后重新训政，其政策取向还不是完全倒行逆施，除了捉拿康氏兄弟、将宋伯鲁革职外，并无其他停止新政的谕令”[③]。就在这个关键时刻，又一突发事件发生了：

9 月 20 日下午 3 点，从北京返回天津的袁世凯直奔北洋总督府，向荣禄交代了康梁“围园劫后”“囚后杀禄（荣禄）”等密谋。当天有别人在场，袁世凯的话只说了一半。21 日上午，荣禄主动找袁世凯，详细了解情况。当天晚上，杨崇伊到天津，向荣禄通报了慈禧太后重新训政的消息。22 日傍晚前后[④]，太后获悉袁世凯的告密内容，犹如火上浇油，她十分震怒，连续降旨，开始对康党和维新派痛下杀手。正如茅海建所指出的那样，“戊戌政变虽未因袁世凯告密而发生，但袁世凯告密的消息传到北京，大大加剧了政变的激烈程度”[⑤]。

收回事权“非一日之寒”

应该看到，慈禧收回事权有一个心理演变过程：

9 月 4 日、5 日，光绪未经请示就罢免礼部“六堂官”、任命军机四章京，威胁到慈禧的权力基础，让她产生了收回事权的强烈念头。

---

① 袁昶：《蒙恩量移直藩》，《袁忠节公遗诗补刻三卷》，宣统元年用活版本重印。

② 《清史稿·徐用仪传》。

③ 茅海建：《戊戌变法史事考》，三联书店，2005 年版，第 122 页。

④ 房德龄：《戊戌政变之真相》，《清史研究》，2000 年，第二期，第 44 页。

⑤ 茅海建：《戊戌变法史事考》，三联书店，2005 年版，第 162 页。

9月14日，光绪帝到颐和园请安，要求太后同意开懋勤殿，“太后不答，神色异常，（光绪）惧而未敢申说”①。

9月18日，收回部分事权后，慈禧仍未想到把事情做绝。

9月21日，慈禧收回光绪的全部事权，但她并没有全盘否定由自己批准而进行的戊戌变法。

9月22日，光绪帝仍然按计划祭祀社稷坛，还勤政殿，“见大人毕，还涵元殿”。当晚前后，袁世凯的“告密”传来，慈禧才怒不可遏，彻底撕破脸皮，开始大肆搜捕、镇压维新人士。23日，谕令捉拿张荫桓、杨锐、刘光第、谭嗣同、林旭等。25日，将康广仁、张荫桓、徐致靖、杨深秀、杨锐、林旭、谭嗣同、刘光第等人关进刑部大牢，慈禧很可能已掌握光绪与“囚后杀禄”有关证据，所以，她决定废除光绪帝，并下达了为光绪求医的上谕，为废立做舆论准备。26日，谕令派军机大臣会同刑部、都察院对徐致靖、杨深秀等“严刑审讯”，宣布袁昶等主张废除的“詹事府、通政司、大理寺、光禄寺、太仆寺、鸿胪寺等衙门照常办事，毋庸裁并”。27日，谕令“限三日俱奏”。28日，又谕令派刚毅监刑，不经审讯，将康广仁、杨深秀、谭嗣同、林旭、杨锐、刘光第“即行处斩”……10月4日以后，慈禧开始清洗、处罚大内有关人员。她亲自审讯，以“干预国政”“串通是非”等罪名，将亲近光绪和珍妃的太监杨瑞珍、杨长文、张得明、戴恩如等4人残酷“杖毙”，活活打死后，“抛入万人坑”。另外10名同情光绪的太监，也分别处以“重责二百板、永远枷号”和“板责一百、枷号二年”的残酷刑罚。

据茅海建考证，直到10月8日，慈禧才将光绪帝正式软禁起来，“以为非废立皇上，逐杀新党，一概归复旧制，不足以安天下之心，不足以存宗社之守”②，并对珍妃施以杖刑，将其打入冷宫，禁锢在中南海的淑清院内。

自9月21日戊戌事变爆发以来，在一个月左右的时间内，慈禧倒行逆

① 苏继祖：《清廷戊戌朝变记》，中国史学会主编：《戊戌变法》第一册，上海人民出版社，1957年版，第342页。

② 苏继祖：《清廷戊戌朝变记》，中国史学会主编：《戊戌变法》第一册，上海人民出版社，1957年版，第330页。

施，反攻倒算，将光绪帝变法期间裁撤的机构一一恢复，查封《时务报》，取消官民上书权力，把被撤职的官员一概复职，又撤销农工商总局，科举考试也恢复旧制采用八股文。唯有京师大学堂绝处逢生，意外存活。

庚子事变中，刚毅等人借机消除异己，唆使头脑发昏的慈禧下令将反对攻打洋人的袁昶等五大臣杀害。据《康圣人的心事》一文披露，事过多年，慈禧回想起来，颇为后悔地说：戊戌年，要不是袁昶的及时告发，老身险些丧命。

过去，史学家在研究戊戌政变的导火索时，未见有什么人提及袁昶。我认为，对袁昶在八月初六言行史料的进一步发掘，很可能就是破解戊戌事变的一把新钥匙。

第五章

戊戌变法夭折的必然性

戊戌变法夭折，是偶然事变，还是必然结局？如果说是必然结局，那么，回到历史现场去看一看，查一查，它的“死穴”又在哪里呢？

“三大错位”的客观存在

“三大错位”，首先是“大太后、小皇上”的错位。自辛酉政变登台，到比光绪晚一天死去，慈禧独掌晚清大权40多年，皇上见她要跪接跪送，大臣们见她胆战心惊，实属封建男权社会中的一大“异数”。

戊戌变法中，慈禧为变法画了一条底线：“凡所施行之新政，但不违背祖宗大法，无损满洲权势，即不阻止。”①可是，垂帘听政本身就是违背祖制的错位。对此，忠勇之士多次冒死提出批评。

甲午战败后，1894年12月18日，御史安维峻上书：“皇太后既归政皇上矣，若犹遇事牵制，将何以上对祖宗，下对天下臣民？”侍郎汪鸣銮、长麟乘召见之机，提醒光绪：慈禧不过是先皇遗妾，与皇上“本非母子”，皇上应“收揽大权”。甚至连太监寇连才都看不下去了，冒死进言，泣请太后归政，并劝说太后“不为祖宗天下计，独不自为计”？更为可贵的是，戊戌事变已发生，白

① 中国史学会主编：《戊戌变法》第一册，上海人民出版社，1957年版，第464页。

色恐怖已降临，1898年9月23日，杨深秀拍案而起，独上奏折，要求慈禧撤帘归政……

虽然提出批评者无一例外地受到了杀头、罢官等严厉迫害，但也一定程度说明了“大太后、小皇上”在当时是多么不得人心。

慈禧太后并非变法的天敌。相反，她在洋务运动中，一直支持洋务派，明确表示：“变法乃素志，同治初即纳曾国藩议。派子弟出洋留学，造船制械，以图富强也。”“苟可致富强者，儿自为之，吾不内制也。”戊戌变法开始时，她也是赞同的，《明定国是诏》就是在她的批准下颁布施行的。据《周馥年谱》记载：“康有为屡上救时之策，大臣多保奏，上信任之。时太后退居颐和园，不与政，但嘱上勿专信新进急切改图而已。”可见，久历政坛的太后对于光绪变法虽有告诫之词，并无多少反对之意。

“大太后、小皇上”的错位是一个既成事实，在难以改正的情况下，有识之士从维护、推进变法大业的角度，提出了一些变通策略。维新派、礼部主事王照认为：“太后先年原喜变法，此时因不得干政，激而阴结顽固诸老，实不过为权利之计耳。余为皇上计，仍以变法之名归诸太后，则皇上之志可伸，顽固党失其依赖矣。”他的建议，却遭到康有为、张荫桓等人的反对。如果按王照的建议施行，不敢说戊戌变法一定成功，但可以断言，也不至于百日而夭，其成效也应该大出许多。

其次，是“枝强干弱”的错位。在封建社会里，稳定是压倒一切的，而经济社会发展、人民生活幸福等等，往往排在后面。宋朝统治者吸取了唐末五代藩镇割据的教训，实行“强干弱枝”治国方略，政治权力高度集中于中央，地方权力大为弱化。

到了明朝洪武十三年，朱元璋为了家天下，在匆忙杀掉宰相胡惟庸、诛灭其九族之后，正式下令废除已实行1 500多年的宰相制度，并明文规定，以后如有人胆敢建议重设宰相，严惩不贷。清随明制，满族入主中原以后，一直实行“强干弱枝”治国方略，但是，“强干弱枝”直接导致“官富民穷”，贫富差距日益增大，当官者花天酒地，纳税人饥寒交迫，官逼民反，农民起义时有发生。1851年1月11日，洪秀全领导的太平军揭竿而起，席卷西南，贫苦百姓纷纷加入，死中求生，如洪水滔天，摧枯拉朽，势不可挡。仅两年时间，太平军就粉碎了清军的围追堵截，从广西一直杀到东南沿海满清“钱袋”、“粮仓”地区，纵横大半个中国，于1853年3月19日，攻占南京，并就地建都。在太平军凌厉的攻势面前，外强中干的八旗军、绿营军不堪一击，相继败下阵地来，满清王朝摇摇欲坠，咸丰皇帝犹如热锅里的蚂蚁，跛着一条腿在紫禁城头仰天叹息；危急关头，倒是矮人一等的汉族官吏挺身而出，湘军、淮军东拼西杀，保住了满清江山，晚清政局开始出现“枝强干弱”的新格局。

从同治朝开始，“一些督抚不仅对地方事务，而且对中央事务也有较大的发言权”①，中央决策，在一定程度上受到地方大员的钳制。比如，同治四年，朝廷要调李鸿章去陕甘镇压回民起义，李鸿章却提出兼任两江总督的苛刻条件，结果使调令成为废纸一张；再比如，光绪二十五年，戊戌夭折之后，慈禧密谋废除光绪另立一个儿皇帝，两江总督刘坤一明确表示反对：“君臣之分久定，中外之口宜防。”“若有废立之事，则两江义民，必起义愤。”让蛮横的慈禧也不得不另打主意。随后发生的抗旨不遵的“东南互保”事件，更是将“枝强干弱”推到了极致。

凡事有利必有弊。戊戌变法已经进行了两个月，光绪皇帝突然发现，发布的上谕各地总督、巡抚等并不当一回事，认真落实。光绪异常震怒，严令各督抚凡交查各件，皆须迅速具奏，不得耽搁，效果却十分有限。“查一下湖南地方志，就可感到边远地区和农村并没有受到维新运动的波及。如《嘉乐县志》对咸丰年间太平军的活动记录极为详尽，而戊戌年的记载却未提及维新运动一字；《安乡县志》记有该县戊戌年三件大事：‘南洲门设站’；‘夏五月十三大风雨，屋多倾颓’；‘匪贼寇焚衙署，毁民居，县绅集民兵御杀之’，均无一件与维新运动有关。这足证省城沸沸扬扬，外地无动于衷。”②中国人民大学的张鸣教授在《再说戊戌变法》一书中感慨道：“维新运动搞得最红火的湖南尚且如此，其他地方可想而知。”

---

① 张鸣：《再说戊戌变法》，陕西人民出版社，2008年版，第16页。

② 郑焱：《湖湘文化背景对湖南维新运动兴衰的制约》，《湖南师范大学学报》(社科版)，1989年，第二期，第62页。

政令畅通，才能使变法举措在实践中收到实效，而取得的实效能成为推进变法的新动力。由于“枝强干弱”，政令不行，使变法举措成为一句空话，怎么能够增强全社会的维新信心？对此，康有为、梁启超深有感触：“自四月以来，明诏累下，举行新政，责成督抚，而除湖南巡抚陈宝箴外，寡有能奉行诏书者。……上虽盛怒，数四严责，终不能去一人或惩一人者，以督抚皆西后所用，皇上无用舍之权，故督抚皆藐视之，而不奉维新之令也。”①“上扼于西后，下扼于顽臣，变法之难如此。”②

第三，是康党“言高、手低”的错位。戊戌变法前后，以康有为为代表的维新派，被人们称作康党。应该说，康党在办学堂、开学会、编报刊、向朝廷建言等方面，做了许多工作，产生了一定的启蒙作用。

但是，康有为等人并不满足于历史赋予自己的“吹鼓手”地位，而是削尖脑袋往朝廷里钻，希望“乘直升飞机”把握实权。无论是开制度局，还是开懋勤殿，醉翁之意都是踢开老臣，取而代之。这些小把戏被老奸巨猾的慈禧一眼洞穿，帝后矛盾骤然紧张，光绪帝自感皇位岌岌可危，变法夭折前一个星期，也就是七月三十日，他给军机章京杨锐下了一道密折，坦言：“……朕位且不能保，何况其他？今朕问汝：可有何良策，俾旧法可以全变，将老谬昏庸之大臣尽行罢黜，而登进通达英勇之人令其议政，使中国转危为安，化弱为强，而又不致有拂圣意。”光绪希望杨锐等人拿出一个既坚持变法，又不拂慈禧太后“圣意”的稳妥方案。可是，康有为等人一意孤行，偏离变法是为了完善、巩固现有政权的初衷，头脑发热，手无兵权却推行“围园、锢后、杀禄”的军事政变计划，铤而走险，一举将变法推向了万丈深渊。

对于康有为等人的错位，时人看得很清楚，康广仁在给友人何易一（康有为的弟子）的信中坦言：“我国改革之期，今尚未至。且千年来，行愚民之政，压抑既久；人才乏绝，今全国之人才，尚不足以任全国之事，改革甚难有效。今科举既变，学堂既开，阿兄（即康有为）宜归广东，卓如（即梁启超）宜

① 李喜所：《梁启超传》，人民出版社，1993年版。

② 康有为：《康南海自编年谱》。转引自（名人名传丛书）梁启超：《康有为传》，团结出版社，2004年版，第143页。

归湖南，专心教育之事，著书，译书，撰报，激励士民爱国之心，养成多数实用之才。三年之后，然后可大行改革也。今已如愿，八股已废，力劝伯兄，宜速拂衣，多陈元益，且恐祸变生也。”但康有为根本听不进去。1898 年 7 月 31 日，曾经支持康有为的朝廷命官、驻日公使李盛铎在与日本驻华书记官中岛雄交谈时指出：康有为乃今日开新党之代表，然而，在开新党之中，不以康氏主张为然者，亦颇有其人……康氏之议论甚高，而不切合实际，此乃康氏之一大病。①

“三大错位”的客观存在，说明戊戌变法发动的时机并不成熟。

“三大错位”的要害何在

就实情来看，“大太后、小皇上”的错位和“枝强干弱”的错位早已存在，虽然他们会对戊戌变法产生干扰、阻碍作用，但是，由于变法是时代召唤，大势所趋，所以，这两大“错位”并不能迅速扼杀变法大业。在戊戌变法之前所进行的洋务运动，存活 30 多年，也取得了不少实效，就是明证。相比而言，“康党错位”才是戊戌变法的“死穴”。

康党等维新派人微言轻，根底较浅，要想在等级森严的晚清政坛上异军突起，必须千方百计地取悦于当权者。而当时当权者有两人，一个是老谋深算、党羽满朝的慈禧太后，她根本不可能对康党感兴趣，就像荣禄所说的哪样：“康有为立会保国，现放着许多大臣未死，即使亡国尚不劳他保也。”另一个就是年少无知、缺少“班底”、急于建功立业的光绪帝。光绪是个爱国皇帝，但是，他自幼养在深宫，不了解中外实情，在执政能力、威望、性格方面都有明显缺陷。可以说，光绪与康有为是各取所需，一拍即合。因此，康党的“变也变，不变也变、大变”等激进主张，才被光绪接受。光绪也是投桃报李，

① 日本外务省外交史料馆藏：中岛雄：《随使述作存稿》，第九册，第 85 页。转引自孔祥吉、村田雄二郎：《一个日本书记官记述的康有为与戊戌维新》。

破格任用林旭等军机四章京，破格将正三品的按察使袁世凯提拔为正二品的兵部侍郎等。伊藤博文指出："唯仆察彼所谓革新党者之所为，其策划未可谓尽得其当。窃料其事难成，果不出数月，其党立败……必俟有英迈逸群之帝者出，而以才识卓拔之士为之辅弼，然后能创立大英业也。"①就是委婉地批评了光绪和康党所存在的"软肋"。

康党缺乏做大事的经验和手腕。变法的操作性很强，风险性很大，牵一发而动全身，稍有不慎则满盘皆输。日本明治维新的骨干"大多参加过地方上的藩政改革，久经风浪锻炼，具有斗争经验与政治才干。如大久保利通、西乡隆盛、伊藤博文等人，都是一批富于谋略，精明强干的政治家、军事家"。相比之下，康党等维新派要稚嫩得多。康有为只是一个七品候补主事，实质上就是一个教书先生；梁启超、谭嗣同、林旭等人是初出茅庐的书生，除了教书、办报，没有多少实际政治经验；维新派身后，也有一些官吏，比如李端棻、徐致靖、张荫桓等，但康有为刚愎自用，很难听进他们的"合理化建议"。

慈禧早就告诫光绪："变法乃素志。……若师日人之更衣冠，易正朔，则是得罪祖宗，断不可行。"②但是，康党却顶风逆行，唆使光绪皇帝连出败着：六月，康有为上折，要求皇上下明诏，强制推行禁止缠足；随后，康党又连续提出"弃旧京""营新都于江南"和"易服、改元"等脱离实际的建议，引起朝野一致反对，无形中破坏了变法的形象，增大变法的阻力。1898 年初，翁同龢等五大臣代光绪帝问康有为"宜如何变法"，康答曰："宜变法律，官制为先。""弱亡中国，皆此物也。"③梁启超也在《时务报》上发表《论变法不知本源之害》一文，指出："今之言变法者，其荦荦大端，必曰练兵也，开矿也，通商也，斯固然矣。然将率不由学校，能知兵乎？选兵不用医生，任意招募，半属流丐，体之羸壮所不知，识字与否所不计，能用命乎？将俸极薄，兵饷极微，伤废无养其终身之文，死亡无恤其家之典，能洁已效死乎？图学不兴，阨塞不

① 汤志钧：《乘桴新政·附录》，江苏古籍出版社，1900 年版，第 23 页。

② 中国史学会主编：《戊戌变法》第一册，上海人民出版社，第 464 页。

③ 康有为：《康南海自编年谱》，转引自（名人名传丛书）梁启超：《康有为传》，团结出版社，2004 年版，第 133 页。

知，能制胜乎？船械不能自造，仰息他人，能如志乎？海军不游弋他国，将卒不习风波，一旦临敌，能有功乎？如是则练兵如不练。矿务学堂不兴，矿师乏绝，重金延聘西人，尚不可信，能尽利乎？械器不备，化分不精，能无弃材乎？道路不通，从矿地运至海口，其运费视原价或至数倍，能有利乎？如是则开矿如不开。商务学堂不立，罕明贸易之理，能保富乎？工艺不兴，制造不讲，土货销场，寥寥无几，能争利乎？道路梗塞，运费笨重，能广销乎？厘卡满地，抑勒逗留，朘膏削脂，有如虎狼，能劝商乎？领事不报外国商务，国家不护侨寓商民，能自立乎？如是则通商如不通。其稍进者曰：'欲求新政，必兴学校。'可谓知本矣，然师学不讲，教习乏人，能育才乎？科举不改，聪明之士，皆务习帖括，以取富贵，趋舍异路，能俯就乎？官制不改，学成而无所用，投闲置散，如前者出洋学生故事，奇才异能，能自安乎？既欲省府州县皆设学校，然立学诸务，责在有司，今之守令，能奉行尽善乎？""吾今为一言以蔽之曰：变法之本在育人才，人才之兴在开学校，学校之立在变科举，而一切要其大成在变官制。"①

七月十三日，康有为上《为厘定官制，分别官差，以高秩优耆旧，以差使任贤能折》："今欲自强，非讲兵不可，讲兵非理财不可，理财非兴学校以开民智不可，兵、财、学校皆非改官制、别官差，无由整顿也。"强调改革官制的重要性，并建议分别官差，"以差使任贤能"②。同日又上《恭谢天恩，并陈编纂群书以助变法，请及时发愤，速筹全局折》，请皇上在变法中"自断之，自审之。无为庸人所乱，无为谣言所动，赏罚必行，政事必举。选通才于左右，以备顾问，开制度局于宫中，以筹全局"③。

七月十四日，光绪采纳多位朝臣相继提出的建议，发布谕令，裁撤詹事府、通政司、光录寺、鸿胪寺、太仆寺、大理寺六衙门，归并到内阁及礼、兵、刑各部办公。外省裁撤湖北、广东、云南三省巡抚，以总督兼巡抚事。裁东河

---

① 梁启超：《论变法不知本原之害》，载《饮冰室合集》(一)，中华书局，1989年版，第10页。

② 孔祥吉：《救亡图存的蓝图——康有为变法奏议辑证》，(台北)联合报系文化基金会，1998年版，第227页。

③ 孔祥吉：《救亡图存的蓝图——康有为变法奏议辑证》，(台北)联合报系文化基金会，1998年版，第223页。

总督，所办事宜归河南巡抚兼。各省不办运务之粮道，及向无盐场仅管疏销之盐道，及佐贰之无地方责者，均着裁汰[①]。“京师冗散卿侍被裁者，不下十余处，连带关系因之失职者将及万人。”令下，朝野震骇，以为此举“大背祖宗制度”，皆赴宁寿宫，请太后保全，收回成命[②]。所裁衙门奉旨后“群焉如鸟兽散”，印信、文卷无人过问，厅事、户牖拆毁无存，犹如经历一场浩劫。城里裁官的“讹言”，“一夕数惊”，守旧诸臣“皆惴惴不自保”“喧噪不已”，大有民不聊生之戚[③]。慈禧太后也亲自出马，斥责光绪：“九列重臣，非有大故，不可弃；今以远间亲，新间旧，徇一人而乱家法，祖宗其谓我何”？

变法弄得鸡飞狗跳，但各省认真落实者非常少。据胡思敬《戊戌履霜录》所载，二十一省改革情况如下：直隶于天津设立了农工商分局、水利局及屯田局；江苏省开办了法律院，裁并十三局所；湖南设立了保卫局；广东于广州设立洋务课吏局。有的省裁减一批武官，有的省裁撤了为数有限的同知、通判、州同、州判、经历、照磨、主簿、县丞、巡检、训导等。有的省份，则基本没有变动[④]。

就实情而言，康有为送达光绪皇帝面前的奏折并不多，光绪颁布的推新举措，与康有为并没有多少直接联系，但是，由于外界并不了解康有为与光绪帝之间的真实关系，康党又利用所持的舆论工具大肆鼓噪，使大家形成了“光绪皇帝对康有为言听计从”的错觉，以至于人们将自己对变法的怨气对准了康有为，无形中抬高了康党的社会地位，为他们的进一步作秀奠定基础。

对于康党炮制、宣传的激进主张，一些外国人士不以为然，他们甚至指出：“皇帝的方向是正确的，但是他的顾问康有为和其他人等都缺乏工作经验，他们简直是以好心扼杀了进步。”[⑤]

---

① 朱寿朋编：《光绪朝东华录》第四册，中华书局，1958 年版，总第 4170 页。

② 黄鸿寿：《清史纪事本末》，中国史学会主编：《戊戌变法》第四册，上海人民出版社，1957 年版，第 260 页。

③ 陈夔龙：《梦蕉亭杂记》，中国史学会主编：《戊戌变法》第一册，上海人民出版社，1957 年版，第 485 页。

④ 胡思敬：《戊戌履霜录》，中国史学会主编：《戊戌变法》第一册，上海人民出版社，1957 年版，第 376 页。

⑤ [美]马士：《中华帝国对外关系史》，中译本，上海书店，2006 年版，第三卷，第 161 页。

康有为学风不正，学识不高，不足以成为变法旗手或精神领袖。康有为虽然考中了进士，但他的国学功底并不扎实，著书立说牵强附会，讨论学问强词夺理，梁启超批评他在著述中“往往不惜抹杀证据或曲解证据”“犯科学家之大忌”。其变法理论《孔子改制考》《新学伪经考》出版后，不仅保守派强烈反对，康党的同盟军翁同龢、孙家鼐、张之洞、陈宝箴等也大惊失色，认为康有为“居心叵测”。著名的维新人士黄遵宪、章太炎、唐才常等，都对康有为的观点明确表示“不敢苟同”。著名教育家吴汝纶认为：“中国旧学深邃，康梁师徒所得中学甚浅，岂能胜删定纂修之任？斯亦太不自量矣。”①朱维铮教授指出：作为学者的康有为，虽然著作等身，但究竟有多少真学问，尤其令人怀疑。以《新学伪经考》《孔子改制考》而论，倘若单看学术内容，则从材料到见解，鲜有不蹈袭前人的。“《新学伪经考》同《孔子改制考》一样，所谓考订辨伪，无非‘藉经术以文必有饰其政论’。既然康有为言在此，而意在彼，那么他引经援史，不过为了示人以言据，……正如参与起稿的梁启超后来承认的，康有为太武断，‘往往不惜抹杀证据或曲解证据’。因而，引文删略而不予以标示，修改原文以牵合所论，在康有为可为习与性成。……同时，康有为还有一个大毛病，那就是以‘生知’自居。在两书中时时阴袭近人考据成果而充当自己的‘发明’，甚至诋斥剽袭对象以自炫博异。”②康有为精心炮制的“变法理论”成为众矢之的，严重损害了维新派的形象，瓦解了变法的社会基础。对此，著名学者唐德刚在《晚清七十年》中批评说：“康有为不自量力，引学术入政治，也就从‘迂儒’逐渐蜕变成‘学阀官僚’，把支持他变法改制最热心、最有力的张之洞、翁同龢等都摈之门外。以他这个小官来独力抵抗那红顶如云的顽固派，那就是螳臂当车了。……康有为当年犯了他那教条主义的绝大错误。”③

康有为的野心，则是变法夭折的致命一击。据统计，晚清时期，中国男性受教育者只有百分之二十，远远低于日本；明治维新时，日本的启蒙思想

① 吴汝纶：《吴挚甫尺牍》，第 2 卷上册。国学扶轮社，宣统二年版，第 13 页。

② 朱维铮：《重评〈新学伪经考〉》，《复旦学报》（社科版），1992 年第二期，第 49 页。

③ 唐德刚：《晚清七十年》，岳麓书社，1999 年 1 月版，第 261—262 页。

家福泽谕吉所写的一本介绍西方的小册子，一年销售30万册，而同一时期，中国正在开展洋务运动，江南制造局编译的所有介绍西方的书籍、小册子，30年间只卖掉1.3万册。可见，在中国进行启蒙教育、宣传是多么必要。据《近代名人轶事录》记载，一次，梁鼎芬与章太炎谈论维新人物，梁鼎芬问："康有为霸气纵横，不失为一佳士，唯深沉不可测，传其颇有做皇帝之野心，君识其人，亦谓可信否？"章太炎大笑，回答道："君误矣，皇帝人人可做，康有为如仅图为皇帝，尚不足为异；最荒谬者，则其人竟妄想欲为教主也！"由此可知，康有为的野心已是司马昭之心——路人皆知。正因为康党野心太大，所以才上演了一出法华寺深夜策反袁世凯的闹剧，最终葬送了戊戌变法。

戊戌事变发生后，慈禧太后甚至主动发出继续改革的信号：

> 前因中外积弊过深，不得不因时制宜，力加整顿。而小之徒，窃变法之说，为煽乱之谋。业经严拿惩治，以遏横流。至一切政治有关国计民生者，无论新旧，均须次第推行，不得因噎废食。……嗣后内外臣工，务当清白乃心，一化新旧之见。凡有建白，但期有裨时局，不得妄意揣摩，挟私攻讦。①

对于这道谕旨，有的专家做了精彩解读：

(一) 变法是必要的，但一些"宵小之徒"借变法改革之机，煽动动乱，对这样一股"逆流"必须坚决遏制；

(二) 变革仍须推进，不得因噎废食；

(三) 变革一方面必须有序进行，不能操之过急。另一方面必须在新旧之见中找到支撑点，不能偏执于某一主张；

(四) 群臣建白，必须具有建设性，不能乘机挟私攻讦、打击报复。

八月二十九日，清廷再次颁发谕旨，指出："国家振兴庶务，凡有益于国有便于民者，均应随时兴办，以植自强之基前因商务为当今要图，特谕刘坤

---

① 朱寿朋编：《光绪朝东华录》，第四册，中华书局，1958年版，第4224页。

一、张之洞就沿江沿海一带先行试办。……务期中外流通，确有成效，不得徒师空言，致负朝廷力图振兴至意。”由此推想，如果采取“统一战线”策略，戊戌年将慈禧太后变成变法的同盟军，不是不可能的。换句话说，如果没有康有为等人的干扰、破坏，以孙家鼐、张之洞等开明政治家来施行维新，戊戌变法史必将改写。

康有为的错误早有定论

对于康党在戊戌变法中的表现，过去大都持肯定态度，甚至把康有为当作戊戌变法领袖或精神领袖来美化、歌颂，而对于其负面作用，一直不敢触及，严重背离了实事求是的治学原则。现在，当我们破除思想禁锢，回到历史现场重估戊戌变法之时，却发现，早在多年之前，戊戌变法的亲历者们已经对康有为的错误给予了严肃批评。

沈曾植是支持变法的朝廷命官，曾参与创建强学会，时任刑部郎中，与弟弟沈曾桐同为骨干。经大家推举，沈曾植、陈炽担任了正董，沈曾桐侍读学士文廷式为副董。沈曾植与康有为交往颇多。康有为谈艺论学，对沈曾植的学识也是极为钦佩。戊戌变法期间，“皇帝将重用康有为，（沈曾植）先生赠《唐顺宗实录》，请康一阅，忧康改革过激生变。康读毕默然。”①1898 年 6 月 4 日，沈曾植在与文廷式的通信中，再次对康有为的激进行为将危害变法大业深表担忧，“论时局，谓世事非变法不可为，而深忧变法之机将被康有为卤莽灭裂，中生变阻。廷式既览，以为数月以来情形，此函颇得其实。”②

张元济（1867—1959），号菊生，浙江海盐人。出生于名门望族，书香世家。1892 年参加科举考试，中进士，入翰林院任庶吉士，戊戌年，在总理各国事务衙门任章京，曾积极参与维新运动。1898 年 11 月 7 日，戊戌变法夭折

① 王蘧常编：《清末沈寐叟先生曾植年谱初稿》，（台湾）商务印书馆，1980 年版。
② 汪叔子编：《文廷式集》，中华书局，1993 年版，第 1504 页。

不久，张元济在给友人的信中也指出："时诏各省广设学堂，考试并废八股。余劝长素（即康有为）乘此机会出京回籍，韬晦一时，免撄众忌，到粤专办学堂，搜罗才智，讲求种种学术，俟风气大开，新进盈廷，人才蔚起，再图出山，则变法之事不难迎刃而解。而长素不我从也。陈奏不已，益急进，遂有八月六日之变。"①

黄遵宪（1848—1905，字公度，别号人境庐主人，生于广东嘉应州。晚清诗人，外交家、政治家、教育家。1877 年随何如璋东渡出使日本，后又前往美国、英国、新加坡等地任外交官。驻外期间，他留心观察驻在国的事物，认为中国要革新自强，必须效法日本，因此，他潜心研究，于 1887 年完成《日本国志》，全书共四十卷，五十余万字，以大量篇幅介绍日本明治维新的情况，并批判秦汉以后的专制主义，肯定西方的立法制度，提出一系列学习西方的主张。日本友人称他"是新一代最有风度、最有教养之外交家"。1895 年，他出任湖南按察使，在巡抚陈宝箴的支持下宣传维新变法。1896 年，他邀请梁启超到上海创办《时务报》，鼓吹变法，11 月，入京受到光绪帝接见。1897 年，被任命为湖南长宝盐法道等职，积极协助陈宝箴推行新政。1898 年 9 月，光绪帝任命黄遵宪为出使日本大臣，因病未能到任。张元济回忆说，戊戌期间，"光绪喜欢看新书。常常写条子到总理衙门要书。这件事都由我经手办理。那时候黄遵宪做了一部《日本国志》。光绪指明要这部书看。也是由我取来送进去的。"②戊戌变法夭折后，黄遵宪被清政府列为"从严惩办"的维新乱党，但由于外国驻华公使等干预，清政府允许黄遵宪辞职还乡。在分析戊戌变法夭折的原因时，他曾痛惜地说："几百年积下的毛病，尤其要慢慢来治。这次的失败就是新派人'求快'两个字的失败。""如有一般有学问、有办法、有经验、有涵养的老辈出来主持，一定可得相反效果的。"

王修植（1858—1903），字菀生，号俨盦，浙江定海人。晚清著名学者俞樾的高徒。光绪十六年进士，曾任翰林院编修，直隶道员，为直隶总督所器

---

① 张元济著：《书札》，商务印书馆，1981 年版，第 46 页。
② 张元济：《戊戌政变的回忆》，《新建设》（创刊号），1949 年 9 月 8 日。

重，委办水师学堂。后任北洋大学堂总办兼定武军营务处帮办，曾请提关款设北洋西学官书局。光绪二十三年十月初一，王修植与严复等在天津创立《国闻报》，严复担任主笔，王修植却请别人出面当老板，自己也不去报馆上班，报纸重大的编务事宜都在他的家中悄悄商定。《国闻报》"略仿英国泰晤士报之例"，主张"通上下之情，通中外之故"，传播新思想。每日出两张八开版，着重刊登国内外的时事与社论，并在新闻报道中加一些按语和评论。《国闻报》收集外国各种报纸多达百余种，延聘通晓各国文字的士人就有十多人。还派精通业务的记者长期住在外国采访，并及时发回消息听候刊载。《国闻报》不仅是近代天津由中国人创办的第一份报纸，也是维新派在华北地区出版的颇有影响的第一家报纸。当年，南有上海的《时务报》，北有天津的《国闻报》，在宣传维新思想方面，遥相呼应，广受关注。戊戌变法期间，《国闻报》报道新政颁行与实施的情况尤为及时而翔实，并大胆揭露守旧派破坏变法的卑鄙行径。由于王修植低调做人，扎实做事，戊戌事变后，他并未受到什么牵连。

1899年，日本记者内藤湖南到中国各地旅行采访，在天津时，他采访过王修植与严复。王修植"年齿四十一，容貌温籍，虽不通欧文，犹在现职，盖为才物也"。事后，内藤将在日本报纸上连载的报道整理成《燕山楚水》一书出版。《燕山楚水》中，详细记载了王修植对戊戌变法夭折原因的反思：

> 内藤说："变法亦不应轻谈，鄙邦三十年来，以变法而立富强之本。然今日观之，措置失当者，亦不复少，是贵邦志士，宜所鉴戒。但鄙邦人勇于进，拙于守，贵邦人反之。进者退之，退者进之，予意贵邦人今日之事，未遑言守成之事耳。"王修植回答："尊见甚高，去年诸君子，亦正坐知进不知退之病。"

可以说，沈曾植、张元济、黄遵宪、王修植等当事人或知情人对"康党错位"引发"戊戌事变"、导致戊戌变法夭折的批评真是一针见血，一语中的。这些历史事实，正是我们回到戊戌变法现场的"路标"，研究戊戌变法时岂能视而不见呢？

第六章

究竟谁是戊戌变法的领袖

戊戌变法研究，可以毫不夸张地说，是中国学者对历史研究最为亲密接触的一门学问。从1898年9月21日发生戊戌事变，慈禧太后第三次训政，到同年12月23日，梁启超在日本出版的《清议报》上开始连载《戊戌政变记》，前后相隔时间不过三个月，而且，参与开创性研究的人，有不少本身就是戊戌变法亲历者。而今，又经历了长达120年的跟踪，应该说，无论是研究的深度还是广度，在史学研究领域中都是罕见的。

2008年10月，在北京东北郊红螺寺，为纪念戊戌变法110周年，中国社科院中国近代思想研究中心与中国人民大学清史所共同举办了“戊戌维新与晚清社会变革”学术研讨会，李文海、李喜所、房德邻、黄兴涛等30余位专家学者参会，并分别做了学术交流。我也有幸参加这一盛会，获益匪浅，特别是求真务实、和气争论的学风，给我留下了深刻印象。在几次比较大的争论中，“究竟谁是戊戌变法的领袖”显得格外热门，以至于会上讨论不解渴，吃饭时接着讨论；饭后去红螺寺游览途中，大家又自发地进行辩驳。秋色正浓，你来我往，争来论去，笑声四起，成为当日红螺寺旅游的一道风景。正是这样民主的讨论，使我看清了戊戌变法研究的广阔天地，更引发了我对“谁是戊戌变法的领袖”的研究兴趣。

究竟谁是戊戌变法的领袖呢？空谈无益，只有回到戊戌变法现场，才有可能做出客观判断，得出正确结论。

正方、反方针锋相对

在看待谁是戊戌变法的领袖问题时，最先遇到的难点是：康有为是不是戊戌变法的领袖？就此，始终存在着观点尖锐对立的两大方阵。

正方认为，康有为就是戊戌变法的领袖：

1982年，孔祥吉在《〈戊戌奏稿〉的改纂及其原因》中指出："康有为是戊戌维新运动的积极倡导者和主要领导人。"①

1988年，马宏林在《再论康有为的历史评价问题》一文中说："康有为是戊戌维新的主要领导者，并通过七次上书光绪皇帝，系统地提出了资产阶级的变法改革纲领，主张改革政治、改革军事、改革文化教育，尤其要改革中国落后的经济，发展生产力，调整不适应生产力发展的生产关系……康有为在近代维新运动中的地位是不可动摇的。"②

1997年，何金彝、马洪林在《大儒列传：康有为》中强调"康有为领导戊戌变法"③。

2002年，房德邻在《论维新运动领袖康有为》中坚信："康有为是光绪皇帝的主要谋士，是变法的核心人物之一，是维新运动的领袖。""康有为作为戊戌变法核心人物和维新运动领袖的历史地位是不容怀疑的。"④

2007年，纪宝成在"《康有为全集》出版座谈会"上发言说："康有为是我国戊戌变法运动的领袖，面对内忧外患，他从一个普普通通的儒生，通过自己对国学与西学的探讨，把握时代脉搏，七次上书，提出一系列变法主张，领导了戊戌变法。"⑤

2009年1月，杨天石在《戊戌变法比较完全意义上的改革运动》中写道：

---

① 孔祥吉：《〈戊戌奏稿〉的改纂及其原因》，《人民日报》，1982年6月15日。

② 马宏林：《再论康有为的历史评价问题》，上海师范大学学报，1988年，第一期，第2页。

③ 何金彝、马洪林著《大儒列传：康有为》，吉林文史出版社，1997年版，第65页。

④ 房德邻：《论维新运动领袖康有为》，《清史研究》，2002年，第一期，第18页。

⑤ 《学界座谈〈康有为全集〉出版》，《中华读书报》，2007年11月21日。

“戊戌变法发生在1898年，按中国传统干支纪年，这一年是戊戌年。它是以康有为为领袖，得到光绪皇帝充分支持的政治运动；又是以救亡图存为目的的爱国运动和近代中国比较完全意义上的改革运动，在中国历史上有着非常重要的地位。戊戌变法的历史经验至今仍然值得我们重视。”①

“康有为是戊戌变法的领袖”之说流传多年，一直处于“主流”地位。但是，随着时间的推移和研究的深入，越来越多的人开始对此论断质疑。

1982年，胡绳在《从鸦片战争到五四运动》一书中坦言：在戊戌变法中，光绪皇帝并不实行康有为、梁启超等维新派的路线，而采纳的是洋务派的路线，他想“依靠张之洞等洋务派，利用维新派”，实行一定程度的变法。“光绪皇帝既然并不能采纳维新派的主要政见，为什么又重视康有为、谭嗣同、梁启超等人呢？光绪皇帝当时不可能区别维新派和洋务派，他是把维新派当作洋务派的后起之秀来使用的。维新派在强学会和保国会中的活动，使他看到这批人有动员社会力量的本领，他企图通过维新派利用这种社会力量，同慈禧太后对抗。”②

1996年，邝兆江在《戊戌政变前后康有为》中认为：康有为在戊戌变法中的地位与影响无关轻重，并不是思想和运动的推动者。一般历史学者过于轻信康梁自述，往往受制于改革或革命观点偏见，夸大康有为对光绪的影响，过高评价了康有为。

2008年6月，傅国涌在《回望戊戌变法110年：康有为的作用有那么大吗》中明确提出：“发生在110年前的戊戌变法，我们以往了解的情况基本上都是从康有为、梁启超笔下来的，主要代表了他们这一派的说法。”③“即使在轰轰烈烈的一百零三天里，康有为的作用也极为有限。”

正方、反方引经据典，公说公有理，婆说婆有理，到底该听谁的？

---

① 杨天石：《戊戌变法：比较完全意义上的改革运动》，《北京日报》，2009年1月12日。

② 胡绳：《从鸦片战争到五四运动》，人民出版社，1981年版，第554页。

③ 傅国涌：《回望戊戌变法110年：康有为的作用有那么大吗》，《领导文萃》，2009年第2期，第107页。

“康有为领袖说”的造神路径

在论及“戊戌变法领袖”时，我们还可以看到梁启超、李端棻等人的名字。2005年1月，北京大学出版社出版了梁启超的《饮冰室合集：集外文》。在网络书店编辑推荐栏中写道：“梁启超是近代思想家，戊戌变法维新运动的领袖之一。”2007年11月17日，是晚清重臣李端棻逝世100周年纪念日。有关媒体将李端棻称作“戊戌变法领袖人物，北京大学首倡者，贵阳十大文化名人之首”。

过去，人们常将戊戌变法称为“康梁变法”，将梁启超与康有为在变法中的地位等同起来，既然康有为是“戊戌变法领袖”，那么，梁启超也应该是“戊戌变法领袖”。事实上，戊戌年间，作为康有为的得意门生和维新干将，梁启超的确在办学、办报、代康起草奏章等方面做了许多工作，但是，他所做的一切，都是唯康有为马首是瞻，处于从属地位。因此，说梁启超是“戊戌变法领袖”，有些名不副实。

同样道理，戊戌年前后，梁启超的妻哥、刑部侍郎李端棻富有维新思想，通过梁启超的“中介”，与康党联系密切，并积极投身于维新运动。1896年6月，李端棻上奏《请推广学校折》，对于推进创建京师大学堂及其近代教育体制，发挥了重要作用；1898年7月24日，李端棻又上了一道《变法维新条陈当务之急折》，提出了政治改革纲领：一请御门誓群臣以定国是；二曰开懋勤殿，选通人入值，议定新法；三请改定六部之则例；四曰派朝士归办学校，请派各省通才办学堂。其中，选通人入值懋勤殿，已涵盖了对康有为等人的荐举（“密荐康有为及谭嗣同堪大用”）。9月3日，光绪帝罢免怀塔布等礼部“六堂官”之后，李端棻被提拔为礼部尚书。9月5日，经过李端棻的力荐，光绪又任命谭嗣同、刘光第、杨锐、林旭以四品卿衔在军机章京上行走，参议新政事宜。戊戌事变后，作为“二品以上大臣言新政者”，他自知难逃干系，于10月4日上了《滥保匪人自请惩治折》：

奏为滥保匪人，自请惩治，恭折仰祈圣鉴事。窃因时事多艰，需才孔亟，臣或谬采虚声而以为足膺艰巨，或轻信危言而以为果由忠愤，将康有为、谭嗣同奏保在案。本月十一、十四等日恭读上谕，康有为所为，诚非臣梦想所及。虽凡被诱惑之人，圣恩宽大，概不深究，惟臣职分较崇，知人不明，万难原宥。比拟具疏陈情，又恐事后检举，或以引咎为邀恩之计，悚惶迫切，病势益增，姑续假期，静以待罪。乃泥首数日，朝廷尚无谴责，鸿慈高厚，钦感莫名。而臣内疚于心，终觉难安寝馈，惟有请旨治臣以应得之咎，以为大臣之滥保匪人者戒。理合恭折自陈，不胜伏枕待罪之至，伏乞皇太后、皇上圣鉴。

11 月 17 日，慈禧下令："该尚书受恩深重，竟将大逆不道之康有为等滥行保荐，并于召对时一再面陈。今据事后检举，实属有意取巧，未便以寻常滥保之例稍从末减。礼部尚书李端棻，著即行革职，发往新疆，交地方官严加管束，以示儆惩。"

由此看来，李端棻在戊戌变法期间，的确是做了一些有益工作，但称他为"戊戌变法领袖"，显然言过其实。

那么，康有为是否能够担纲"戊戌变法领袖"呢？

大家知道，"领""袖"原指衣服上的领口和袖口，这两个部位因为与皮肤直接接触摩擦，容易起毛破损，所以古人在制作衣服时，领口和袖口都是单独用料，并镶上金边，显得既耐用又高贵醒目。另外，古人穿衣服很讲究衣领与袖口的式样大小，领口和袖口设计得体，穿戴后能给人一种堂堂正正的感觉。因此，领和袖具有表率的作用。"领袖"一词最早见于《晋书·魏舒传》，魏舒为国家鞠躬尽瘁，深受晋文帝器重，文帝每次朝会坐罢，目送之曰："魏舒堂堂，人之领袖也。"现在，"领袖"一般是指正在进行或曾经进行某项较有影响力的活动或某些较有影响力的组织的最高领导人。戊戌变法是全国性的改革运动，因此，"戊戌变法领袖"应该是领导戊戌变法运动的决策者。

唐烜，字照青，河北盐山人。光绪十五年进士，长期担任刑部主事，是戊戌"六君子"遇害的见证人。他有写日记的习惯。其《留庵日钞》就保存了大量的有关戊戌变法的史料。关于康有为，唐垣写道：

康有为者，广东南海县人，乙未科进士，分工部主事。此人才气极大，好议论，尤喜谈西学。在籍为孝廉时，即自命为孔子而后一人，粤省官绅士庶，拜门求教者甚多，所著书说，专崇西学，以为合乎唐虞三代；中国劫运将至，若不亟思变法，则四万万之众必至靡有孑遗种类强矣。又遍谒大僚，舔以富强之策，咸以为宣尼复出，其弟子亦多以四配十哲自命者，若汉唐宋明诸大儒，视之蔑如也。

去冬始干当路，后又台谏之知名者，又纠合同党立为保国会。大意谓，欲保全中国数千年来之道统，与四百兆人之性命，非专攻西法不可，而于朝廷无涉也。何也？盖自古无不亡之国，中国时势已不可为，将来易号改朔，有伊等一辈人，自能立致太平云云。都下士大夫识与不识，或目为奇士，或斥为妖人，气焰尚未大盛。

而自上次召见，自陈著作，面谕以进呈所著书籍，以故迭次谕旨，及新法各条，详细章程，皆伊所进书中语也。①

据此，孔祥吉指出："近年来，随着戊戌变法史研究的深入，有相当一部分学者对康有为在百日维新中的重要作用表示怀疑；还有的认为，康有为本来不是变法运动的主角，他的作用似乎是政变后他和弟子梁启超大造舆论而得到的，等等。当我们阅读唐氏上述日记后，这些所谓的'新论'便会不攻自破了。"②唐垣日记所披露的康有为"'自上次召见，自陈著作，面谕以进呈所著书籍，以故迭次谕旨，及新法各条，详细章程，皆伊所进书中语也。'说明康有为在变法期间的重要建议，非但得到了光绪帝的重视，而且作为迭次谕旨颁行。可见，光绪皇帝对康有为的确是言听计从。那种认为光绪

① 唐垣：《留庵日钞》稿本，第一册，第85—86页。转引自孔祥吉：《难得一见的百日维新史料——读唐烜稿本〈留庵日钞〉》，《学术界》，2004年第一期，第107—108页。

② 孔祥吉：《清人日记琐谈》，广东人民出版社，2008年版，第7页。

皇帝对康氏‘关系暧昧’‘并非言听计从’的观点实在是局外人之谈，与事实不符。”①

孔祥吉是著名的戊戌变法研究家，对清末日记的研究颇有心得。遗憾的是，由于研究方法的落后、观念的陈旧，使“橘生淮南则为橘，生于淮北则为枳，叶徒相似，其实味不同。”如果回到戊戌变法现场“走”一趟，就会发现，身为基层官员的唐垣所记载的康有为“自上次召见，自陈著作，面谕以进呈所著书籍，以故迭次谕旨，及新法各条，详细章程，皆伊所进书中语也”，不过是对当时社会流言的记录，而不是亲眼所见。

苏继祖在《清廷戊戌朝变记》里写道：“正月以来，都中上自王公，下及士庶，众口哗然，谣言四起，多由显者口中传出，故信之者众；弹章纷纷不绝，至此时(指召见康有为)以后更甚于前矣。朝野议论无处不谈康有为，内言传于外，外言又传于内，愈出愈奇，不值识者一笑。”②有些谣言更是离奇，如京中有裁撤六部九卿，而设立鬼子衙门，用鬼子办事之谣；有老迈昏庸之堂官、司官“焦急欲死者，惟有诅谤皇上，痛骂康有为而已”。对于唐垣的《留庵日钞》的真实性，孔祥吉也认为不可盲从，他承认：唐垣所记“并非……原始档案，故而亦有其失误处。”③

终其一生，光绪帝只召见了康有为一次，时间不过三刻(当事人张元济语。而《康南海自编年谱》里却吹嘘为：“苏拉迎问，盖对逾十刻时矣，从来少有也。”)召见后，皇上并未重用他，只是将他从候补工部主事平调到总理衙门章京上行走。作为一个七品官员，他再也无法面见皇上，是如何对光绪施加政治影响的？康有为先解释说，是光绪授予他“专折奏事”权。事实上，这是骗人的谎言。因为，如果他真的拥有“专折奏事”权，为什么召见后，他的很多奏折，还要通过杨深秀、宋伯鲁、徐致靖等高官代递呢？后来，他被迫流亡海外，又披露是靠“密诏”左右皇上。问题是，如果是通过谭嗣同等四军机章京偷偷带入宫中，那么，四军机章京是 9 月 5 日任命的，每天两人一班，分

① 孔祥吉：《清人日记琐谈》，广东人民出版社，2008 年版，第 41 页。
② 中国史学会主编：《戊戌变法》第一册，上海人民出版社，1957 年版，第 337 页。
③ 孔祥吉：《清人日记研究》，广东人民出版社，2008 年版，第 54 页。

成两班到军机处入值，从任命到戊戌事变，满打满算也只有16天，而且，他们并不是每天都能见到光绪帝，能带多少条“密诏”？为何有四军机章京传送“密诏”，康有为还要帮人代写奏折？在9月5日之前，康有为是通过谁传送“密诏”的？这些都经不起拷问；如果是像传言那样，通过特别恩准进宫的，也不可能。苏继祖在《戊戌朝变纪闻》中十分肯定地指出：“康氏兄弟进宫之谣，无人不知，且有污秽宫闱之语。苟有人心者皆不忍闻。欲知造此谣言者乃当道王公，尚有咸庙皇孙在内。谁不知珍妃久禁高墙，皇上欲一见而不可得，况外人乎？狺狺兽语，不足听闻。”

究竟谁是“康有为领袖说”的始作俑者？我认为，不是别人，正是康有为、梁启超等人。

1898年6月11日，光绪皇帝颁布了《明定国是诏》。限于身份，梁启超对别人上书情况及朝廷采纳上书决策过程并不了解，7月5日，他在给友人夏曾佑的信中颇为得意地说：“新政来源，真可谓全出我辈。”[①]10月6日晚，康有为在逃亡海外的途中，经过中国香港，接受《中国邮报》记者的采访。他首先抨击太后固执专权，虚耗军费，任用阉宦，并且公开了皇帝与太后的矛盾；其次，他详细地介绍了新政情况，着重叙述了自己被皇帝启用的经过，解释了自己的变法主张，肯定光绪对维新的支持态度。为把自己塑造为“戊戌变法领袖”大造舆论。不久，康有为与梁启超在日本相见。10月26日，梁启超上书日本外务大臣大限重信，指出：“西后即日垂帘，荣禄驰入政府，以康先生最为皇上所信用，数月以来新政皆出其手，故诬以篡逆之罪名，罪及党类……祸至今日，不堪问矣！”[②]从12月23日开始，梁启超陆续发表并结集出版《戊戌政变记》，“第一次对戊戌维新运动从整体上进行描述，建立了一个以康有为为领袖、以康氏政治活动为主线的戊戌维新运动叙述框架。其中《戊戌政变记》第一篇《变法实情》第一章《康有为向用始末》，集中说明了

① 丁文江、赵丰田编：《梁启超年谱长编》，上海人民出版社，1983年版，第122页。

② 《明治三十年八月至三十七年六月各国内政关系杂纂（支那卷）》，《日本外务省档案》，北京图书馆藏缩微胶卷，MT—16143，第427—492页。转引自戚学民：《〈戊戌政变记〉的主题及其与时事的关系》，《近代史研究》，2001年，第六期。

康有为与戊戌新政的关系；该书附录一《改革起原》，也以康有为的事迹为线索，介绍改革的源起。两文均以康氏个人为主线，互为表里，描绘出了从1895年到1898年以康有为为主的变法运动史。”①“康有为是戊戌变法领袖”的神话初具雏形。作为史学家，梁启超后来也对此做出检讨：“吾二十年前所著《戊戌政变记》，后之作清史者记戊戌事，谁不认为可贵之史料？然谓所记悉为信史，吾已不敢自承。何则？感情作用所支配，不免将真迹放大也。”②

随后，康有为以“衣带诏”为幌子，游说集资，开展保皇运动，未见什么实效，他自己倒落得个腰缠万贯。有资料表明，保皇会在海外华侨中间募集到100万美元的基金，康有为分到10万美元，作为他“游历各国、考察政治”的费用③。康有为曾特意制印一枚印章作为纪念，印章上的铭文是：“维新百日，出亡十六年，三周大地，游遍四洲，经三十一国，行六十万里。”而保皇运动的直接“成效”，却使身在慈禧太后软禁中的光绪头上的“紧箍咒”越来越紧，处境日趋艰难。邝兆江经过深入考证：

> 流亡期间，康享有特殊的政治身分，各国政府对他的保皇活动有时给予支持，有时碍于和清廷的关系或进行抵制，对康提出居留、到访、过境的要求，一概予以拒绝，可是从没有根本怀疑康原来在中国政坛上的地位。康所到之处，官方和舆论对他的称呼便鲜能恰如其分，而且常会夸大失实，康自然将错就错，不去一一更正。例如加拿大和美国政府公文和民间报刊，称康为“兵部侍郎”（ViceMinister of War）、“宰相”（Prime Minister）、“前国务顾问”（ex-Counsellor of State）、“（光绪）皇帝的秘书”（Secretary to His Imperial Majesty）、“将军”（General）、“王爷”（Prince）等。最常见的称谓是“阁下”（His Excellency），据国际惯例，这原是对大使、总督级政府要员的尊称。加国总理乐日雷和美国总统罗

① 马忠文：《康有为自编年谱的成书时间及相关问题》，《近代史研究》，2005年，第四期，第281—282页。

② 梁启超：《中国历史研究法》，上海古籍出版社，1987年版，第97页。

③ 李云光：《康有为家书考释》，香港汇文阁，1979年版，第13页。

斯福更先后接见了康，表现友好。康在加、美以外的一些国家和地区如日本、香港、新加坡、英属印度、丹麦、瑞典、摩洛哥游历时，也同样受到厚待。政变前仅属一名工部主事、总理衙门章京上行走的康有为，政变后摇身一变成为国际瞩目、先后游历四大洲三十多国的流亡政要。变化之骤且巨，恐怕康先前做梦也没有想过。①

进而得出结论：康有为政变前不是中心人物，政变后，由于他和他的弟子梁启超鼓吹宣传，才使康氏的地位上升。

傅国涌也有同感：

发生在110年前的戊戌变法，我们以往了解的情况基本都是从康有为、梁启超笔下来的，主要代表了他们这一派的说法。因为变法失败，六君子殉难，康、梁亡命海外，继续举起维新、保皇的旗帜，赢得了海外华人和国际舆论一边倒的同情。他们赢得书写、解释那段历史的主导权。随着时间的流逝，很多当事人陆续离世，拥有很强宣传能力和天生懂权谋的康有为，加上"笔锋常带感情"的得意弟子梁启超，他们的声音在这个过程中被逐渐放大。我们从历史教科书中获知的戊戌变法几乎就是以他们为绝对主角的，连主动变法的光绪帝都成了陪衬、配角。②

20世纪50年代后期，戊戌变法研究进入到了一个新阶段。"晚近以来，对戊戌变法史的研究，除了已刊的官文书之外，大多依靠康有为、梁启超等人关于戊戌变法的著述。建国初期，中国史学会组织翦伯赞、段昌同等老一辈历史工作者编辑了《中国近代史资料丛刊·戊戌变法》凡四册，为这一专题史的研究提供了极大的方便。但是，由于这些资料大多是当事人的回忆录式的作品，加上感情作用的支配，常常把"真迹放大"，以至许多记载均与

① 邝兆江：《戊戌政变前后的康有为》，《历史研究》，1996年第五期，第15—16页。

② 傅国涌：《回望戊戌变法110年：康有为的作用有那么大吗？》，《领导文萃》，2009年第二期，第110页。

历史原貌不符。”[①]“以前研究戊戌变法和康有为上书都根据康有为本人于宣统三年五月刊印的《戊戌奏稿》，大家对之深信不疑。哪里会想到，他所刊行的并非戊戌时期的真奏议。部分是由于原稿不在手头，更重要的是为了辛亥革命期间的政治需要，康有为竟把自己过去的上书增删篡改，弄得面目全非，刊印公布出来。这样就把后世的研究工作者引入了歧途。……孔祥吉同志则在清代档案及故宫博物院的藏书中，发掘了许多有价值的史料，其中包括康有为的许多未为人知的奏折，以及《杰士上书汇录》《孔子改制考》《日本变政考》《列国政要比较表》等当时的进呈原本。由于这些大批珍贵资料的发掘，完全弄清了康有为在辛亥革命前夕，刊布《戊戌奏稿》，弄虚作假的一桩公案。”[②]在《戊戌变法史论丛》中，汤志钧就是根据《戊戌奏稿》所收录的康有为的奏件内容，将其变法主张和戊戌新政列表排比，“找出”了二者之间的因果关系，影响颇大。1984 年，他又出版了《戊戌变法史》，仍然采用比对法，得出“新政上谕差不多都是根据康有为的历次上书和诏定国是后的专折建议颁布的”的结论。

综上所述，不难看出“康有为是戊戌变法领袖”的造神路径：其一，在戊戌变法期间，由康梁等作秀、顽固派谣传，使康有为成为“焦点人物”；其二，戊戌事变后，康梁携手“创作”了康记戊戌变法史，又经过海内外长达 16 年的反复“炒作”，使康有为一举成为戊戌变法中的一颗“政治明星”；其三，1911 年，康有为抛出改纂的《戊戌奏稿》，“《戊戌奏稿》所录康有为奏折 20 篇，仅有一篇是当时所作，其余 19 篇是康后来的另作；所录进呈书籍序言 5 篇，仅有一篇是当时所作，其余 4 篇是康后来的另作。”[③]结果，这部精心编造的“伪戊戌奏稿”，却成为众多专家学者不辨真伪、埋首研究戊戌变法的“钥匙”。建国后，经汤志钧等人将康氏变法主张和戊戌新政列表排比，从而得出光绪帝对康有为言听计从的结论，“康有为是戊戌变法领袖”的神话从此诞生。

① 孔祥吉：《康有为变法奏议研究》，辽宁教育出版社，1988 年版，第 2 页。
② 戴逸：《康有为变法奏议研究·序》，辽宁教育出版社，1988 年版，第 3—4 页。
③ 茅海建：《从甲午到戊戌：康有为〈我史〉鉴注》，三联书店，2009 年版，第 301 页。

康有为黯然跌下“神坛”

时间是最好的法官，纸里包不住火，谎言总有被揭穿的时刻。20世纪70年代起，台湾学者黄彰建率先指出《戊戌奏稿》是康有为事后改纂的“伪作”；20世纪80年代初，孔祥吉撰文指出：“整个看来，《戊戌奏稿》所辑康有为戊戌变法时之奏折二十篇，进呈编书序五篇，除去在政变之前已在《南海先生七上书记》和《湘报》第一〇四号公开发表过的《呈请代奏皇帝第七疏》《进呈俄大彼得变法考序》两篇外，其余各篇均有不同程度的改动，不少篇章均系后来补缀，文句与原折几无共同之处。以上列举各篇章均是康有为在变法时呈递光绪的重要奏疏，大都辑入了《杰士上书汇录》，成为光绪裁决新政的蓝图。但是，《戊戌奏稿》却对此作了原则性的改易，有的几乎改得面目全非。”[①]“史料工作本来就是历史研究的基础工程，没有丰富而经过甄别的史料，就不可能建筑起宏伟的科学殿堂。”[②]近年来，随着康有为《戊戌条陈原件》和编纂上呈光绪书籍真本的陆续发现，更使《戊戌奏稿》的研究价值锐减。皮之不存，毛将焉附？“康有为是戊戌变法领袖”的立论基础已轰然崩塌，康有为的历史真面目终于大白于天下！

邝兆江指出：康有为的《戊戌奏稿》“只有3折被采用，6折部分被采用，其余皆落空”。宋德华断言：“《戊戌奏稿》由于绝大多数篇目系戊戌年后所撰写，且内容与戊戌年原件有异或大异，因而全书不宜再作为评价康有为及维新派戊戌年间思想认识的基本文献依据。”[③]

康有为“同样强烈地认为自己提出的变法建议，基本上是被否决了。他在《康南海自编年谱》里一一叙述说：‘所云誓群臣定国是一条，以为诏书两下，国是已定，此条无庸议。所谓请选天下通才二十人置左右议制度一条，

① 孔祥吉：《〈戊戌奏稿〉的改纂及其原因》，《晋阳学刊》，1982年第二期，第7—8页。
② 戴逸：《康有为变法奏议研究·序》，辽宁教育出版社，1988年版，第5页。
③ 宋德华：《〈戊戌奏稿〉考略》，《华东师范大学学报》（社科版），1988年第一期，第61页。

乃改为选翰詹科道十二人，轮日召见，备顾问，于是制度局一条了矣。我所请令臣民咸得上书一条，改为职官递本衙门，士民递都察院。我所请开法律局，定为每部派司员，改定律例。夫司员无权无才，无从定之，又非采集万国宪法，与我本意大相反矣。学校局一条，则以大学堂及各省中小学堂，已经奉旨另办了之。农工商局则以屡奉谕旨饬办了之，所谓起民兵以练陆军，购铁舰以成海军，则以裁兵并饷等旨了之。所请民政局，则拟旨令督抚责成州县妙选人才了之。唯令开一铁路矿务局，请即在总理衙门派人办理。于是所议我折似无一语驳者，似无一条不行者，上亦无以难之，虽奉旨允行，而此折又皆成为虚文矣。大官了事，所谓才者如此。'"[①]刘大年认为："载湉下诏定国是以后的一百零几天里，上谕如雪片纷飞。改良派一再上折，但没有被采纳，相反由洋务派提出来，虽与改良派的主张抵触的建议，却大量地见诸于诏书。其中有变法纲领的问题，也有经济政策、文化教育方针的问题。"[②]

即使是被皇上采纳的建议，知识产权也未必就归康有为一人的。袁伟时认为，"《公车上书》的各项主张在同时期好些大臣的奏章中也已提出来了（如刘坤一、袁世凯、盛宣怀等）"[③]。戊戌变法期间，皇上施行的新政，如修筑铁路、举办邮政、裁军练兵、废除漕运、开办学堂等，有见于康有为奏折中的，但更多的内容是别人早就提过的。如1895年，胡燏棻在《条陈变法自强疏》里，把筹饷、练兵、筑铁路、开民厂制造机器、废止漕运、创办邮政、设立学堂等，都列举出来了，论述详细。其中筹饷、练兵、筑铁路等，在变法中还分别得以施行。张登德在《寻找近代富国之道的思想先驱——张炽研究》一书中，以充分证据证明康有为1898年8月2日所上的《条陈商务折》，多处抄录陈炽的《续富国论·商书》。

1897年12月31日，杨深秀在出任山东道监察御史的第二天，就向光绪帝上奏《时事艰危谨贡刍议折》，明确提出"时势危迫，不革旧无以图新，不变

---

① 中国史学会主编：《戊戌变法》第四册，上海人民出版社，1957年版，第153—154页。

② 刘大年：《戊戌变法的评价问题》，《近代史研究》，1982年第四期，第133—134页。

③ 袁伟时：《慈禧和康有为的两面性剖析及其启示》，《东方文化》，1998年，第一期。

革无以图存”的变法主张。这份奏折洋洋洒洒数千言，辞情恳切，慷慨激昂，在朝廷中引起了不小的震动。据军机处档案记载：“本日御史杨深秀奏，时势艰危，谨贡刍议折，奏旨存。谨将杨深秀折恭呈慈览。”此奏折是在德国强占胶州湾事件发生后，光绪帝听到的最早的变法呼声，比康有为的《请大誓臣工开制度新局折》还要早两个多月。

1898年8月29日，康有为上《恭谢天恩并陈编纂群书以助变法请及时发愤速筹全局折》。在《康南海自编年谱》中，他写道：“于折未极陈时变之急，分割之苦，新政变而不变，行而末行之无益，制度局不开，零星散杂之无稗，末复举波兰事，反复言之，折凡数千言，于是上（光绪）大感动，从此大发雷霆，不再瞻前顾后。”当天，康有为又上了一道《为厘定官制请分别官差以行新政以高秩优耆旧以差使任贤能折》后，光绪帝终于下定决心，大裁冗员。经考证，康有为此说水分较大。因厘定官制折中，主要强调的是官差并用之制，而没有提出裁汰冗宫冗员的主张。而在康有为上折前6天，署大理寺正卿岑春煊（1861—1933，字云阶，广西玉林人）就上了《敬陈管见伏冀采择折》，主张对内外冗滥官员进行比较彻底的裁汰，“务使人历一官，皆有职守之事，不至虚设一位，徒糜厚禄”。此疏深为光绪帝赏识，岑因此而擢升广东布政使。8月29日，光绪帝据此颁布大裁冗员的上谕。

刘高在《北京戊戌变法史》指出，康有为将施行裁汰冗宫冗员等举措都记在自己的账上，很有些揽功之嫌。

清朝官员实行的是九品中正制，每一品又分正副，共18级。七品主事，只相当于今天的处级干部。据史料披露，当时官员有两万七千余名，文官约两万名①。京官成千上万，京官中的四品以上官员也是数以百计。在等级森严、红顶如云的晚清官场，“康七品”算啥？人微言必轻啊。可以说，戊戌变法时期，康有为职位之微、权责之薄、口碑之差，就连梁启超也认为他“可笑之至”②。对此，康有为还有一点自知之明。9月17日，光绪帝发布令康有为

① 艾永明、李晟：《臣纲——清代文官的游戏规则》，法律出版社，2008年版，第1页。

② 《与穗卿仁者书》，丁文江、赵丰田编：《梁启超年谱长编》，上海人民出版社，1983年版，第121页。

出京的明诏，康有为在《康南海自编年谱》中写道："初二日明诏促我出京，于是国人骇悚，知祸作矣。以向例非大事不明降谕旨，有要事由军机大臣面传谕旨而已。至逗留促行一事，非将帅统分逼挠，无明降谕旨之理。况吾为微官，报亦小事，何值得明发上谕？"①康有为自己都感到好笑：我是如此一个微官，外派上海办报，还值得大惊小怪地发一道明谕？其实，他并不知道，光绪发明谕，并非认为他多么重要，而是想通过发明谕的方式，向太后等人宣布，自己与康有为只有一面之交，康有为已经被赶走了。

当然，我不同意"康有为是戊戌变法领袖"一说，并不是要全盘否定康有为在变法运动中的独特贡献，特别是他在戊戌变法前期建学堂、办报纸、编书籍、开学会、上奏折等，在宣传方面具有"开山之功"。正如 9 月 23 日，张元济致信汪康年所评价的那样："康于初五日出京，初六日奉命拿问……康固非平正之人，然风气之开，不可谓非彼力。"②

李鸿章则从反面做了诠释。9 月 24 日，他出面宴请伊藤博文，酒过三巡，宾主很自然地聊起了康梁。李鸿章为康梁辩解说："论其罪状，无非煽惑人心，致于众怒。"梁启超后来在《南海康先生传》中论定："康南海果如何之人物乎？吾以为谓之政治家，不如谓之教育家；谓之实行者，不如谓之理想者。"他还在《清代学术概论》中进一步指出："而有为以好博好异之故，往往不惜抹杀证据，或曲解证据……有为之为人也，万事纯任主观，自信力极强而持之极毅，其对于客观的事实，或竟蔑视，或必欲强之以说我。"

可以坦率地说，无论是资历、地位，还是能力、人品、社会影响等诸多方面，康有为都不具备成为戊戌变法领袖的条件。

这里，有必要澄清一下：

如果说康有为是康党领袖，尚能说得通，但康党基本上都是他的学生，总共才有多少人啊？康党在变法中的实际作用能有多大？康党领袖并不能等同于戊戌变法领袖啊。

---

① 中国史学会主编：《戊戌变法》第四册，上海人民出版社，1957 年版，第 160 页。

② 《张元济致汪康年》，上海图书馆编：《汪康年师友手札》，上海古籍出版社，1986 年版，第 1738 页。

如果说康有为是维新派领袖，我认为，仍不合格。“洋务派和维新派相互间也常常是划不清界限的。翁同龢和徐致靖政治上都不是真正的维新派。”①假如说真的存在过一个“维新派”集团或群体，那么，恰恰是康有为破坏了维新派的内部团结，瓦解了维新变法的统一战线。别的不说，单看他抛出了康记维新理论《新学伪经考》和《孔子改制考》之后，支持他变法的开明官员翁同龢、孙家鼐、张之洞、陈宝箴、张荫桓等，有的对其错误理论提出严厉批评，有的对他退避三舍：翁同龢读完《新学伪经考》，评价其“真说经家一野狐也，惊诧不已”。② 湖南巡抚陈宝箴也由“奏荐我而攻《改制考》（康有为语）。”“颇言变法”的管学大臣孙家鼐“于（五月）二十九日上摺劾《孔子改制考》，并谓康某才气可用，以为宜如汉文之待贾生，老其才折其气而后大用之。”③并向光绪帝明确建言：“臣以为康有为书中，凡有关孔子改制称王字样，宜明降谕旨，亟令删除。”曾支持康有为开强学会、办《时务报》的湖广总督张之洞则“不信孔子改制，频劝勿言此学”，并撰写《劝学篇》一书，对康有为的歪理邪说予以批驳。甚至连黄遵宪、唐才常等人都不买康有为的账，孙宝暄、郑孝胥则对康有为的“大言”“病狂”表示不满……

事实证明，“康有为著《新学伪经考》、《孔子改制考》，为其本人变法理想作理论的依据。……但就学术观点而言，康之理论不免重权威而轻实证，坚信舍而少阙疑，强主见而略客观。……有害于人心士风，而难以接受。再就政治纲领而言，伪经与改制之说，不仅引起不必要之纷争，而且几淹没变法之主题。总之，康氏变法之理论，于变法的政治活动实害多而利少，对变法失败或亦不无因果关系。”④。后来，康有为又企图排挤汪康年，让梁启超夺取《时务报》领导权，进一步破坏了维新变法的统一战线，以至于缪荃孙（1844—1919，字筱山，晚号艺风老人，江苏江阴人，中国近代教育家，曾任翰林院、国史馆编修等职）在给汪康年的信中指出：“康、梁如此行为，是乱天下

---

① 胡绳：《从鸦片战争到五四运动》（下册），人民出版社，1981 年版，第 52 页。

② 翁同龢：《翁文恭公日记》（影印半）第 33 本，商务印书馆，1925 年版，第 43 页。

③ 康有为：《康南海自编年谱》，转引自（名人传记丛书）梁启超：《康有为传》，团结出版社，2004 年版，第 147 页。

④ ［美］汪祖荣：《论戊戌变法失败的思想因素》，《历史研究》，1982 年第五期，第 191 页。

人，岂是治天下人？国家将亡，必有妖孽，此妖孽也！”[①]由此可知，康有为当年作为“维新派领袖”是多么“领导有方”。正如著名学者江中孝在《关于康有为和戊戌变法维新的指导思想问题》中所认定的那样，“康有为不是传统儒学的学术权威，他的学术地位、声望、修养都不能胜任学界领袖的重任，他的学说难以赢得士林的认可”。

如果说康有为是戊戌变法领导集体中的一员，因此，也可以称其为“戊戌变法领袖”，仍然说不通。首先，没有史料证明，“戊戌变法领导集体”存在过（假如懋勤殿开办了，似乎可以这么认为）；其次，即使真有所谓的“戊戌变法领导集体”，康有为仅有建议权，而无参与决策的权力，也不能成为“戊戌变法领导集体”中的核心，因而不能成为“戊戌变法领袖”之一，更不能进而推定为“戊戌变法领袖”。

其实，对于康有为及其康党的所作所为，时人早已做过客观鉴定。真是奇怪，这些知情人、当事人、见证人的意见白纸黑字，收集便利，那些执意捍卫康有为“戊戌变法领袖”说的“专家学者”怎么能充耳不闻、视而不见呢？

驻京外交人员如窦纳乐、戈颁等都认为康梁推行的“改革”（如变易服色、剪发等）是鲁莽冒进，不切合实际。濮兰德和班克豪斯认为“很难宽宥康有为的个人动机，以及夺权的欲望”。英国领事班德瑞在给总领事的《备忘录》中明确指出：“我认为康有为是一位富于幻想而无甚魄力的人，很不适合做一个动乱时代的领导者。很显然，他被爱好西法的热心所驱使，同时又被李提摩太的一些无稽之谈所迷惑，至少他提议改变中国服装是不合理的。在目前中国的情况下，他这建议不是被忽略，便是惹起反抗。”[②]

辜鸿铭认为，康有为和他的信徒是“极端派”“自私自利而具野心，但又缺乏经验、判断力和方向”。

光绪十六年进士、翰林院编修蔡元培，曾经是康党积极争取的人物，但他却当面拒绝了他们的邀请，并与康党划清界限。多年以后，蔡元培对学生罗家

---

① 《缪荃孙致汪康年》，上海图书馆编：《汪康年师友手札》，上海古籍出版社，1986 年版，第 3063 页。

② 中国史学会主编：《戊戌变法》第三册，上海人民出版社，1957 年版，第 527 页。

伦交底说:"我认为中国这样大,积弊这样深,不在根本上从培养人才着手,他们要想靠下几道上谕,来从事改革,把这腐败的局面转变过来,是不可能的。"①

领衔联合蔡元培、黄炎培等1231名维新人士、绅商联名发出反对"己亥建储"通电,要求收回成命的经元善(1840—1903,原名高泉,字莲珊山,后也作莲山,浙江上虞人)坦言:"惟采诸舆论,清浊两途,皆有大不满意于吾公(指康)之处,静观默察,方知吾公尚少阅历,且于谦、恕、慎三字,未能真切体验躬行,又不免偏重好名。"②

王照曾是康有为的铁杆粉丝,但戊戌年七月中旬以后,康有为加快了"变法"步伐,鼓动光绪帝改官制,开懋勤殿,抚袁世凯,激化了新旧两派的矛盾,受到王照的批评。王照认为,康有为"抚袁"之举是导致变法失败的重要原因,他说:"迨至召袁世凯之诏下,霹雳一声,明是掩耳盗铃,败局已定矣。"③

张元济更是毫不客气地指出,康有为"陈奏不已,益急进,遂有八月六日之变。"④

原来如此!

光绪才是唯一真正的领袖

戊戌变法运动中,参与变法的官员,特别是朝廷命官,比例是很小的。像被康有为奉赠为"中国维新第一导师"的翁同龢,变法帷幕仅拉开几天,就被罢官回籍,壮志未酬;京师大学堂创办人、协办大学士孙家鼐"实心任事",多有建树,只是一个改革实干家;陈宝箴、张之洞等虽有维新思想和举措,但身为地方大员,尚不足以在全国发挥领军人物的作用……如此看来,只有光

① 罗家伦:《逝者如斯集》,(台北)传记文学出版社,1967年版,第81页。

② 虞和平编:《经元善集》,华中师范大学出版社,1998年版,第166—167页。

③ 王照:《方家园杂咏二十首并纪事》,中国史学会主编:《戊戌变法》第四册,上海人民出版社,第360页。

④ 张元济:《戊戌奏稿·跋》,顾廷龙编:《涉园序跋集录》,古典文学出版社,1957年版,第128页。

绪帝才是戊戌变法运动的领袖，而且是唯一的领袖。理由如下：

（一）光绪帝具有变法的思想基础，不愿做亡国之君。光绪元年正月二十日（1875 年 2 月 25 日），4 岁的载湉从睡梦中被慈禧太后叫醒，抱进太和殿，入承大统，在位 34 年。“光绪帝是满洲皇族中比较能够接受新思想的青年皇帝，颇想有所作为。”①遗憾的是，34 年里，风刀霜剑严相逼，他一直生活在慈禧太后的阴影和淫威下，郁郁不得志，活像个木偶。即便如此，慈禧太后还不放过他，在死亡的前一天，据启功回忆，他太爷爷溥良（时任礼部尚书）亲眼所见，“一太监端着一个盖碗从乐寿堂（慈禧太后居住的地方）出来，出于职责，就问这个太监端的是什么，太监答道：‘是老佛爷赏给万岁爷的塌喇’（塌喇，满语，意为酸奶）。”竟丧心病狂地毒害光绪，使光绪先她而死，以绝后患。历史留给光绪皇帝的时间、空间实在是太短暂、太狭小了。如果他能有康熙、乾隆那样的舞台，以他的才干，相信他会干出无愧于先人的伟业。

从光绪二年四月（1877 年 5 月）开始，光绪就接受了很好的教育，长期任教的老师有翁同龢、孙家鼐等人，都是状元出身，具有真才实学和爱国情怀。在他们的悉心教育下，光绪皇帝不仅用功读书，而且培养了勤政爱民意识。15 岁那年，他在《乙酉年御制文》中写道：“为人上者，必先有爱民之心，而后有忧民之意。爱之深，故忧之切。忧之切，故一民饥，曰我饥之；一民寒，曰我寒之。凡民所能致者，故悉力以致之；即民所不能致者，即竭诚尽敬以致之。”

晚清时期，满清统治者颟颟顸顸，不思进取，鱼肉人民，内战内行，外战外行，已陷入穷途末路，有识之士救亡图存，开始寻求变法之道。19 世纪 60 年代，冯桂芬（1809—1874，江苏吴县人，字林一，号景亭。道光进士，历任翰林院编修、詹事府中允等职）痛感中国“人无弃才不如夷，地无遗利不如夷，君民不隔不如夷，名实必符不如夷”的现实，写作、出版了富有变法思想的《校邠庐抗议》，提出要维护中国的主权，不受西方列强的侵略欺凌，重要的办法，就是虚心地向西方学习，“以中国之伦常名教为原本，辅以诸国富强之

① 范文澜：《中国近代史》上册，人民出版社，1957 年版，第 254 页。

术”。“抗议”之名，意味深长，典出《后汉书》。据《后汉书》记载，东汉时，甘肃天水出了一位耿直不羁、愤世嫉俗的辞赋家赵壹，此人“体貌魁梧，身长九尺，美须豪眉，望之甚美。而恃才倨傲”，屡屡“抗论当世”。“抗议”即“抗论”。《校邠庐抗议》后来成为“晚清自强运动（也称洋务运动）的理论纲领”。

光绪很早就研读了《校邠庐抗议》。1898年7月17日，管学大臣孙家鼐在《请饬刷印〈校邠庐抗议〉颁行疏》中回忆说：

> 臣昔侍从书斋，曾以原任詹事府中允冯桂芬《校邠庐抗议》一书进呈，又以安徽青阳县知县汤寿潜《危言》进呈，又以候选道郑观应《盛世危言》进呈，其书皆主变法，臣亦欲皇上留心阅看，采择施行……①

《翁同龢日记》中，记得更为具体。1889年2月5日，他记道：“得伯述函；……寄冯林一《校邠庐抗议》十本来。”次日又记：“以《校邠庐抗议》新本进（呈光绪）。”2月21日，再次记曰：“（皇上）次及洋务。对此第一急务，上宜讲求，臣前日所进冯桂芬《校邠庐抗议》，内有谈驭夷数条，正是此意。”同年12月26日，他在日记中留下感言：“看《校邠庐抗议》，昨言此书最切时宜，可择数篇，另为一帙。今日上挑六篇，装订一册，题签交看，足征留意讲求，可喜！”②

正是因为有了这样的思想基础，所以，当孙家鼐在变法关键时刻提出《请饬刷印〈校邠庐抗议〉颁行疏》，“拟请邠下直隶总督刷印一、二千部，交军机处，再请皇上发交部院卿寺堂司各官，发到后，限十日，令堂司各官，将其书中某条可行，某条可不行，一一签出，或各注简明论说，由各堂官送还军机处，择其签出可行之多者，由军机大臣进呈御览，请旨施行。”③光绪阅后，当天拍板：“著荣禄迅即饬令刷印一千部，克日送交军机处，毋稍迟延。”④8月1

① 中国史学会主编：《戊戌变法》第二册，上海人民出版社，1957年版，第430页。
② 中国史学会主编：《戊戌变法》第一册，上海人民出版社，1957年版，第509页。
③ 中国史学会主编：《戊戌变法》第二册，上海人民出版社，1957年版，第430页。
④ 中国史学会主编：《戊戌变法》第二册，上海人民出版社，1957年版，第40页。

日，又发布上谕："《校邠庐抗议》发各衙门加签。"①

1894年，甲午战败，对光绪帝的打击很大。1897年11月14日，"胶州湾事件"爆发，德国强占胶州湾；12月14日，俄国舰队占领旅顺口和大连湾……帝国主义掀起了瓜分中国的狂潮，使光绪的忍耐达到了极限。

据史料记载："廿三年（即1897年）冬，德人占据胶州，上（即光绪帝）益忧惧，至今（1898年）春，乃谓庆王（即奕劻）曰：'太后若仍不给我事权，我愿退让此位，不甘作亡国之君'。"②国难当头，光绪帝拍案而起，宁愿退位也不愿当亡国之君，此举大义凛然，千古罕有！

1898年1月23日，光绪帝被杨深秀的《时事艰危谨贡刍议折》所激励，经过深思熟虑，开始付诸行动。他在召见王公大臣时，极言时局艰难，并提出自己的变法设想，在场者竟无一人表态。翁同龢看到这群麻木不仁的达官显要，非常气愤，禁不住大声疾呼：我国正遭蚕食，昨日德国占胶澳，今日俄国索旅大；明日英、法、日本接踵而来，如此下去，国将不国。皇上为挽救危局，力主变法，"吾侪身为朝廷重臣，稍有心性，岂能对此无动于衷？"可是，这番话却深深地刺痛了恭亲王奕訢，他当天就密报慈禧太后，攻击翁同龢"诱惑皇上，别有用心"。虽然在顽固派的阻挠下，光绪的变法计划未能施行，但"冬天来了，春天还会遥远吗？"

（二）光绪帝亲自颁布变法纲领，一再表明变法决心。"光绪是戊戌变法的核心人物，可是直接反映他思想和活动的原始材料并不多见。"③实际情况恰恰相反。在戊戌变法期间，光绪皇帝"令如流水"，频繁下达的230多道上谕，不就是最能"直接反映他思想和活动的原始材料"？

1898年春夏之交，全国各地维新变法呼声此起彼伏，一浪高过一浪。6月11日，慈禧面告光绪："前日御史杨深秀、学士徐致靖言国是未定，良是。今宜专讲西学，明白宣示。"于是，光绪颁布《明定国是诏》，正式宣布变法为

---

① 中国史学会主编：《戊戌变法》第一册，上海人民出版社，1957年版，第529页。

② 苏继祖：《清廷戊戌朝变记》，中国史学会主编：《戊戌变法》第一册，上海人民出版社，1957年版，第331页。

③ 邝兆江：《戊戌政变前后的康有为》，《历史研究》，1996年第五期，第8页。

基本国策，创建京师大学堂为“天字第一号”工程。

9月4日，光绪皇帝罢免礼部"六堂官"礼部尚书怀塔布、许应騤、侍郎堃岫、徐会沣、溥颋、曾广汉之职，任命仓场侍郎李端棻署理礼部尚书、翰林院侍学士徐致靖为礼部侍郎，赏上书主事王照四品京堂；5日，光绪下诏，赏内阁侍读杨锐、中书林旭、刑部主事刘光第、江苏知府谭嗣同四品卿衔，在军机章京上行走，参预新政，使“维新者无不称快，守旧者初而震怒，继而切齿”；7日，罢免了李鸿章总理各国事务衙门行走职务……戊戌变法进入到“新旧力量”短兵相接、刺刀见红之际，一时间谣言四起，人心惶惶。12日，光绪帝却顶住各方压力，再下国是诏，表明了自己变法到底的坚定决心：

国家振兴庶政，兼采西法，诚以为民立政，中西所同，而西法可补我所未及。今士大夫昧于域外之观，辄谓彼中全无条教。不知西政万端，大率主于为民开智慧，裕身家。其精者乃能淑性延寿。生人利益，推扩无遗。朕夙夜孜孜，改图百度，岂为崇尚新奇。乃眷怀赤子，皆上天所畀，祖宗所遗，非悉使之康乐和亲，未为尽职。加以各国环相陵逼，非取人之所长，不能全我之所有。朕用心至苦，而黎庶犹有未知。职由不肖官吏与守旧士夫不能广宣朕意。乃至胥动浮言，小民摇惑惊恐，山谷扶杖之民，有不获闻新政者，朕实为叹恨。今将变法之意，布告天下，使百姓咸喻朕心，共知其君之可恃。上下同心，以成新政，以强中国，朕不胜厚望。

据北京大学教授、著名戊戌变法研究家房德邻解读，《明定国是诏》确定的变法原则是“以圣贤义理之学植其根本，又须博采西学之切于时务者，实力讲求，以救空疏迂谬之弊”，而《再颁国是诏》只讲西学，不讲中学；《明定国是诏》通篇只用了一个“朕”字，而《再颁国是诏》却用六个“朕”字，强调“朕”的作用，“使百姓咸知朕心，共知其君之可恃”。

经过变法维新的实践，光绪帝由一个封建帝王变成了“维新元首”①。

---

① 范文澜：《中国近代史》上册，人民出版社，1955年版，第305页。

（三）光绪皇帝具有变法魄力，大刀阔斧地推行变法。为什么说戊戌变法比洋务运动更为进步，是比较完全意义上的改革运动？对此，中国社会科学院近代史所研究员杨天石做了详实解答：

一是文教改革。废除八股，改试策论，将知识分子从“代圣人立言”的教条思想中解放出来。除京师大学堂外，又下诏将各地书院改建成新式学堂。

二是经济改革。发展商业，在各省成立商务局，促进商品流通，发展科技，奖励发明创造，保护专利，允许民间办工厂等。

三是军事改革。训练新军，以热兵器（步枪、火炮等）代替落后的冷兵器（刀、枪、矛、箭等），造军舰、建海军。

四是社会风气改革。将城乡许多祠堂、庙宇改为学堂，破除迷信，移风易俗。

五是政治改革。这方面因涉及到权力的再分配，阻力最大。光绪帝提出的改革集中在以下几项：(1)开放言路。光绪帝下诏，允许报纸“指陈利弊”“中外时事，均许据实昌言，不必意存忌讳”。又下诏，凡院、部司员欲条陈意见，可以上书，通过本衙门的“堂官”（首长）代传。普通百姓可以到都察院呈递；(2)精简机构，撤销詹事府（主管皇后、太子家事）、通政司（主管内外章奏）等六个衙门，各省也做了相应精简；(3)任用新人，维新派杨锐、刘光第、谭嗣同都被光绪任命为“军机衙门章京上行走”（秘书），参与新政；(4)仿效康熙、乾隆时的旧制，在紫禁城内开“懋勤殿”，使之实际上成为皇帝与维新派讨论制度改革的机构（未能实行）。

以上五个方面，涉及文教、经济、军事、社会、政治等领域，因此，可以说戊戌变法是比较完全意义上的改革运动。①

回顾戊戌变法的历史，不难看出，当年的改革之路荆棘遍地，阻力重重。前有顽固派的阻挠，后有慈禧太后的挟制，加上康党激进宣传造成的负面干扰，让光绪帝进退两难，举步维艰。但是，沧海横流方显出英雄本色。在103天内，光绪帝不畏艰险，不怕辛苦，一往无前，先后颁布了一百多道上谕：振

① 杨天石：《戊戌变法：比较完全意义上的改革运动》，《北京日报》，2009年1月12日。

兴农工商业，设立工商局、路矿总局，办邮政，改革财政，编制国家预算；裁汰冗员，取消重叠的行政机构，允许官民上书言事；裁汰绿营，训练陆海军；废八股取士制度，改试策论，广设新学堂，提倡西学——这些举措雷霆万钧，勇敢中也透露出不少鲁莽，执着里也折射出更多无奈……以废除八股为例，可以窥见当年变法的艰苦卓绝。

八股文滥觞于北宋。王安石变法，认为唐代以诗赋取士，浮华不切实用，于是并多科为进士一科，一律改试经义，文体并无规格。元代科举考试，基本沿袭宋代。明代洪武元年（1368 年），诏开科举，对制度、文体都有了明确要求。不过写法初无定规。成化年间，经王鏊、谢迁、章懋等人提倡，逐渐形成比较严格的程式，陈陈相因，最终演变成一种僵死的官僚式文体。经历元、明、清几百年的“冶炼”，毒素越来越重，既是封建统治者熟练玩弄的一项愚民措施，也是禁锢知识分子思想的一道沉重的精神枷锁。其危害，早就受到志士仁人的严厉批评。

明末清初著名的思想家、史学家、语言学家顾炎武（1613—1682，江苏昆山人，原名绛，明亡后改名炎武）在《日知录·拟题》中尖锐地指出：“愚以为八股之害等于焚书，而败坏人材，有甚于咸阳之郊所坑之四百六十余人也。”可以说，自从八股诞生之日起，废除八股之声就没有停息过，乾隆时就有人明确提出应该改变八股取士的体制，曾国藩也曾对八股取士体制表示不满。到了晚清，朝野要求废八股、改科举、兴学堂的声势愈加浩大。

1898 年 6 月 16 日，康有为利用召见之机，直接向光绪帝当面指陈八股科举考试制度的危害：

> 民智不开之故，皆以八股试士为之。学八股者，不读秦汉以后之书，更不考地球各国之事，然可以通籍累至大官。今群臣济济，然无以任事变者，皆由八股致大位之故。故台、辽之割，不割于朝廷，而割于八股；二万万之款，不赔于朝廷，而赔于八股；胶州、旅大、威海、广州湾之割，不割于朝廷，而割于八股。

次日，御史宋伯鲁上了一道奏折，要求清政府将八股考试改为策论，强调八股取士的科举考试是大清王朝不断衰败的根本原因，现在采取的八股取士方式，一律不许用后世书、后世事，美其名曰清高雅正，实以文其空疏谫陋，其弊端已为天下人所共知。

6 月 19 日，康有为又上书建议政府商定教案法律，厘定科举文体。他指出，弱国之故，民愚俗坏，亦由圣教坠于选举，四书亡于八股为之。“故国亡于无教，教亡于八股。故八股之文，实为亡国、亡教之大者也。”[①]与此同时，梁启超也游说各省举人联名上书，请求清政府特下明诏，停止八股取士，推行经济六科，以育人才而御外侮，攻击沿袭数百年的八股取士制度“非徒无用而已，又更愚之”“非徒愚士大夫无用已也，又并其农、工、商、兵、妇女而皆愚而弃之”。请求政府特下明诏，宣布天下，停废八股取士，改用经制六科，培养新式人才。

对于废除八股的建言，光绪帝深为赞同。一天早朝时，他准备“降旨”推行。但军机大臣刚毅公然跳出来反对：“此事重大，行之数百年，不可遂废，请上细思。”光绪帝很生气，厉声反问道：“汝欲阻挠我耶？”刚毅毕竟不敢抗上，就请求“部议”。面对此情，光绪帝又坚定地反驳说：“部臣据旧例以议新政，惟有驳之而已，吾意已决，何议为！”早朝将散，刚毅又建议：“此事重大，愿皇上请懿旨。”皇上乃不作声。既而曰：可请。6 月 20 日，他就废除八股、变革科举一事专程赴颐和园请示。慈禧太后听后，并没有马上表态。

6 月 22 日，徐致靖上奏，强调指出：废除八股取士制度，是正在开展的新政之最要而成效最速的一件大事。

6 月 23 日，在慈禧太后的同意之下，光绪皇帝发布上谕，宣布废除八股取士制度，要求乡、会试及生童岁科各试向用四书文者，一律改试策论；又宣布这一改革并不从今年开始，而是三年之后正式施行，至于如何分场、命题、考试等一切详细章程，仍将由相关部门制订后予以公布。这一上谕，有些

① 康有为：《请商定教案法律，厘正科举文体，听天下乡邑增设文庙，谨写孔子改制考进呈御览，以尊圣师而保大教折》，清华大学历史系编：《戊戌变法文献资料系日》，上海书店，1998 年版，第 718 页。

"和稀泥"的味道,充分顾及到了存废双方的利益和面子,八股存废之争暂时平息。事后,康有为大发感慨:"百事皆如此。上扼于西后,下扼于顽臣,变法之难如此。"

但是,康有为等人没有想到的是,"废八股改策论的决策应该说有利于时务人才的培养,是戊戌年间最值得称道的一件大事,不过八股制艺毕竟流行了数百年,毕竟已经成为许多人的饭碗,骤然将这一维系着无数人生计的制度一旦废除,自然激起一部分人的反对。……事实上,当废八股改策论的消息传开之后,社会的动荡已经有发生的征兆,因废八股而突然失业的大批士人对倡议废八股的康有为等人恨之入骨,直隶的一些士人甚至考虑采用极端的手段对康有为行刺。康有为身边的一些人也劝康请几个保镖,注意保重,深居简出,以免意外"。①

由此可见,废除八股、改革科举,康有为功不可没,但绝非他(康党)一人之功,更不存在"光绪帝对康有为言听计从"的事实。康有为的奏折,多数是朝中重臣代为上奏的,也有一部分是在1898年8月2日,皇上发布司员士民上书言政谕令之后,康有为所上奏章。当然,还有一部分,如《杰士上书汇录》中所收的18份奏折,康有为是采用什么方式递交的?是否都送达到光绪面前?皇上采纳多少?这些疑问,还需要今后继续研究,深入分析。

梁鼎芬(1859—1920),字星海,号节庵,广东番禺人。光绪六年进士,授编修。1884年上书弹劾李鸿章,名震朝野。次年,辞官归乡。中法战争前后,加入张之洞幕府。梁鼎芬与康有为有同乡之谊,康有为与梁鼎芬十六舅张鼎华系忘年之交,所以,梁鼎芬曾是康有为的好友。1895年,康有为南下与张之洞商议组织上海强学会,就是经梁鼎芬居间斡旋,最终促成的。

光绪二十四年十月,针对社会上盛行的"光绪帝对康有为言听计从"的传闻,梁鼎芬专门写了一篇《康有为事实》,通过讲事实、摆道理,分析康有为与新政上谕之间的关系,进而说明变法是由慈禧太后、光绪帝主持,由内外

---

① 马勇:《从废八股到改科举:以1898年的争论为中心》,《商丘师范学院学报》,2005年,第一期,第5—6页。

公忠王大臣奏请举办，而与康有为无大关系，实际上看，康有为不过是"一贪鄙狂悖，苟图富贵之人"。该文洋洋洒洒数千言，罗列了康有为罪状竟达32条之多，第30条这样写道：

> 康有为自称此次变法者为维新党，且自名曰党魁，中外报馆不察，群以变法推之，可谓侥幸得名。各省士民不服此议论，诚以中国采用西法，不自今日始，更不自康有为始。我皇太后垂帘听政，先后二十余年，如京师设总理各国事务衙门、同文馆，又派出使各国大臣、出洋学生，南北洋设制造局、招商局，福建设船政局，开平设煤矿局诸大政，皆内外公忠王大臣相时奏请举办，都蒙皇太后谕允。中国变法之勇之善，无逾我皇太后者。我皇上禀训承志，亲政以来，若铁路、海军、电线、邮政、银元，各省洋操，各省武备学堂，各省制造局，各省矿务局，此我皇上变法之实政，亦皆内外公忠王大臣相时奏请举办，都蒙皇上俞允。凡此在康有为未言变法以前之事。即谕令新政，京师大学堂，御史王鹏运奏请特旨派孙燮臣协揆家鼐办理；经济特科，翰林编修严修奏请；变科举奏，张孝达制府之洞、陈右铭中丞宝箴合同奏请。孙、张、陈三公皆恶康有为之为人。孙公则见于请劾康有为《孔子改制考》书板之疏。由此言之，岂得云变法维新出自康有为一人之言哉！又岂得以变法维新归之于康有为一家之学哉！①

（四）变法夭折后，光绪帝为"百日维新"付出了终身代价。慈禧太后第三次训政后，大开杀戒，不仅公开屠杀"六君子"，对逃亡在外的康梁、王照等人悬重赏进行缉拿，对同情、支持、参与变法活动的李端棻、徐致靖、张荫桓、宋伯鲁、陈宝箴乃至张元济、黄遵宪等，分别处以流放、革职、监禁或罢官回籍等处罚。而且，对光绪帝进行了变本加厉的迫害。首先，将其软禁在瀛台中，杖毙了他亲信的太监。其次，到处散布皇上病危的消息，为谋害光绪

① 梁鼎芬：《康有为事实》，转引自汤志钧《乘桴新获》，江苏古籍出版社，1990年版，第69页。

制造舆论。只是由于英、法等出面干预，并派遣法国医生为光绪体检，才挫败了慈禧太后的阴谋，保卫了光绪帝的人身安全。第三，慈禧太后并不甘心失败，一计不成又生一计，企图施行“废立阴谋”，她宣称“帝久病不能君天下”，密电南方各督抚，争取同意，没想到，却遭到反对。两江总督刘坤一明确表示：“君臣之分已定，中外之口宜防。”京中大员“嘿无一言”，唯有孙家鼐冒着生命危险坚决说不，并以辞职为由抗争。慈禧太后的“废立阴谋”再度受挫。

1899 年，荣禄向慈禧太后献上妙计：“请立大阿哥为同治帝载淳子嗣，徐篡大统。”1900 年 1 月 24 日，慈禧太后召集王公大臣、满汉尚书集议，宣布立端王载漪的儿子溥儁为“大阿哥”(皇长子称大阿哥，有皇位继承人之意)，预定 1 月 31 日(庚子年元旦)光绪帝行让位礼，改元保庆，不料外国公使拒绝入贺。消息披露后，各地反应强烈，民意汹汹，迫使“己亥建储”半途而废。不久，义和团事起，八国联军进逼京师，慈禧太后同光绪等一路西逃，载漪、溥儁父子随驾从行。12 月，载漪成为替罪羊，被慈禧太后剥夺爵位，发配新疆。二十七年(1901 年)，慈禧等回銮，并于途中宣布废除“大阿哥”名号。历经坎坷，虽然光绪的皇位保住了，但他的处境并未得以改观。生前，他曾对即将离任的女侍卫官德龄谈了自己内心的苦衷：

> 我没有机会把我的意思宣布于外，或有所作为，所以外间都不大知道我。我不过是替人做样子的。以后再有外人问你，只告诉他我现在所处地位实在的情形。我有意振兴中国，但你知道我不能做主，不能如我的志。

1908 年 11 月 14 日傍晚，带着满身的病痛和无限的遗憾，年仅 38 岁的光绪帝驾崩。22 小时后，73 岁的慈禧也一命呜呼！光绪帝、慈禧太后脚前脚后，在一天之内相继死去，如此蹊跷，不能不令人发出疑问：世上哪有这样的巧合？光绪帝是自然死亡，还是被人谋害？如果是被人谋害身亡，谁是幕后指使？

2008年11月2日，光绪帝惨死真相终于大白于天下。当天，清西陵文物管理处、中国原子能科学研究院等单位专家组成的“清光绪帝死因”专题研究课题组，对世人公布了其历时5年，采用“中子活化”“X射线荧光分析”等一系列现代高科技手段，最终得出光绪帝系砒霜中毒而死的结论。研究人员测算发现，光绪入殓时所穿衣物残渣中的砒霜含量高达约201.5毫克，而正常人口服60毫克以上的砒霜就会中毒身亡；光绪的头发和骨殖的砷（砒霜）含量要比常人高2 000多倍；光绪的头发与当代慢性砷中毒患者的头发进行了对比，砷含量是后者的66倍。

著名清史家戴逸教授在《光绪之死》一文中分析道：“以当时的条件、环境而论，如果没有慈禧太后的主使、授意，谁也不敢、也不能下手杀害光绪。”经过缜密推测他认为，“慈禧唯恐自己先死，光绪复出掌权，……故临终前令亲信下手毒死了光绪。”①

---

① 杨丽琼：《光绪死于砒霜中毒　凶手是慈禧太后》，《新民晚报》，2008年11月3日。

第七章

戊戌变法研究应走出误区

1898年12月23日，梁启超《戊戌政变记》先在《清议报》上连载，后又汇集成册，第一次对戊戌维新运动从整体上进行描述，建立了一个以康有为为领袖、以康氏政治活动为主线的戊戌维新运动叙述框架。“纵观晚清政治史研究的现状，今人对戊戌变法史的整体理解，从主流上讲，依然未能摆脱康梁话语系统的基调；而康有为自编年谱与梁启超《戊戌政变记》相表里，实为支撑这种话语系统下戊戌变法史叙述框架的核心文献。”①

遗憾的是，时间已过去120年，至今还有很多人尚未醒悟，仍有意无意地在康梁等人精心布置的历史迷宫里青灯黄卷，皓首穷经，甚至是著书立说，传道解惑，戴着教授、专家的高帽子“理直气壮”地误导他人。正如南开大学历史系李喜所教授提示的那样，“在特定的社会政治、经济、文化制约下，无论在社会科学还是自然科学的学术研究中，都会积淀一种几乎人人无意识地去恪守的固定的思维方式。”②要想实现新的突破，不断把戊戌变法研究引向深入，就应主动打破已有的思维定势，打破康党炮制的戊戌变法叙述框架和言说“规范”，破除迷信，走出误区，回到历史现场之中，以“独立之精神，自由之思想”，实事求是地进行学术研究。现提出一些初步设想，希望引发大家的进一步思考。

---

① 马忠文:《康有为自编年谱的成书时间及相关问题》,《近代史研究》,2005年,第四期,第288页。

② 李喜所:《可否多一点逆向思维》,《颇多建树　大有可为——简评建国以来对维新派与维新运动的研究》,《学术研究》,1998年,第九期。

观念之误：帝党=维新派，后党=守旧派

在难以计数的戊戌变法研究成果中，最常见的字眼是帝党、后党以及守旧派、维新派。而且，帝党等同于维新派，后党等同于守旧派，已成为基本常识。

“在以往关于戊戌变法、特别是在有关这一事件的人物研究中，人们往往习惯于首先区分政治派别，如所谓后党、帝党、改良派、洋务派、顽固派等，然后按照一定的、先入为主的评判标准和价值尺度去描述其思想主张与社会活动，再进而做出肯定的或否定的结论。凡属‘帝党’和改良派人士，则肯定之，颂扬之；凡属‘后党’和顽固派人物，则否定之，批判之；凡洋务派人士，则贬多褒少，形成了以人划线、以派别定功过是非的思维定势。这种思维定势和分析方法制约着对戊戌维新运动做更深入的研究。”①

为了表述得更加直观、形象、简明，不少人还特意画出表格，将有关历史人物对号入座，一一进行比较。这种“贴标签”式的研究法，好像是一目了然，言简意赅，实际上却把复杂的问题简单化、机械化。

世界上最复杂的，莫过于对一个人的定性。因为，世界充满了矛盾，而生活在矛盾世界中的人，是很难用固定的标准来划分的，就像一个人的性格，属于内向还是外向，不宜随便下结论。只有具体问题具体分析，才能作出较为准确的判断。人的性格尚且如此，更何况是一个人在变法大潮中的功过得失呢？

在学术专著《派系分合与晚清政治——以“帝后党争”为中心的探讨》②中，就将晚清帝、后两党的主要人物按“派系”专门列出了表格。在帝党中，分为南派（翁同龢为代表）、维新派（康有为为代表）和泛亲帝势力；在后党中，分为醇系（奕譞为代表）、神机营系统（荣禄为代表）、淮系北洋（李鸿章为

① 郭汉民：《放开眼界看“戊戌”》，《颇多建树　大有可为——简评建国以来对维新派与维新运动的研究》，《学术研究》，1998年，第九期，第12页。

② 林文仁：《派系分合与晚清政治——以“帝后党争”为中心的探讨》，中国社会科学出版社，2005年版。

代表)、北派(李鸿藻为代表)和泛亲后势力。看似分得很细,稍加分析,便能看出许多"硬伤"。比如,在《重要人名称谓对照表》(以下简称《对照表》)中,把林旭定为"维新派";在《帝、后两党基本结构表》(以下简称《结构表》)中,又把林旭定为"泛亲帝势力"。

在《对照表》中,把光绪师傅、管学大臣孙家鼐定为"近帝党、南派";在《结构表》中,又把孙家鼐定为"泛亲帝势力"。再比如,由于孙家鼐在戊戌变法夭折以后,不但没有受到牵连,而且保住了京师大学堂,使其成为戊戌变法唯一的重要成果,后来还得到了清廷重用。于是,他的身份界定起来就比较困难。有些专家创造性地把他定为"帝党中的'右派'",让人颇为费解:孙家鼐到底是属于维新派,还是守旧派?

乱贴标签的直接结果,就是戴着有色眼镜研究问题。"我们自觉或不自觉地总是用斗争哲学去研究历史,在研究改革史或曰变法史时特别注意改革派和守旧派的斗争,一部戊戌变法变成了改革派和守旧派的斗争史。"①这种因人废言式的研究,不但会使研究浅尝辄止,而且会坠入主观主义的误区,得出脱离实际的结论。

在人们的印象中,荣禄、刚毅都是典型的后党、守旧派中的顽固分子,镇压戊戌变法的刽子手。但是,近年来,冯永亮等学者研究发现,这两人并非一味地反对变法。

1897 年 1 月 27 日,有感于"时局日艰,外侮纷来",荣禄上折建议改革军事教育体系,请设立武备特科,参酌中外兵制造就人才。1898 年 1 月,他又建议创建武备学堂:"自火器盛行,弓矢已失其利,习非所用,与文科举时文试帖之弊略同。……若每省延聘兼通西法精于操练教习数十人,就地教练,一岁之后,可成精兵,足以充役;二年作为武生,选其才武聪颖者,每省设一武备学堂,挑入学习重学、化学、格致、舆地诸学,分炮队、马队、工程队诸科,限以三年,由各省督府,详加考试。凡考列优等者,作为武举人,其名数略参

① 李喜所:《可否多一点逆向思维》,《颇多建树　大有可为——简评建国以来对维新派与维新运动的研究》,《学术研究》,1998 年,第九期,第 9 页。

科场旧制，分别大省中省小省，各不得逾本省原额十分之五，此为武备特科。其三年一试之武科，暂准照旧举行，但须酌减旧额一半，以期相济为用，试之有效，再将旧制停罢；立将此项特科武举人，咨送京师大学堂，限以二年，由兵部奏请钦派王大臣考试，分别优等者作为武进士。”①

在文化教育方面，荣禄也极力主张变法。光绪二十四年五月，他担任直隶总督后，督饬地方官将辖境内书院改为学堂。其中在省会保定、北洋大臣驻节地天津设立大小学堂7处；变法期间，他保荐的陈宝箴、黄遵宪、张百熙等20多人，都是汉人，其中不乏变法人才；同年7月17日，也就是变法高潮期间，孙家鼐上了一道《请饬刷印〈校邠庐抗议〉颁行疏》，建议朝廷将冯桂芬的《校邠庐抗议》一书下发群臣学习、研究，认为“冯桂芬、汤寿潜、郑观应三人之书，以冯桂芬《校邠庐抗议》为精密，然其中有不可行者。其书在天津广仁堂，拟请饬下直隶总督刷印一、二千部，交军机处，再请皇上发交部院卿寺堂司各官，发到后，限十日，令堂司各官，将其书中某条可行，某条可不行，一一签出，或各注简明论说，由各堂官送还军机处，择其签出可行之多者，由军机大臣进呈御览，请旨施行。”②

当天，光绪皇帝就发布上谕：“著荣禄迅即饬令刷印一千部，克日送交军机处，毋稍迟延。”7月24日，皇上再发上谕：“前据孙家鼐奏请将冯桂芬所著《校邠庐抗议》一书刷印，发交部院等衙门签议，当经谕令荣禄迅速刷印咨送。兹据军机大臣将应行颁发各衙门及拟定数目开单呈览，俟书到后颁发各衙门悉心核看，逐条签出，各注简明论说，分别可行、不可行，限十日咨送军机处汇合进呈，以备采择。”

接到谕令后，荣禄立即行动，先让广仁堂赶印100部解送军机处，然后，分两次再印900部呈进。在10天之内，就完成了皇上交办的紧急印书任务。8月1日，“《校邠庐抗议》发各衙门加签”③。考虑到当年的印刷技术水平，其工作效率还是很高的，这充分说明荣禄对这一关乎变法进程的举措，态度积

① 朱寿朋编：《光绪朝东华录》，中华书局，1984年版，第4015—4016页。
② 中国史学会主编：《戊戌变法》第二册，上海人民出版社，1957年版，第430页。
③ 中国史学会主编：《戊戌变法》第一册，上海人民出版社，1957年版，第529页。

极，办事认真。

目前，中国第一历史档案馆所藏《校邠庐抗议》签注本有二百余部书中签注了意见，合计得372人，包括大学士，内阁学士，各部尚书侍郎，总理衙门、理藩院官员，都察院御史，翰林院侍讲、编修，国子监祭酒、司业、学正、助教，步兵统领衙门、京城巡捕营官员，顺天府尹及所属知州、知县、同知等。在这些人中，明确表示反对变法的如礼部尚书怀塔布、理藩院尚书启秀、刑部左侍郎赵舒翘、御史徐承煜等；明确表示支持变法的有侍读学士徐致靖、翰林院侍讲黄绍箕、内阁学士阔普通武、御史杨深秀、宋伯鲁等。《校邠庐抗议》签注本内每篇篇首或篇末，大都有黄纸浮签，写着签注者对该篇的意见。通过对《校邠庐抗议》一书的评注，在一定程度上表明了他们对维新的态度，也是研究他们变法思想的重要史料。“荣禄并不反对变法，只不过不赞成康梁的变法，遵循的是另一条变法思路。”[①]在文化教育方面，他极力主张变通成法。有鉴于八股取士的弊端，“乃建言非设学堂不可。”担任直隶总督后，他身体力行，分别在省会保定和北洋大臣驻节地天津举办7处新学堂。

军机大臣刚毅也是如此。孔祥吉在《康有为变法奏议研究》指出，1897年12月18日，“刚毅于军机大臣见起时面奏，天下之急莫如练兵、筹饷，建议务将练勇之空额尽除，厘金中饱严杜。光绪采纳，并颁布自强上谕”。仅此一例，即可说明不少问题。

重点之误：戊戌变法研究以康梁为中心

郑大华、喻春梅在《近10年来(1998—2008)戊戌维新思潮研究综述》一文中指出：“历史研究的主体在思想认识上有偏差，再好的原材料也酿不出上等的琼浆玉液。”

康有为、梁启超等康党，一直是戊戌变法研究的重点人物，其变法理论一

① 冯永亮：《荣禄与戊戌变法》，《清华大学学报》(哲学社会科学版)，1998年，第三期，第6页。

直是戊戌变法的研究中心。戊戌变法不仅被人称为“百日维新”，甚至被称作“康梁变法”。“我们研究近代史，研究思想文化史，特别是研究戊戌维新的历史，康有为是首要的人物。”①可见康梁在戊戌变法研究中的地位之高。

为什么在一百多年来，康梁能成为戊戌变法的研究中心呢？分析起来，大概有以下四个原因：

其一，康梁是戊戌变法的鼓吹者和参与人，在变法中起到过一定的历史作用，研究戊戌变法，自然不应绕过他们；

其二，康梁都是戊戌变法中的“政治明星”“新闻人物”，一直是社会舆论关注的焦点；

其三，因为种种原因，戊戌变法的当事人（特别是朝廷重臣）留下的第一手史料并不多见，而康梁却撰写、发表了大量文章，比较著名的有康有为的《戊戌奏稿》《康南海自编年谱》，梁启超的《戊戌政变记》《南海康先生传》《三十自述》等，影响广泛；

其四，变法夭折以后，康梁长期在教育界、文化界、新闻界工作，“话语权”较大，桃李满天下，其思想观点得以传承，流传甚广，这是戊戌变法中的其他任何人都无法可比的。

但是，实践是检验真理的唯一标准。近年来，经过孔祥吉、黄彰健、茅海建等学者的考证、揭露，人们开始对康梁的“变法理论”及其所发挥的实际作用有了新的认识。

首先，戊戌变法期间，康有为的奏折，有绝大多数没有送达朝廷，也就没能在变法实践中得到具体运用，收到成效。比如，孔祥吉在《康有为变法奏议研究》一书中，详细考证了《戊戌奏稿》等书开列而实际并未进呈的书目有：《突厥削弱记》《新学伪经考》《春秋董氏学》《法国变政记》等。《敬谢天恩并统筹全局刊》《清励工艺奖创新折》《禁妇女裹足折》等，陈凤鸣认为：“《戊戌奏稿》所载这五篇奏稿都不是康有为当时呈递的真折，其中有的可能是当时的草稿，或后来根据当时的提纲、摘记等追记重写的，有的则是后来适应

① 王晓秋：《学界座谈〈康有为全集〉出版》，《中华读书报》，2007 年 11 月 21 日。

新的形势伪作的。”①医生开具的药方再高明，如果不被病人使用，怎样证明其疗效呢？同理，康有为的奏折再多，送达不到朝廷，在戊戌变法期间，也不过是废纸一张。

其次，康有为在戊戌变法中非常活跃，但当时社会各界上书言政、著书立说也很踊跃。康广仁在给朋友的信中生动地记述道：“伯兄召见后，上奏及见客益忙。夜又改定《法兰西革命记》、《突厥削弱记》、《波兰分灭记》，因频奉上命索取，故弟须一切照料，昼夜商榷。伯兄草文，皆夜深高卧，诵之于口，而弟笔之于书。其有宜商者，即与弟辩议。即写成折，夕上而朝行！故弟亦忙极不能行。”

有人统计，期间，康有为自拟或代他人草拟的折片约48件，其“弟子麦梦华曾有记录，认为康氏手撰奏折共63件”。孔祥吉在《康有为变法奏章辑考》一书中，收录了康有为戊戌变法期间的奏折89篇、进呈编书序7篇。维新时段，康有为几乎是一天一折，一折数策，如此轻率言政，简直如同儿戏一般。

还应看到，康有为奏报到朝廷的奏折，较大一部分是帮别人代拟的。这些奏折有的是与别人讨论后所写，也有的是写出草稿后，经当事人修订、誊抄清楚之后才上奏的，并非代拟者一个人的思想。所以，将代拟奏折的功劳，全都记在代拟人康有为的名下，也是有失公允的。

中国第一历史档案馆研究员秦国经在《戊戌变法与戊戌变法档案》中写道：“戊戌变法期间，新旧势力之间，展开激烈论战，他们频频缮具奏折，各言其是。现存有关奏折约有553件，具奏的官员有290人，涉及中央和地方衙门50余个。”②而茅海建的统计是：“自光绪二十四年二月初八日(1898年2月28日)起，至八月十一日(9月26日)下令停止司员士民上书新规则，司员士民(包括中下级地方官)共有457人次至少递交了567件上书，其中226件有朝廷的处置意见，也有214件上送慈禧太后。”③可见，康有为上书不过是

① 陈风鸣：《康有为戊戌条陈汇录》，《故宫博物院院刊》，1981年，第十二期。

② 《起居注》，转引自秦国经：《戊戌变法与戊戌变法档案》，《历史档案》，1998年第四期，第118页。

③ 茅海建：《戊戌变法事考》，(北京)三联书店，2005年版，第220页。

全国上书潮的一部分，他所提出的变法主张，在别人的奏折中也多有提及，所以，不能偏听偏信，盲目地将光绪帝颁布的变法举措的建言之功，不分青红皂白地记在康有为的功劳簿里，而应该具体奏折具体分析，才更为符合客观实际，更有说服力。

据学者研究，1895年至1898年间，事关维新变法的著述相继问世，并形成了较大规模。初版或重版的重要书籍有李提摩太的《时事新论》、孔广德的《普天忠愤集》、陈炽的《庸书》、冯桂芬的《校邠庐抗议》、郑观应的《盛世危言》、黄遵宪的《日本国志》、康有为的《新学伪经考》和《孔子改制考》、唐才常的《觉颠冥斋内言》、程佐衡的《时务摘要》、何启和胡礼垣的《新政论议》等。另外，林乐知编译的《中东战纪本末》、梁启超编的《西政丛书》、麦仲华编的《经世文新编》也很重要。林乐知编译的《中东战纪本末》，1896年初编八卷，翌年续编四卷，包括有关甲午战争的详细报道和时事评论，“对于当时亟欲救亡图存的维新派说来，客观上起着一定的警醒作用”①。事实上，康有为的《新学伪经考》和《孔子改制考》出版后，都起到很大的负面作用，不但“顽固派”“保守派”群起而攻之，就连一些“维新派”人士也纷纷表示“不敢苟同”，甚至站在对立面上提出严厉批评，康有为也因此声名扫地。可见，康有为的著作也不过是全国变法图书出版潮的一部分，不能只见树木不见森林，将康有为的宣传之功估计过高。

第三，康有为、梁启超的变法理论和事迹，大都收录在《戊戌奏稿》《康南海自编年谱》《戊戌政变记》《南海康先生传》《三十自述》等著作中，但“《戊戌奏稿》则于宣统三年才成书，其时距百日维新已达十三年之久。事过境迁，政治形势发生了很大变化。因此，《戊戌奏稿》所辑奏疏之内容多有改易，特别是在一些重大问题上”②。因此，在研究中，决不能将康、梁的著述作为信史，不加分析地进行引用。

更为重要的是，不能把“理论”与事实划等号，从“理论”到“理论”，不顾

① 郑大华：《晚清思想史》，湖南师范大学出版社，2005年版。

② 孔祥吉：《从〈波兰分灭记〉看康有为戊戌变法时期的政治主张》，《人文杂志》，1982年，第五期，第84页。

及“理论”所产生的实际效果,以“理论”作为判断进步、保守的唯一依据,这样得出的结论,就难免盲人摸象,信口开河。

比如,废除八股、停开科举、兴建学堂,一直被认为是康梁变法的重要功绩之一。但是,联系实际加以分析,事实并非如此。

第一,八股之害,早就是人所共知的,明清两朝曾发生过多次争论。袁枚在《随园诗话》中记有:“余弱冠,即闻吴江布衣徐灵胎,有权奇倜傥之名,乾隆三十五年庚寅七月,买舟访之,一见欢然,年八十矣。灵胎尝有《刺时文》云:‘读书人,最不齐;烂时文,烂如泥。国家本为求生计,谁知道变作了欺人技。三句承题,两句破题,摆尾摇头,便道是圣门高徒。可知道,《三通》《四史》,是何等文章,宋皇、汉祖是哪一朝皇帝?案头放高头讲章,店里买新科利器。读得来肩背高低,口角嘘唏。甘蔗渣儿,嚼了又嚼,有何滋味?辜负光阴,白白昏迷一世。就教他骗得高官,也是百姓、朝廷的晦气。’”就改进或废除八股而言,冯桂芬的《校邠庐抗议》、郑观应的《盛世危言》等,都有详细论述;梁启超也承认,“即如八股取士锢塞人才之弊,李鸿章、张之洞何尝不知之,何尝不痛心疾首而恶之。张之洞且尝与余言,言废八股为变法第一事矣,而不闻其上折请废之者,盖恐触数百翰林、数千进士、数万举人、数十万秀才、数百万童生之怒,惧其合力以谤己而排挤已也。”①

第二,废除八股操之过急,盲目取消过渡期,欲速却不达。废八股、变科举,不仅引起御史文悌、黄桂鋆等官员的强烈反对,也引起了社会各界的巨大震动。似乎是一夜之间,数以万计的学子失去了通过科举获得功名的机会,数以万计的家庭多年来的“投资”全打了水漂。“戊戌三月,梁启超等联合举人百余,连署上书,请罢八股取士之制,书达都察院,都察院不为代奏,书达总理衙门,总理衙门又不为代奏。当时会试举人,达辇下者,将及万人,皆与八股性命相依,闻启超等此举,均疾之,若不共戴天之仇,遍放谣言,几欲殴击(梁启超)。”“直隶士子至欲行刺”康有为。在这样尖锐的对立中,康有为等人不但不认真反思,做出适当调整,而且还火上浇油,康有

① 梁启超:《饮冰室合集》,专集之一:《戊戌政变记》,中华书局,1936年版,第84页。

为再次为宋伯鲁代拟奏折:“伏愿皇上持以毅力,勿为所摇,并申下谕旨,如有奏请复用八股试士者,必系自私误国之流,重则斥革降调,轻亦严旨申饬……”建议取消三年过渡期,进一步加快废八股、变科举的步伐,一蹴而就。

经过激进派的鼓噪,五月五日(6月23日),光绪帝又发布明诏:“著自下科为始,乡试、会试及生童岁科各试,向用四书文者,一律改为策论。”于是乎,朝野群情激愤,深受科举毒害的学子及其亲友,却变为反对变法的急先锋,无形中削弱了群众基础,给变法大业平添了巨大的社会阻力,这种激进的变法“理论”,能说是正确的吗?

康梁的其他建议,如“断发”“放足”等,从长远来看,这些主张无疑都是正确的。但这些主张却超过了戊戌年间社会普遍的认知水平,严重脱离了时代。甚至有些建议,朝廷根本没有采用。康梁就通过媒体、集会等大造舆论,闹得满城风云,反而使社会各界信以为真,对变法产生了埋怨、抵触情绪。我们研究戊戌变法,怎么能抛弃当时的社会实际,以“应该时”“未来时”作依据,将历史当成面团而随意揉捏呢?

戊戌变法的发动,是时代发展的产物;变法举措的施行,是各种政治力量综合作用的结果;回到历史现场加以考察,就会发现,戊戌变法期间,康有为“最先派在总理衙门章京上行走,职位之微,权责之薄,就是当时梁启超也讥为‘可笑之至’。后来,光绪据孙家鼐的议复,决定改上海《时务报》为官报,派康有为‘督办其事’,但仍然没有大用康。”[1]事实上,戊戌变法中,康有为眼高手低,并未真正办成几件实事,但由于他善于作秀,频出风头,好发“高论”,因此,就吸引了朝野的目光,让人产生了“变法之策来自于康有为”的错觉,将其列为对立面,口诛笔伐,无意之中成就了“康有为是戊戌变法领袖”的虚名。康有为一意孤行,将错就错,“得志更猖狂”,他抛出的变法理论、举措不但数量更多,而且更加激进,直至策划政变,给戊戌变法最后的致命一击。犹如观看文艺演出,主角未必受欢迎,小丑常常让人难以忘怀。所

① 邝北江:《戊戌政变前后的康有为》,《历史研究》,1996年第五期,第5页。

以，我认为，不应对康梁“变法”的正面作用评价过高，更不应该再把康梁的变法理论《戊戌奏稿》等作为戊戌变法的研究中心。相反，研究者应该把目光从康党身上挪开，多看看光绪帝、李端棻、孙家鼐、张荫桓、翁同龢、袁昶、徐致靖、宋伯鲁、陈宝箴、杨深秀、刘光第、张之洞、陈炽、黄遵宪，乃至于荣禄、袁世凯等人在戊戌变法中所发挥的实际作用，这们才有可能真正认清戊戌变法的本来面目。

学科之误：戊戌变法与戊戌变法思潮混为一谈

历史研究门类众多，学科林立，概括地说，可以分为实体研究与虚体研究。所谓实体研究，就是研究者不仅要充分运用可信的史料，而且要结合当时的历史背景，将当年所发布的理论与该理论在当时所产生的实际社会效果结合起来加以考量，才可能得出符合客观历史实际的正确结论，比如政治史、社会史、经济史等；所谓虚体研究，研究者在充分运用可信史料的基础上，做出理性判断，不一定非要结合当时的历史实际，比如思想史等。思想史就是思想者就那些在历史学家们看来重要的问题上的言论的历史（美国密歇根大学历史学教授戴维·霍林格语）。

就政治史与思想史而言，两者既有联系，又有本质区别。思想史注重历史人物倡导理论的前瞻性、开拓性，往往以首创论英雄；而政治史则注重历史人物倡导理论（包括学说、观点、制度设计等）的可行性，对社会发展的具体推动作用，往往是以成败论英雄。思想史、政治史的内涵不同，外延也不一样，思想史研究的外延大于政治史。

同理，戊戌变法研究与戊戌变法思潮研究，也有本质区别。戊戌变法史研究一般简称为戊戌变法研究，是具有政治史、社会史性质的实体研究；戊戌变法思潮研究则是思想史性质的虚体研究。两者决不能张冠李戴，混为一谈。

“戊戌变法是中国近代史上一次意义重大的社会改革运动，也是一场影响深远的思想启蒙运动。”①因此，既可以从政治史的角度，也可以从思想史的角度，乃至从经济、文化、教育、对外交流等视角加以研究。但是，很多学者在自己的著述中，都把康有为的《新学伪经考》《孔子改制考》看成是戊戌变法的理论基础和指导思想，这就成了“葫芦搅茄子”式研究的典型案例。

众所周知，《新学伪经考》和《孔子改制考》，都是康有为变法思想的集中体现，既是他的代表作，也是他搞学术研究“往往不惜抹杀证据或曲解证据”的“标本”。

1891 年，康有为发表《新学伪经考》，认为东汉以来经学，多出刘歆伪造，“非孔子之经”，打击封建顽固派的“恪守祖训”，为扫除变法障碍提供理论依据。但《新学伪经考》出版后，效果适得其反。1894 年，御史安维峻、给事中余联沅认为康有为“荒谬绝伦，诚圣人之蟊贼，古今之巨蠹也”，奏请朝廷下令“毁版”。翁同龢读后也很震惊，认为康有为是“说经家之一野狐禅也”。在禅宗中，对于流入歪门邪道、未悟而妄称开悟者，禅家一概斥之为“野狐禅”。该书受到了“自行销毁，以免物议”的处罚。

1898 年春，康有为的《孔子改制考》在上海出版。该书中，康有为千方百计地把孔子描绘成民意代表，鼓吹六经典籍是为改制目的服务的，其中尧、舜、禹、文王也是“孔子民主君主之所寄托”。康有为还将《孔子改制考》上呈光绪帝。与《新学伪经考》殊途同归，《孔子改制考》一经面市，也遭到了很多人的批评。翁同龢读后更为震惊，认为康有为“居心叵测”，而与他断绝往来，划清界限。

1898 年 7 月 15 日，以支持变法著称的湖南巡抚陈宝箴上书朝廷，批评康有为“穿凿附会”“伤理害道”，要求朝廷令其“自行销毁”。光绪让孙家鼐议覆。两天后，孙家鼐建议说：“《孔子制法称王》一篇，杂引谶纬之书，影响附会，必证实孔子改制称王而后已。言《春秋》既作，周统遂亡，此时王者即是孔子。无论孔子至圣，断无此僭乱之心。即使后人有此推尊，亦何必以此

① 郭汉民：《放开眼界看“戊戌”》，广州《学术研究》，1998 年，第九期，第 12 页。

事反复征引、教化天下？……皇上既令臣节制各省学堂，臣以为康有为书中，凡有关孔子改制称王等字样，宜明谕降旨，亟令删除。”①《孔子改制考》受到了毁版处理。随后，为了回击《孔子改制考》，张之洞还专门写作了《劝学篇》，以“辟邪说”“绝康、梁”。

也就是说，康有为的《新学伪经考》《孔子改制考》作为禁书，相继毁版。这样的下场，还能作为政府领导的戊戌变法的理论依据和指导思想？如此研究，与不看历史事实瞪眼胡说又有什么区别？

当然，如果是把《新学伪经考》《孔子改制考》作为戊戌变法思潮或者康有为变法思想的研究依据，那又是另外一回事。

由此可见，到什么山唱什么歌，做什么学问要依循什么学问规范，可不能运用中医话语去解读西医，按照中国象棋规则去下国际象棋啊。否则就会南辕北辙，上演“关公战秦琼”式的闹剧。遗憾的是，在当前的学术研究及其争鸣中，这一不分实体、虚体研究式的现象，仍然屡见不鲜。

定性之误：变法、维新、改良不是革命

“戊戌变法是一次自上而下的资产阶级性质的改良运动。”这一论断，至今还属于主流话语。

我认为，变法、维新、改良，都是改革的同义词，至少是近义词。改革与革命却是两个性质的问题。

我们不妨简要对比一下：

“变法”是指改变成法，也就是政府对国家的法令、制度做出重大变革。

“维新”一词出自《诗经·大雅·文王》：“文王在上，於昭于天。周虽旧邦，其命维新。”意思是说周文王禀受天命，昭示天下：周虽然是旧的邦国，但其使命在革新。中国社科院近代史所研究员马勇的解释是：“维新”就是在

① 北京大学校史研究室编：《北京大学史料》（第一卷），北京大学出版社，1993年版，第190页。

旧有国家形态上进行体制创新、制度创新。①

"改良"是指改正事物的个别缺点,使其更适合要求。金德群指出:"改良和维新是同一政治含义,即改革旧法而行新政。"

"改革"是指把事物中旧的不合理的部分改成新的、能适应客观情况的。据悉,这一概念是龚自珍自创的。北宋年间,王安石曾将自己推行的变法称为"改易更革天下之事"。1814—1815年间,面对衰败、腐朽、沉闷的晚清社会,龚自珍在《乙丙之际著议》中,首次将"改易更革"缩写成"改革"二字。他在《乙丙之际著议第七》中大声疾呼:"一祖之法无不敝,千夫之议无不靡,与其赠来者以劲改革,孰若自改革?"警告清廷当局,如果不主动进行改革,将来就会有人起来"劲改革"(即革命),以推翻其统治。龚自珍因此成为"自改革"或"改革"一词的倡导者。②

孔乙己会"回"字的四种写法,四种写法的"回"字还是回字啊。同理,变法、维新、改良都是改革,都是政府在内忧外患的特殊形势下,主动采取的兴利除弊、富国强兵的重大举措,其出发点都是为了维护、巩固现政权。因此,戊戌变法是光绪帝顺应时代发展需要而发动、领导的救亡图存的改革运动,是中国由封建社会向近代化社会转型的艰难探索和有益尝试。

列宁早就明确指出:"改革的概念,无疑是同革命的概念相对立的;忘记这个对立,忘记划分两种概念的界线,就会经常在一切历史问题的推断上犯最严重的错误。"③从终极目标看,改革与革命都是为了改善生产关系,解放生产力,推动经济社会的大发展,但是,他们所采取的手段却有着本质区别。

"'革命'一词,源于《易经》'汤武革命,顺乎天而应乎人'一语,在辛亥革命中为孙中山所取用,遂日益成为一个极其深刻的政治术语。"④我认为,对于"革命"一词解释得最生动、最全面、最准确、最感同身受的,还要数毛泽

---

① 《回顾戊戌　重温历史——在戊戌变法110周年之际》,《光明日报》,2008年12月7日。

② 朱维铮、龙应台合编:《维新旧梦录》,三联书店,2000年版,第29页。

③ 中共中央编译局:《列宁全集》,第17卷,人民出版社,1984年版,第97页。

④ 李泽厚:《世纪新梦》,安徽文艺出版社,1998年版,第236页。

东。他在《湖南农民运动考察报告》中酣畅淋漓、毫不遮掩地说:“革命不是请客吃饭,不是做文章,不是绘画绣花,不能那样雅致,那样从容不迫、文质彬彬,那样温良恭俭让。革命是暴动,是一个阶级推翻一个阶级的暴烈的行动。”革命的目的,就是通过暴力手段,推翻旧政权,建立新政权。

在总结戊戌变法夭折的经验教训时,我们听到最多的是:“戊戌变法在历史上起过作用,但它的性质即是改良主义的。他们的领导者很软弱,既不敢和封建主义决裂,又对帝国主义存有幻想。在半殖民地半封建社会中产生的中国资产阶级,一开始就表现出他们的软弱性和妥协性的阶级本质。”①“他们所理想的新政,只是建立在封建地主阶级和资产阶级相互妥协之上的君主立宪制度。例如:改良派虽认为‘天下百物皆出于农’‘急宜思良法以救之’(康有为:《上清帝第二书》),但他们根本不敢提出土地问题,只是请求设农会、办农学堂以‘兴农殖本’。要设‘新衙门’,又对旧人员留有出路,甚至把办事权拱手让人。他们小心翼翼地避免损害封建统治权力,希望取得封建势力的合作来从事某种改革。改良派在变法过程中丝毫没有触及封建统治的根基。”②1983 年,在广州举行了“纪念戊戌维新运动 85 周年和康、梁思想研究学术讨论会”,众多与会的专家、学者通过对建国 30 多年来戊戌变法研究的总结,初步肯定了“资产阶级本身提倡改良主义的软弱性、妥协性与局限性,不能和不敢摧毁封建制度”……

这个论断多么不着调!

难道让康党打着维新变法的旗号,行暴力革命、取而代之之实,就不软弱妥协了? 这样明修栈道、暗度陈仓式的假改革,会得到哪一个政府的支持呢? 从某种意义上说,正是康党的“假改革、真革命”葬送了戊戌变法。在对变法的认识上,康有为始终把“非大变、全变、骤变不能立国”挂在嘴边,必须“用一刀两断之法,否则新旧并存,骑墙不下,其终法必不变,国亦不能自强也”。在“大变”未能奏效时,康有为公开叫嚷:“杀二品以上阻挠新法大臣一

---

① 汤志钧:《康有为与戊戌变法》,中华书局,1984 年版,第 246 页。
② 汤志钧:《康有为与戊戌变法》,中华书局,1984 年版,第 256 页。

二人，则新法行矣。”在这一恐吓仍没见效时，康有为不惜铤而走险，策划并施行“围园、杀禄、锢后”的军事政变计划，结果却玩火自焚，军事政变计划流产，戊戌变法夭折，慈禧太后第三次训政，光绪帝彻底丧失执掌朝纲、继续领导国家的机会……试问，康党磨刀霍霍，哪有一星半点的软弱和妥协？虽然康党的激进言论未必能成为戊戌变法的理论指针，但却给顽固派、保守派等腰斩变法、镇压维新派提供了口实，事实不正是如此吗？

戊戌变法的夭折，是中华民族的大灾难。正如胡适 1916 年所指出的那样，假使戊戌变法“不至推翻，则二十年之新政，或已致中国于富强。即不能至此，亦决无庚子之奇辱，可无疑也”。“袁世凯死于昨日。此间华人，真有手舞足蹈之概。此真可谓‘千夫所指无病自死’者矣。……二十年来之精神、财力、人才，都消耗于互相打消之内讧，皆戊戌之失败以致之也。……袁氏之罪，在于阻止中国二十年之进步。今日其一身之身败名裂，何足以赎其蔽天之喜乎！”①

有人认为，“换一个视角看，戊戌变法的失败其实也为后来的中国社会变动、中国的革命积累了经验，提供了可能。以孙中山为首的革命党人当时的一个重要理由就是：腐败的清政府连真心诚意帮助他们变法的六君子都不放过，谁能相信他们会推动中国进步呢？中国进步的前提只能是用革命的手段推翻清政府，另起炉灶。”②

虽然辛亥革命取得胜利，推翻了封建政权，完成了旧民主主义革命。但是，也应该清醒地看到，辛亥革命及其以后相当长的一个历史时期，政局动荡，枭雄四起，军阀混战，中华民族为了国泰民安、维护统一付出了巨大而惨痛的代价。

非历史主义地抬高革命而贬低改良，以革命作为标准来评判改良的是非功过，曾是戊戌维新研究中存在的一种习以为常的偏向。在反思这一偏向的过程中，论者们逐渐形成这样的共识：“革命与改良不存在可以脱离一

① 胡适：《留学日记》（1916 年 6 月 7 日），安徽教育出版社，1999 年版。
② 《回顾戊戌　重温历史——在戊戌变法 110 周年之际》，《光明日报》，2008 年 12 月 7 日。

定社会历史条件的抽象的优劣性，搞革命还是搞改良应视当时历史发展的客观需要和实际可能性而定；评价改良的是非功过只能根据其本身社会实践的综合性的结果，而并起或后起的革命都不能成为评判的标准。”①正反两个方面的经验告诉我们：

第一，国家和民族的整体利益高于一切。对于国家和民族的整体利益来说，革命比改革的成本要高出太多。如果是一般性的政策调整，不能称之为改革。只有制度性的创新，才是真正的改革。相比较而言，如果能运用理性的改革来纠正政府工作的梗阻，根治腐败，推进民族与社会的进步，就不必倡导进行暴力革命。就像能用保守疗法医治的疾病，就不必开膛破肚动刀子了。中国历史上，刘邦、朱元璋等领导的农民起义都取得了胜利，而变法成功的例子却很少，这是中国传统文化值得深刻反思的。更为值得反思的是，人们对于农民起义的必要性评价很高，却对农民起义对国家经济、社会、文化乃至人民生命财产的破坏性，以及民族的内耗认识不足。不破不立，破起来痛快，立起来可就难了。而且，有些文物、古迹、图书、典籍、绝活，一旦破坏，都是难以恢复的。项羽一把火，让秦朝首都咸阳城烧了三个月，何等气魄？但对于国家、民族的财富来说，又是何等灾难？中国历史上，这方面的教训太多了。试问，哪一次改朝换代，不是以民族元气大伤、百姓血流成河、财富屡遭毁灭为代价的？

第二，政府应该审时度势，自动进行制度改革。制度改革，也就是制度创新。洋务运动开展了三十多年，只“变器”不变政，最后以失败而告终，“失败的主要原因在于中国封建制度的阻碍，要想继续推进中国现代化的进程，必须冲出器物层次革新的框架，进行制度层次的变革”②。而日本明治政府成立后不久，便主动进行制度改革，通过“废藩置县”，改革地方政治机构；发布《五条誓文》，决定仿照西方的国家制度，进一步改革政府体制；发表《政体书》，借鉴美国三权分立模式，建立分权机构。从而建立、完善了以天皇为中

① 宋德华：《戊戌维新研究大有可为》，《颇多建树　大有可为——简评建国以来对维新派与维新运动的研究》，《学术研究》，1998 年，第九期，第 11 页。

② 石军等主编：《古今中外争鸣集粹》，中国社会科学出版社，1995 年版。

心的强有力的中央政权，使明治维新获得成功。并以小搏大，仅用甲午一战，就把自高自大、外强中干的“大清”击倒在地。正反两方面的教训，都是我们进行改革的镜鉴。当政者要把国家、民族利益放在首位，与时俱进，顺应时代发展的潮流，积极、大胆而又稳妥地改革国策，围绕着政治改革这一主旋律，不失时机地进行各项渐进式的制度创新，并通过配套改革给广大人民群众带来切实实惠，进一步巩固和扩大改革的社会基础，由浅入深，由点到面，由量变到质变，不断稳步地把改革推向前进。绝不能抱残守缺，坐失良机，以种种理由做借口裹足不前，无形中蜕变为社会变革的绊脚石；也不能把一般性的工作措施都冠上“改革”之名混淆视听，欺骗公众；更不能在社会条件不具备的情况下，仓促上阵，急躁冒进，让改革半途而废。

第三，以行政程序化、法治化保障改革理性、顺利推进。“‘康党’是中国社会急于事功(改变中国命运)的普遍心理造就出来的一批特别热衷于急功近利的思想家和政治家。急于报仇雪耻的中国社会，烘托出一批出山就宣称能在十年走完西方之百年、日本之三十年才走完自强之路的‘狂人’。”①要防止各种披着改革家外衣的“狂人”干扰、损害改革进程，必须搞好制度建设，以行政程序化、法制化来保障改革建议的提出、论证、施行，从而淡化个人在改革决策中的作用，尽量减少人为的、非理性失误，防止害群之马将改革引向歧途。

第四，不改革或改革失败，必将引发革命。革命是推动社会转型、发展的最后一举。正如杨天石在《戊戌变法与近代中国》讲座中所指出的那样：“孙中山……的活动开始是在1894年，比康有为他们还要早。当孙中山开始活动的时候，响应支持孙中山的人很少很少。但是戊戌变法失败以后，孙中山的支持者越来越多。也就是更多的中国人选择了武装革命的激进道路。从戊戌变法失败，到辛亥革命成功，只用了13年的时间。”

① 张鸣：《再说戊戌变法》，陕西人民出版社，2008年版，第169页。

人物新论

一

试论孙家鼐的七大历史性贡献

在中国近代教育史、晚清史，特别是戊戌变法研究中，由于种种原因，晚清重臣、开明政治家、著名教育家孙家鼐一直待在被遗忘的角落里，鲜有人问津，其历史性贡献，更没有得到应有的肯定。正如李振东在《北大的校长们》中指出的那样："在维新人物中，孙家鼐常被忽视，或者被误认为'帝党'中思想保守的'右派'。其实，孙家鼐是当时统治阶级特别是高级官吏中爱国、开明并对维新运动作出过一定贡献的历史人物，他的作用和功绩不可忽略。"

笔者怀着重估历史、缅怀先贤的心情，特撰此文。希望拂去时间的尘埃，纠正历史的偏见，正本清源，让孙家鼐的功绩大白于天下，给至今还在享受他的改革成果的亿万读者以深刻启迪。

孙家鼐(1827—1909)，寿州(今安徽省淮南市寿县)人，字燮臣，咸丰九年状元。同治七年，奉旨在上书房行走；光绪四年，奉旨在毓庆宫行走，担任皇帝师傅。历任工部、吏部、礼部等部尚书。1898 年 7 月，担任管理京师大学堂事务大臣(也称管学大臣)、协办大学士，创办京师大学堂。戊戌变法夭折后，慈禧企图废除光绪皇位，朝臣多阿附，唯独他坚决反对。不久，他以生病为由辞去官职，以示抗争。庚子国变发生后，他诀别家乡，抱病北上，共赴国难。1904 年，任学务大臣，参与"新政"。1907 年，任武英殿大学士，为资政院两位总裁之一。1908 年赏太子太傅。1909 年 11 月病逝，谥号文正。为中国历史上第一个教育部长，最后一个拥有文正谥号者。经过深入研究，我认为，孙家鼐主要有七大历史性贡献。

（一）殚精竭虑，培养了一位富有维新思想的明君

爱新觉罗·载湉4岁登基，在位34年，终年38岁。年号光绪。俗称光绪帝。

光绪一生壮志未酬，悲惨凄凉。为了施行精神控制，从他进宫那天开始，慈禧就命令他喊自己"亲爸爸"（满语为"皇阿玛"），而且，终身也未能让他与生母再见一面。光绪的童年生活也是异常孤寂。大婚之后，由于与皇后关系冷淡，而自己喜欢的珍妃又多次受到"亲爸爸"的责骂、体罚，光绪的情感生活也非常不幸。中国古代是个宗法社会，讲究"三纲五伦"，"三纲"就是君为臣纲、父为子纲、夫为妻纲；"五伦"就是父子有亲、君臣有义、夫妻有别、长幼有序、朋友有信。"五伦"涵盖了人间的天伦之乐。而在光绪身上，"五伦"基本上是一伦也不伦。所以说，光绪的宫廷生活简直像蹲监狱一样，痛苦、无助。

在痛苦、无助的生活中，只有老师能给他带来一些人间温暖。在历史上，像光绪这样与老师感情很深并且信任老师的皇帝，并不多见。

按照清朝皇室的规定，皇子6岁上学。载湉入宫时间是同治十三年，第二年（光绪元年）正月二十日，光绪在太和殿举行继位大典。光绪二年四月二十一日，光绪帝开始在毓庆宫上学，这一年他虚岁六岁，足岁只有四岁半。直到光绪二十三年正月，毓庆宫被慈禧下令裁撤，光绪一直在此读书、学习。光绪的汉文师傅很有几个，如翁同龢、夏同善、孙家鼐、孙诒经、张家襄等，另外还有一些御前大臣，主要教他学满语文、蒙古语文和骑射。他刚开始的师傅是翁同龢和夏同善。翁同龢主要教他识字，夏同善主要教他书法。夏同善是浙江人，由于地方口音较重，光绪听起来很吃力。不久，夏同善担任江苏学政，空出的位置由孙家鼐接替。在光绪的师傅中，只有翁同龢与孙家鼐陪伴他时间最长，感情也最深。但是，他的师傅的下场都不太幸运："夏公出为学政，薨于外；仁和孙公以失旨出书房；翁相国以罪去；独孙相国恩礼始终

无间云。”[①]戊戌变法第5天，翁同龢就被罢官赶回原籍，此后，唯有孙家鼐一直陪伴着光绪，并白发人送黑发人，为光绪皇帝送终。

光绪读书很用功，连慈禧都夸赞他：“实在好学，坐、立、卧皆诵书及诗。”在培养光绪帝的维新思想上，孙家鼐与翁同龢一样，起到了巨大作用。

例证之一，光绪二十年(1894年)，郑观应完成了维新巨著《盛世危言》。1896年9月，他委托陈炽转送孙家鼐一部新增订的《盛世危言》、书信及《时事急务条陈》、日本《教育法规类钞》[②]等。孙家鼐也两次在光绪面前高度评价《盛世危言》。光绪帝深表赞许，命令总署印刷2 000部，分发给大臣们学习、研究。

例证之二，光绪二十一年九月(1895年10月)，李提摩太到达北京，专门拜访李鸿章、翁同龢、孙家鼐等人，广泛宣传变法主张。他特意请孙家鼐帮忙，将自己的新著《现代教育》等呈送皇上。李提摩太对孙家鼐印象深刻。在《亲历晚清四十五年》一书中回忆说：“改革维新派强学会得到了总署大臣翁同龢与皇帝的师傅孙家鼐的同情和支持。……我发现，他(指孙家鼐)是所有中国官员中最有教养、最具绅士风度的人之一。第一次见面时，他告诉我，有两个月的时间，他每天都为皇上读我翻译的麦肯西的《泰西新史揽要》。”[③]

例证之三，光绪二十四年五月二十九日(1898年7月17日)，孙家鼐上了一道《请饬刷印〈校邠庐抗议〉颁行疏》，曾回忆说：“臣昔侍从书斋，曾以原任詹事府中允冯桂芬《校邠庐抗议》一书进呈，又以安徽青阳县知县汤寿潜《危言》进呈，又以候选道郑观应《盛世危言》进呈，其书皆主变法，臣亦欲皇上留心阅看，采择施行……”[④]了解他的人也说，孙家鼐对《校邠庐抗议》“有偏嗜，平日固不离左右”[⑤]。

① 李春光：《清代各类人物的遗闻轶事》，第一册，中国社会科学出版社，2005年版，第1页。

② 郑观应：《上孙燮臣师相论出洋肄业生书》，夏东元编：《郑观应集》(下册)，上海人民出版社，1982年版，第190页。

③ [英]李提摩太：《亲历晚清四十五年》，天津人民出版社，2005年版，第238—239页。

④ 孙家鼐：《请饬刷印〈校邠庐抗议〉颁行疏》，中国史学会主编：《戊戌变法》第二册，上海人民出版社，1957年版，第430页。

⑤ 刘声木：《苌楚斋随笔.〈校邠庐抗议〉》，中国史学会主编：《戊戌变法》第四册，上海人民出版社，1957年版，第240页。

（二）对于变法，作出了理性思考和具体贡献

高拜石在《新编古春风楼琐记》里坦言："德宗愤于败衄，锐意维新，士夫亦争言自强。（孙）家鼐持变法之说最早，所重在裕民生、通民隐，采西法以兴实业。"①事实正是如此。1895年8月，康有为成立强学会，孙家鼐不仅与李鸿藻、翁同龢等一同参加，而且在安徽会馆里帮助强学会解决了办公场所。1896年1月21日，强学会遭到弹劾时，"高阳（军机大臣李鸿藻）赴陵差未回，常熟（翁同龢）嘿不一言，至有此事。次日，常熟见人推之两邸，而为诸人抱屈。阅数日，寿州（孙家鼐）言事无妨，上（光绪帝）已询彼（孙家鼐）力言其诬，且谓事实有益，上悔行之不当……"②后来，皇上做了弥补，将强学会以官书局的名义保留下来，并任命孙家鼐为管理官书局大臣。

戊戌变法的帷幕拉开后，孙家鼐积极支持，多次建言献策。比如，五月二十九日（7月17日），他连上三折，对于促进维新大业健康发展意义深远。

第一件，向光绪帝上了一道《请严旨禁悖书折》，对断章取义搞著述、四处树敌的康梁派予以警告。孙家鼐写道："臣阅读康有为的《孔子改制考》……臣以为，康有为书中，凡有关孔子改制称王等字样，应该明降谕旨，亟令删除，实于人心风俗大有关系。"光绪当即降旨："著孙家鼐传知康有为遵照。"

第二件，上了一道《请饬刷印〈校邠庐抗议〉颁行疏》："臣观冯桂芬、汤寿潜、郑观应三人之书，以冯桂芬《校邠庐抗议》为精密。……拟请饬下直隶总督刷印一二千部，交军机处，再请皇上发交部院卿寺堂司各官，发到后，限十日，令堂司各官，将其书中某条可行，某条不可行，一一签出，或各注简明论说，由各堂官送还军机处，择其鉴出可行之多者，由军机大臣进呈御览，请旨施行。"孙家鼐的建议，可以说是一箭三雕：一是为变法提供理论依据，进行思想

---

① 高拜石：《帝王师——孙家鼐持正不阿》，《新编古春风楼琐记》，作家出版社，2003年版，第363页。

② 转引自刘高：《北京戊戌变法史》，燕山出版社，2001年版，第100页。

发动；二是在朝廷重臣中大张旗鼓、光明正大地进行一次“火力侦察”，借“加签”了解每个人对变法的真实想法，为光绪帝选贤任能提供参考；三是广开言路，让大家借“简明论说”为变法事业献计献策。光绪当即批准。8月1日，又令将《校邠庐抗议》发各衙门加签。戊戌变法夭折时，慈禧下令清理光绪宫中的新政档案，对孙家鼐的此举“深为不悦”，“慈圣闻之，微愠云：‘不意孙家鼐亦附和。’外间揣测，以为公将得罪。是时，公为吏部尚书，兼管顺天府尹。”①

第三件，上了一道《请先行指派官房开办大学堂片》。他认为，以当时的财力、办事效率和新旧对峙，建设一座“规模宏远”的京师大学堂，三年五载也难以实现。夜长难免梦多。不如因时制宜，利用闲置的公房把大学堂先办起来，然后再摸着石头过河，不断加以完善。光绪帝甚为欣赏，当即下令：“著（总署王大臣）奕劻、（礼部尚书）许应骙迅即查照办理。”六月初二（7月20日），奕劻、许应骙上了一道奏折，建议将地安门内马神庙空闲府第和嘉公主府修葺一新，作为大学堂校园，光绪当即批准。于是，大学堂基建工程得以开工兴建。

同时，光绪帝在康梁等人“大变、快变、早变”的激进理论影响下，“流星雨”似的颁布诏书，出现了急于求成的问题，孙家鼐忧心忡忡地提醒道：“变法自强，宜统筹全局，分别轻重缓急，谋定后动。比如人患痿痹之症，宜审周身脉络，次第施治，自能日起有功。否则，急求愈病，药饵杂投，病未去而元气伤，非医之良者。”②希望引起重视，但光绪就像一匹高速奔跑的烈马，已听不进任何逆耳忠言，对此，孙家鼐只能是深感无奈，仰天长叹。

（三）创立新的教育体系，促进中国教育转型

晚清教育，由于教学内容基本都是“四书五经”，教育方法是死记硬背，教育目标是考取功名。所以，清廷“官惟无耻，故不学军旅，而敢于掌兵；不

① 刘体智：《异辞录》，台北文海出版社，1968年版，第331页。

② 孙家鼐：《请饬刷印〈校邠庐抗议〉颁行疏》，中国史学会主编：《戊戌变法》第二册，上海人民出版社，1957年版，第430页。

谙会计，而敢于理财；不习法律，而敢于司；……接见西官，栗栗变色，听言若闻雷，睹颜若谈虎”①。很多有识之士相继提出了尖锐批评，并建议与时俱进，创建新型的、与世界接轨的教育体系。

作为科举骄子，又多次担任乡试主考、会试总裁，孙家鼐不仅洞察“国学”教育的弊端，而且对洋务运动的教育模式也有足够清醒的认识，并旗帜鲜明地提出了批评。光绪二十二年七月（1896 年 8 月），他在《议复开办京师大学堂折》中指出：“独是中国京师建立学堂，为各国通商以来仅有之创举，苟仅援前此官学义学之例，师徒授受以经义帖括，猎取科名，亦复何裨大局？即如总署、同文馆、各省广方言馆之式，斤斤于文字语言，充其量不过得数十翻译人才而止。福建之船政学堂、江南制造局学堂及南北洋水师武备各学堂，皆囿于一才一艺……此中国旧设之学堂，不能仿照办理也。”

1898 年 7 月 3 日，孙家鼐出任管学大臣，肩负变法急先锋的重任，“是时管学大臣之权限，不专管理京师大学堂，并节制各省所设之学堂。实以大学校长兼全国教育部长之职权”。作为大学校长，他要创办中国第一所国立综合性大学——京师大学堂；作为首任教育部长，他还要管理各地新式学堂，构建新的教育体系。于是，孙家鼐“每日会集办事各员，公同核议，虽不在学堂办事之人，亦多方咨访，广集众思。总期受以虚心，任以实心，持以公心，矢以诚心，博取众长，折衷一是”。他顺应时代潮流，在汲取各方面智慧的基础上，对中国陈旧的国学教育体制进行了大刀阔斧式的改革，推进了中国教育的近代化，促进了中国教育与世界教育的全面接轨。

六月十七日（8 月 4 日），孙家鼐在《议覆五城建立小学堂疏》中说：“近年刑部候补主事张元济、户部候补郎中王宗基皆自行筹费创立学堂，肄业者颇称踊跃。……至顺天府地方，臣原有设立小学堂之意……”光绪当即下谕：“京师现已设立大学堂，其京外学堂亦应及时创立，俾京外举贡生监等一体入学，广为造就，以备升入大学堂之选。”

六月二十二日（8 月 9 日），孙家鼐在《奏覆筹办大学堂情形折》中建议：

① 梁启超：《知耻学会叙》，《时务报》，1897 年 9 月 26 日。

“进士、举人出身之京官，拟立仕学院也。……其入学者，专为习西学而来，宜听其习西学之专门。”教习对于仕学生采用的“互相讨论，坐而论道”，其设置规格、教学方法，有些类似于现在的研究生教育。

七月初五日（8月21日），他上了《奏覆须多设中小学堂折》：“开办大学堂，必须多办中学堂、小学堂，以便取材。”“皇上垂意大学堂，将以造就通达时务之才，而大学堂肄业必由中学小学以次而升。”所以，他建议多设中小学堂，以便于为大学提供充足、高质量的学苗。

八月初四日（9月19日），孙家鼐连上数奏，即请奖杨锐等设立蜀学堂折，与顺天府尹胡燏棻联名请在顺天设立中学堂折，请皇上饬令内务府将地安门外兵将局抄产官房拨款给顺天府设立中学堂，并准予在顺天府属各州县选拔学生就学，以“广育人才”。

十一月二十七日（1899年1月8日），他根据《京师大学堂章程》第二节规定“各省学堂皆归大学堂统辖”，咨行各省送交学堂章程等文中称：“……现在京师大学堂业已开办。各省会暨外府州县，所有已设之学堂，均须将学堂章程、教习姓名、学生额数咨送本大学堂，以便核考……”①

光绪二十九年十一月（1904年1月），清廷新设学部，主管全国的教育，孙家鼐奉命任首位学务大臣，成为名副其实的教育部长。“当时学部没有设立直省，各种学风庞杂，自从孙家鼐管理学部后，裁度规章，折衷中外，严定宗旨，一以敦行实学为主，海内学风，为之一靖。”②

由此可见，孙家鼐为创建新型的小学、中学、大学乃至研究生院（时称仕学院）教育体系，培养复合型人才，作出了开拓性贡献。

（四）创办京师大学堂，捍卫变法成果

北大学子、教授许德珩在《北京大学校史·序》中指出：“京师大学堂本

① 北京大学校史研究室编：《北京大学史料》，第一卷，北京大学出版社，1993年版，第288页。
② 汤一介编：《北大校长与中国文化》，北京大学出版社，1998年版，第18页。

身就是戊戌变法运动的产物，是维新派克服了顽固守旧势力的重重阻挠和反对才创立起来的。”这一论断，是非常切合实际的。

创建京师大学堂的动议，好多人曾提了好多年。在戊戌变法前两年，光绪帝就专门下谕，要求孙家鼐筹办。但是，由于恭亲王奕䜣和军机大臣刚毅等大臣们以经费困难等为借口主张“缓办”，使筹办工作搁浅。1898 年 6 月 11 日，光绪帝颁布《明定国是诏》，正式宣布变法，并将创建京师大学堂写进了诏书。于是，京师大学堂作为“天字第一号”工程正式上马。据统计，在 103 天的变法时段内，光绪帝“令如流水”“书朝上而电夕下”，连续颁布 230 多道除旧布新的上谕，事关京师大学堂的竟有 15 道之多，而且大都是当天奏报，当天拍板。可见光绪对创建京师大学堂的重视程度。

9 月 21 日，慈禧太后收回了赋予光绪的所有事权，戊戌变法夭折了。慈禧太后“罢新法，悉复旧制”，刚毅、徐桐等人坚决要求取缔尚未开办的京师大学堂，但是，12 月 31 日，京师大学堂却正式开学。在“北京尘天粪地之中，所留一线光明，独有大学堂一举而已”。原因何在？经过考证，我认为，这是由于孙家鼐出于巩固维新成果、推进民族进步的思考，甘冒腥风血雨，不顾身家性命，动员丁韪良出面，以“外洋各教习均已延订，势难中止”“所以不能径废”①“查禁大学堂，将会在外国人面前丢面子”等理由，游说开明政客荣禄，荣禄进而说服慈禧，她才网开一面，使京师大学堂幸免于难。

京师大学堂的幸存，意义重大。罗筠筠在《教育改革乃强国之本》中指出：“由于他（孙家鼐）在政界与学术界的威望，他一手筹办了中国第一所综合性的大学，这在中国文化史和教育史上有不可磨灭的贡献。”②

先有京师大学堂，后有北大美名扬。如果没有京师大学堂这个基础，北京大学是否会创建、是否会在中国近现代化进程中发挥那么大的作用，需要打个大大的问号。而且，京师大学堂的幸存，不单是一个北京大学的问题，因为京师大学堂作为基础和摇篮，还孕育出北京师范大学、中国医科大学、

① 《北京大学堂述闻》，《国闻报》，1898 年 12 月 6 日。

② 汤一介编：《北大校长与中国文化》，北京大学出版社，1998 年版，第 25 页。

中国政法大学、中国农业大学、中国地质大学等多所名牌高校，如果把与京师大学堂有渊源关系的高校排列出来，其数量、质量都是惊人的。其中，北京师范大学、中国医科大学、中国政法大学等高校的前身，还是在孙家鼐的直接领导或鼓动下创建的。

（五）眼界高远，开“兼容并包”教育思想之先河

思想自由、百家争鸣，是中华文明领先世界、灿烂辉煌的基石。但是，自西汉以来，董仲舒提出的“罢黜百家，独尊儒术”主张，被历朝统治者所采纳，学生们学的大多是汉代以前的四书五经，“诸生往往皓首而不能穷经”（孙家鼐语），学用脱节，消磨了多少代人的大好年华？此后，中华文明步入了一条“死胡同”，思想被禁锢，智慧被压抑，就像一个长期吃偏食的孩子，越来越发育不良，智商和综合素质大受影响。第一次鸦片战争后，中国屡战屡败，丧权辱国，病根就在于此。

戊戌变法期间，康梁派出于私欲，利用所把持的编译局编写教材的机会，任意篡改经典、排除异己学说，产生了恶劣的社会影响。针对这一问题，孙家鼐在《奏覆筹办大学堂情形折》中予以严厉批评：“若以一人之私见，任意删节割裂经文，士论必多不服。”他还以史为鉴，对这种“学霸”作风予以痛斥：“昔宋王安石变法，创立三经新义，颁行学官，卒以祸。宋南渡后旋即废斥，至今学者犹垢病其书，可为殷鉴。”在此基础上，他提出了“盖学问乃天下万世之公理，必不可以一家之学而范围天下”的教育思想。或许可以这么理解，1916 年 12 月，蔡元培担任北大校长时所倡导的“思想自由，兼容并包”的办学方针，正是对孙家鼐“学问不可以一家之学而范围天下”教育思想的直接传承和发扬光大。

为了做到学以致用、专才专用，孙家鼐还建议朝廷采取长效机制，使“学政治者归吏部，学商务、矿务者归户部，学法律者归刑部，学兵制者归兵部及水陆军营，学制造者归工部及各制造局，学语言、文字、公法者归总署及使馆

参随，终身迁移不出本衙门”。这些思想，至今也未过时啊。

（六）倡开官报，并提倡自由办报

报纸，是世界近代化的产物。中国的报纸，是西方的舶来品。古代，中国也有“邸报”“朝报”“邸抄”“进奏院状”“状报”等，但是，它们还不具备报纸的新闻特征，因为它们的任务主要是刊发诏书命令，皇帝的起居言行，中央政府的法令、公报等，而不是进行思想、文化和信息交流。

1896 年 1 月 12 日，上海强学会的机关报《强学报》创刊。为了这张报纸，两江总督张之洞拿出 1 500 两白银作为开办费。不久，强学会受到弹劾被查禁。黄遵宪又联合汪康年、梁启超等人，利用办《强学报》剩下的 1 200 两白银，创办了《时务报》，在张之洞等地方官员的大力支持下，《时务报》风靡一时。

1898 年 7 月，变法进入到关键阶段，康梁等人喊出了“新旧水火不容”“变也变，不变也变”等激进口号，并提出“弃旧京”“营新都于江南”和“易服”“改元”等激进主张，一时间，人心浮动，天怒人怨，使得一向支持康梁变法的张之洞、陈宝箴等人纷纷站了出来，表示反对。康党陷入了空前的孤立境地。

另一方面，维新派又发生了《时务报》内耗战，康梁与汪康年互相攻击，阵角大乱。为了夺得《时务报》大权，降服汪康年，康有为代御使宋伯鲁起草《请改〈时务报〉为官报折》，企图借刀杀人。见到奏折，光绪帝一时拿不定主意，让孙家鼐“议覆”。7 月 15 日，孙家鼐上报了自己的研究结果：自古圣帝明王，未有不通达下情而可臻上理者。“泰西报馆林立，人人阅报，其报能上达于君主，亦不问可知。”[①]为沟通民情起见，应开办官报。而且，只将《时务报》改为官报还不够，还应命令天津、上海、湖北、广东等地的督抚，将各地报纸呈送皇上御览。

另外，当年总署在《章程》中要求报纸不准议论时政，不准臧否人物，只

---

① 中国史学会主编：《戊戌变法》第二册，上海人民出版社，1957 年版，第 436 页。

能翻译外国之事，“今新开官报，既得随时进呈，胪陈利弊，将来官书局报亦请开除禁忌，仿陈诗之观风，准乡校之议政。”①实际上就是提倡言论自由、自由办报。这些思想，十分宝贵。孙家鼐在“议覆”中还建议：将《时务报》改为官办，派康有为督办其事。其目的有二：一是发挥康有为的宣传家特长，让他人尽其才；二是巧妙地把康有为撵出京城，以减少他的激进言行给变法造成的负面影响。接到孙家鼐的“议覆”，光绪帝当即批准。

（七）身先士卒，堪称民族工商业的先驱之一

作为一名朝廷重臣和改革家，孙家鼐却不像晚年的李鸿章那样投机取巧，甘当奴才；也不像翁同龢那样，得意忘形，“喜怒见形于词色，渐露揽权狂悖情状”；更不像王文韶那样，饱食终日，无所用心，八面玲珑。他所信奉的政治哲学是“臣观今之中国，虽云削弱，而地大物博，确然可以振兴。惟是为政之道，不在徒托空言，而在力行实政。果能刑政修明，外侮亦将心慑。”

戊戌变法进行了两个月，光绪帝突然发现，自己的上谕“出不了中南海”，即使发布出去，也是废纸一张，各地总督、巡抚等并不认真落实。光绪帝异常震怒，1898 年 8 月 26 日，他严旨切责两江总督刘坤一、两广总督谭钟麟：“倘再籍词宕延，必定予以严惩。”②次日，又严厉要求各地督抚凡交查各件，皆须迅速具奏。政令不行，让身在局中的梁启超感慨万千：“自四月以来，明诏累下，举行新政，责成督抚，而除湖南巡抚陈宝箴外，寡有能奉行诏书者。”③

相比之下，倒是师傅孙家鼐不顾年高体衰、百事缠身，积极践行维新举措。在认真履行管学大臣职责的同时，他还积极投身于振兴民族工商业的实践中。6 月 20 日和 7 月 12 日，光绪帝分别颁布“发展农工商”和“奖励

① 孙家鼐：《奏遵议上海〈时务报〉改为官报折》，中国史学会编：《戊戌变法》第二册，神州国光社，1953 年版，第 432 页。

② 朱寿朋：《光绪朝东华录》第四册，中华书局，1984 年版，第 4164 页。

③ 梁启超：《戊戌政变记》，《饮冰室合集・专集之一》，1954 年版，第 40 页。

发明”新举措，要“提挈工商”，鼓励民族工商业的发展。不久，孙家鼐就与安阳巨绅马吉森等集资150万银元，创建了安阳广益纱厂。1903年开机生产，时有纱锭2.5万枚，工人2 000余人，是中国近代纺织工业创业最早、规模最大的厂家之一。

1898年，在孙家鼐的支持、参与下，其侄孙孙多鑫、孙多森领衔在上海创办国内第一家机制面粉厂“阜丰面粉公司”，股金为30万两白银。1900年建成投产，后来，规模不断扩大，生产能力曾位居远东第一，其经济实力比同在上海的荣氏家族的面粉企业还要大。

在其他领域，孙家鼐及其家族也是不断开拓，贡献巨大。史料记载，孙家鼐及其家族投资的著名企业有中孚银行、唐山启新洋灰公司、京师自来水公司、井陉矿务局、滦州矿务公司、山东烟台通益精盐公司、河南新乡通丰面粉厂等，孙家鼐堪称民族工商业的先行者之一。

孙家鼐为政清廉，开拓进取，求真务实，受到了同代人的高度评价。1909年11月29日，孙家鼐死在任上，可谓鞠躬尽瘁，死而后已，皇帝赐其谥号“文正”。自宋代以后，“文正”便是朝廷对大臣死后的最高谥号（荣誉称号）。宋代，司马光、范仲淹等3人获得“文正”谥号；明代，获得“文正”谥号者仅2人。在清朝近三百年的历史上，只有曾国藩、李鸿藻等8人获赠“文正”谥号。孙家鼐是清朝，也是中国历史上最后一个享有“文正”殊荣的人。

当然，作为封建末期的大官僚，孙家鼐身上也有着明显的历史局限性。比如，他的忠君思想比较浓重，一言一行，都是为了维护满清的统治。他做事比较圆滑，在处理天津杨翠喜案件①时，大事化小，小事化了，不能秉公执

① 光绪三十三年三月初，东三省官制由将军制改为督抚制，段芝贵以布政使衔署理黑龙江巡抚。朝野议论纷纷，一个四品道员怎么能连升三级，成为从二品的地方大员？不久，御史赵启霖、军机大臣瞿鸿禨等连上奏折，指出：袁世凯党人、天津巡警总办段芝贵用1.2万两白银，为19岁的天津歌妓杨翠喜赎身，送给农工商部尚书载振，借此攀附其父庆亲王、领班军机大臣奕劻；又利用庆亲王做寿之机，献上10万两白银厚礼，买得此官。事情败露，朝廷派醇亲王载沣和大学士孙家鼐查办。由于袁世凯等人做了手脚，也由于载沣和孙家鼐深知慈禧太后并非真要追责自己宠信的庆亲王，于是敷衍了事，轰动全国的大案不了了之。此案的结局是：载振辞职；袁世凯被迫解职，回乡养病；段芝贵被罢官；赵启霖即行革职，永不再用；瞿鸿禨被罢免。而蠹国巨贪庆亲王却毫发未动。腐败是封建专制政权腐朽性的外显，又催化了封建专制政权的腐朽。这场闹剧擦亮了人民的眼睛，也加快了清王朝灭亡的步伐。

法，等等。但瑕不掩瑜，孙家鼐的历史性贡献是十分宝贵的，他在戊戌变法时期所表现出的改革家优秀品质，对于后人仍有很大的启迪、借鉴价值。

（原载《江汉大学学报》人文科学版，2009 年 2 月，第一期）

二

创办京师大学堂立头功

今年是北京大学 120 周年华诞。北大的前身，是 1898 年创建的第一所国立综合性大学——京师大学堂。1898 年 6 月 11 日，创建京师大学堂被写进了变法宣言书《明定国是诏》，成为维新第一举措。9 月 21 日，慈禧太后收回了光绪皇帝的事权，第三次训政，戊戌变法只进行了 103 天就夭折了。守旧派卷土重来，犹如一场雹灾，将变法成果一扫而光。12 月 31 日，也就是戊戌变法百日后，京师大学堂却正式开学了。

京师大学堂大难不死，已属奇迹；排除阻力，开班授徒，更是奇中之奇。作为中国近代史上的重大谜团，一直受到学术界的重视，虽提出了多种假说，至今尚无定论。经过多年研究，我认为，京师大学堂大难不死之谜与孙家鼐有着千丝万缕的联系。

孕育之功：新式学堂早筹划

创建一所大学，对于现在的中国来说，并非难事。而对于当时的晚清政府，却是举步维艰，争吵了十几年，也没建成。

早在 1882 年，曾出使过俄国的王之春在《广学校篇》中指出："西学规例极为详备，国中男女老幼，无论贵贱，自王子以至于庶人，至七八岁皆入学……乡塾之上有郡学院，再上有实学院，再进为仕学院，然后入大学院。"王之春将近代大学的概念介绍到中国。随后，薛福成、郑观应、胡熵棻等对于改革腐朽的教育模式、创建与世界接轨的近代教育体系多有论述，多次提倡。

甲午战败，丧权辱国，朝野震惊。创建新式学堂，培养新型人才以拯救国家，成为仁人志士的共识之一。1896 年 2 月，管理官书局大臣孙家鼐上奏《官书局章程》，提出“藏书籍”“刊书籍”等七项职责，其中，第四项就是“拟设学堂一所”。同年 6 月，刑部左侍郎李端棻上了《奏请推广学校折》，进一步提出：“自京师以及各省府州县皆设学堂……京师大学，选举贡监生年三十以下者入学，其京官愿学者听之。”在首都创建京师大学堂的宏伟蓝图，终于浮出水面。总理各国事务衙门（也称总署）根据上谕，对李端棻的奏折进行了议复，认为“该侍郎所请于京师建设大学堂，系为扩充官书局起见，应请旨饬下管理书局大臣察度情形，妥善办理”。

接到总署踢过来的“皮球”，一向“最称拘谨”、见事就谦让的孙家鼐当即表示：“学堂……亦即官书局分内应办之事。”他清醒地意识到“泰西各国……凌抗中朝，莘莘群才，取之宫中而皆备，非仅恃船坚炮利为也”“非有人才，不能自立”，于是，他迅速“与在局诸臣悉心筹议”，狠抓落实。在《议复开办京师大学堂折》中，他毫不客气地批评了中国陈旧的国学教育模式和华而不实的洋务学堂：“中国京师建立学堂，为各国通商以来仅有之创举，苟仅援引此官学、义学之例，师徒授受以经义帖括，猎取科名，亦复何裨大局？即如总署、同文馆、各省广方言馆之式，斤斤于语言文字，充其量不过得数十翻译人才而止。福建之船政学堂、江南制造局学堂及南北洋海军武备各学堂，皆囿于一才一艺，即稍有成就，多不明大体，先厌华风，故办理垂数十年，欲求一缓急可恃之才而竟不可得者，所以教之之道，固有未尽也。此中国旧设之学堂，不能仿照办理也。”

在此基础上，他又以开拓创新、再造人文的博大气派，提出了全新设想。在办学宗旨上，他认为：“今中国创立京师大学堂，自以中学为主，西学为辅；中学为体，西学为用。中学有未备者，以西学补之；中学有失传者，以西学还之。以中学包罗西学，不能以西学凌驾中学……”在校园建设上，他以妙笔勾画了一幅现代大学才有的愿景：“先建大学堂一区……堂之四周，仍多留隙地，种树莳花，以备日后扩充建设藏书楼、博物院之用。”在学科设置上，他坦言：“不立专门，终无心得。”在教学管理上，他建议：“大学堂内应延聘中、西总教习各二人。”在学习激励上，他破除了国家出资、学生免费求学的传统做法，规定：“四小学之学生……考取入学，自备薪水，数年后中西各学俱通，升入大学堂，始给薪水，以示鼓励。”

遗憾的是，守旧派以经费不足等为借口，再次将这些新举措束之高阁。

开山之功：受命于危难之际

1898年春，维新运动再次高涨，光绪帝顺应时代潮流，经慈禧太后的同意，颁布《明定国是诏》，拉开了戊戌变法的帷幕。《明定国是诏》不过400多字，却以三分之一的篇幅论述京师大学堂：“京师大学堂为各行省之倡，尤应首先举办。著军机大臣、总理各国事务王大臣会同妥速议奏。”

就这样，创建京师大学堂作为变法的“天字第一号工程”，正式上马。

可是，时隔半月，仍不见总署大臣们的任何动作，创建京师大学堂又将成为一句空话。光绪帝怒不可遏，6月26日，他下了一道上谕：“前因京师大学堂为各省之倡，特降谕旨，令军机大臣、总理各国事务王大臣回同议奏，即著迅速复奏，毋再迟延。倘再仍前玩愒，并不依限复奏，定即从严惩处不贷。”

这下子，那些年迈、昏聩的总署大臣们才感到问题的严重性，急忙派员向鼓吹变法的康梁求援。康有为分身乏术，就让梁启超参考英国、美国、日本的大学章程，进行起草。梁启超吸取日本学规，参以本国情形，拟订了《京师大学堂章程》，共分8章52节。

7月3日，总署上报《筹办京师大学堂并拟学堂章程折》，当即得到批准。同时，皇上还任命时任吏部尚书、协办大学士的孙家鼐为管学大臣。由于管学大臣既担负着创建京师大学堂的重任，又兼负管理全国新式学堂的职责，所以，孙家鼐既是京师大学堂第一任校长，也是中国历史上第一位教育部长。

接到任命后，年已古稀的孙家鼐只争朝夕，“每日会集办事各员，公同核议，虽不在学堂办事之人，亦多方咨访，广集众思。总期受以虚心，任以实心，持以公心，矢以诚心，博取众长，折衷一是”。在孙家鼐的领导下，京师大学堂克服重重困难，排除干扰，快速推进。9月5日，上海的英文周报《北华捷报》报道说：“据北京方面报道，拟议中的京师大学堂已经得到了北京马神庙这座约有280个房间的大寺庙作为临时校址，但由于近来要到这所学校报名注册的进士、举人和秀才人数太多，所以，地方仍显得过于狭窄。”

天有不测之风云。9月21日，就在京师大学堂问世前夕，权欲熏心的慈禧太后撕去遮羞布，第三次训政，血腥镇压维新派，举国上下陷入巨大的白色恐怖之中。

救护之功：巧借外人之力

戊戌变法夭折后，京师大学堂为何幸存？后人提出了多种解释，有的说“萌芽早，得不废”；有的认为“新的人才，旧办法是培养不出来的，只有改用新办法。慈禧太后之所以保留京师大学堂……可谓‘老谋深算’了”。

我认为，这些解释都站不住脚。

事实上，慈禧太后复辟后，刚毅、徐桐等守旧大臣坚决要求把京师大学堂扼杀在摇篮里。丁韪良在《北京围城》一书中回忆说，闻讯之后，他就去拜见太后宠臣、直隶总督兼北洋大臣荣禄，提出：查禁大学堂，将会在外国人面前丢面子。夏孙桐在《书孙文正公事》一文中披露，京师大学堂大难不死有“赖荣文忠（荣禄）调护”。2003年7月，北大史专家肖东华等在《风骨——从京师大学堂到老北大》中断言：“戊戌政变发生，旧党保持朝政，新政多被废除。独京师大学堂赖孙家鼐之力得以保全。”

这些论据零零散散，但一斑可窥全豹。经过研究，我推测，京师大学堂侥幸存活，极有可能是孙家鼐面授机宜，请西学总教习丁韪良出面游说荣禄

“因外洋各教习均已延订，势难中止”“所以不能径废”；荣禄进而说服慈禧手下留情，以免引发国际纠纷。理由如下：

丁韪良是孙家鼐亲自聘任的西学总教习，也是其直接下级。1898 年 8 月 9 日，孙家鼐在《奏筹办大学堂大概情形折》中奏报：“丁韪良在中国日久，亟望中国振兴，情愿照从前同文馆每月五百金之数，充大学堂西总教习。”并当面请求皇上赏给丁韪良二品顶戴。光绪帝当即批准。

丁韪良受聘后，其教学水平受到意大利、德国等驻华使节的质疑。9 月 23 日，意大利驻华公使专门给总署发来一个措辞严厉的《照会》：“此人前次误派同文馆，因其无能，则同文馆创设多年，至今并无成效之势。兹又闻此人管理新设大学堂……北京洋人无不甚诧，因何中国专派斯人管理大学堂。其人虽庄严恭敬，而实无一能，何能管理大皇帝专心关系之事?”接到总署转来的《照会》时，戊戌事变已经发生，举城弥漫着浓重的血腥味。在个人吉凶未卜的情况下，孙家鼐义正辞严地答复：“查本大臣办理大学堂，皆遵照贵衙门原奏章程，期于中外交涉语言文字相通而已，非必各国皆有教习也。且中外交涉者，共十余国。若各国皆荐教习，贵衙门何以应之?”这一答复，既捍卫了中国主权，也维护了丁韪良的尊严。

戊戌事变发生前夕，孙家鼐与丁韪良仍有往来。9 月 11 日，伊藤博文抵达天津。14 日，伊藤博文应光绪之邀入京。16 日，孙家鼐和顺天府尹胡燏棻宴请伊藤博文，有两人作陪，一个是李鸿章，另一个就是丁韪良。

由此可见，无论是从公从私，孙家鼐对丁韪良都有很大的影响力。丁韪良要完成说服朝廷、保护京师大学堂的“壮举”，必须得到与其关系融洽、与大学堂关系密切又熟知内情的朝廷重臣的指点。当时，唯有孙家鼐具备这些条件。联系到丁韪良在接受英文记者采访时，多次自称是京师大学堂校长等揽功情节，他在英文回忆录《北京围城》中，只谈自己、不谈孙家鼐的挽救京师大学堂之功，就不难理解了。

孙家鼐是晚清著名的教育家、开明而稳健的政治家。由于庚子事变中，京师大学堂和孙家鼐府第屡遭兵匪洗劫，史料荡然无存；多年来孙家鼐被视为“帝党中的右派”，评价较低，研究较少，所以，孙家鼐保全京师大学堂之功尚未发现直接史料。但是，假若上述分析站不住脚，我们不妨反躬自问：京师大学堂尚未开学，没有顶头上司的授意，丁韪良作为一个外国人会主动出击吗？如果京师大学堂存亡与己无关，那么，事变以后，京师大学堂多次受到守旧派的诋毁，为什么每次都是孙家鼐针锋相对，据理以争，才化险为夷？1899 年 7 月，在慈禧太后废立阴谋即将出笼的关键时刻，朝廷重臣"嘿无一言"，唯独孙家鼐冒着生命危险坚决说不，并辞职抗争，显示出高尚的节操。可以说，随着对孙家鼐研究的深入和新史料的发现，孙家鼐保全京师大学堂之功定会大白于天下。

（原载于 2008 年 8 月 29 日的《中国教育报》）

三

绝非政敌 堪称传奇

——孙家鼐与翁同龢的手足情谊初论

晚清时代，特别是清朝末期，正像每个王朝灭亡前夕那样，朝野都会出现一些显明的征兆：

民间，天灾人祸接二连三，人民流离失所，哀鸿遍野，各地的起义此起彼伏，太平天国还未剿灭，捻军又在淮河岸边揭竿而起；捻军被镇压，回民又在西北造反。官军疲于奔命，按下葫芦起了瓢，平定东方奔西方……

文臣武将都预感到大厦将倾，他们按捺不住心底的恐慌和树倒猢狲散的焦虑，纷纷卸下雍容华贵的面纱，在最后的机会里，能捞的大捞特捞，为今后未知的生活准备"越冬粮草"；捞少的或捞不到的，便痛下杀手，举报政敌，弹劾冤家。"同、光朝局，翁（同龢）久师保，罔不预闻，恭、醇二王隐争政柄，翁初善恭，而后附醇，既引（孙）毓汶，孙乃假醇去恭，并且去翁。恭本恶孙，昔予重谴，甲申易枢，正修其怨。其后起恭罢孙，翁为之主，乃有乙未之报；戊戌恭殁，未逾月而翁被逐，传者谓出遗命，孙实发之，亦可信也。光（绪）初训政，渐启门户，南沈（桂芬）北李（鸿藻），各有援引；二张（张佩纶、张之洞）标榜，互相倾轧，滇案越防，卒至十年而未已……"①同朝为官，仿佛是一只只性情暴烈的"乌眼鸡"，不闹个鱼死网破，谁也甭想落个消停。

"既生瑜，何生亮"，同行是冤家，这是人们经常挂在嘴上的一句口头禅，却是片面的。因为同行可以是冤家，也可以惺惺相惜，像李杜（唐朝李白、杜

① 金梁：《近世人物志》，转引自［台］高拜石：《新编古春风楼琐记》第三集，作家出版社，2005 年版，第 86 页。

甫)、苏黄(宋朝苏轼、黄庭坚),不就是生动的例证吗?由于孙家鼐、翁同龢皆为帝师,同朝为官多年,所以,有人撰文指出,他俩是一对政敌,表面上一团和气,暗地里互相倾轧。我认为,回到晚清历史现场看一看,从 1862 年 4 月 25 日(同治元年三月二十七日),翁同龢与孙家鼐(字燮臣)作为同考官,"晚与燮臣谈",两个人正式结交,到 1898 年 7 月 1 日,翁同龢被朝廷"开缺回籍",离开北京,长达 36 年。有足够的理由证明,就在洋务派、保守派、清流派,帝党、后党……争斗不息的乱局中,帝师、重臣孙家鼐、翁同龢却亲如手足,堪称知己。翁、孙是政敌之说,完全是站不住脚的。

罕见的"五同"

在中国历史上,同朝为官,经历惊人相似的,除了亲兄弟(如苏轼与苏辙等),可能就数孙家鼐与翁同龢这样的知交了。

一、出身相似,兄弟皆是折桂高手

据孙家鼐在殿试卷上亲笔填写的履历:"应殿试举人、臣孙家鼐,年叁拾一岁,安徽凤阳府寿州人,由拔贡生应咸丰元年顺天乡试中式,由举人应咸丰九年会试中式,恭应殿试。谨将三代脚色开具于后:曾祖士谦不仕,故;祖克伟不仕,故;父崇祖仕,故。"

孙家鼐的曾祖父、祖父,都是商人。从父亲孙崇祖开始投身科举,考取贡生①,后来由于教学成绩突出,逐级提拔,最后担任池州府教授②。

孙崇祖生育五子,个个都是读书苗子。长子家泽率先垂范,21 岁中举,24 岁考取进士,相继担任内阁中书、国史馆分校、礼部祠祭司主事。32 岁英

① 在科举制度中,生员(俗称秀才)一般都是隶属于本府、州、县学的,而考入京师国子监的生员,称作贡生,不再隶属于本地。

② 清朝,各府、厅、州、县都设立儒学。府、直隶厅的儒学中,学官叫教授,为正七品。教授除由次级升任之外,一般是由进士担任。教授不能在本籍任职,可在本省其他府、直隶厅儒学就职。而州学则称学正,县学官称教谕,都是正八品。

年早逝，著有《笔花轩经艺》。

次子家铎不甘落后，24 岁中举，26 岁金榜题名，担任江西广信府河口镇同知、瑞安府知府等职。同治十年（1871 年），与熊松之一起，编纂《高安县志》二十八卷（高安县城为瑞安府府衙所在地）。

三子家怿学业有成，31 岁成为举人，实授刑部员外郎、奉天司行走等职。光绪十九年（1893 年），编辑寿州《孙氏族谱》六卷。

四子家丞少年得志，入京朝考（大省 6 人，中省 4 人，小省 2 人），夺得一等优贡，当即被任命为浙江乐清知县①，后来任补用直隶州知州。他勤政爱民，循声卓著，工诗善文，著有《淮淝诗文稿》。

相比之下，翁同龢的出身更为高贵，兄弟三人，个个都非池中物。

翁同龢是江苏常熟人。曾祖父翁谦，布衣；祖父翁咸封，字子晋，号紫书，晚号潜虚，乾隆四十八年（1783 年）中举，嘉庆三年（1798 年）任海州（今江苏省连云港市）学正②，一待就是 12 年。由于收入菲薄，家庭负担重，常常喝菜糊糊充饥。他尽职尽责，鞠躬尽瘁，死在任上。海州人民为了纪念他，坚请朝廷，将他公举入祀海州名宦祠（学正官小职卑，本来没有入祀资格），予以纪念。

翁咸封的儿子翁心存（1791—1862），字二铭，号邃庵。道光二年（1822 年）进士。道光十七年（1837），任上书房师傅，直至升为总师傅，教授咸丰帝、恭亲王奕䜣、惠郡王绵愉等。晚年，又奉命入值弘德殿，侍读同治帝。历任工、刑、户等部尚书，成为朝廷重臣。咸丰八年（1858 年），官拜体仁阁大学士，显赫一时。死后，赠太子太保，谥文端，入祀贤良祠。著有《知止斋诗集》《翁心存日记》等。

---

① 当时候补官员众多，有的等了好几年，才能上任；更倒霉的是，有的人傻等一辈子，也没有等到一个位子。

② 明、清朝地方学校的学官，与训导共同负责州学的管理和教学。明朝，为正九品。清朝乾隆年间，升为正八品。学正与学政不是一回事。学政是提督学政的简称，主管一省的教育、科举，与按察使属于同级，正三品，为一省“三台”之一。“三台”即布政使（藩台）、按察使（臬台）、学政（学台）。学政是由朝廷委派到各省主持院试，并督察各地学官的官员，一般由翰林或进士出身的官员担任。有些学者研究问题浮光掠影，把学正与学政混为一谈，贻笑大方。

到了翁同龢这一代，常熟翁家更是名扬四海。

大哥翁同书（1810—1865），字祖庚，号药房。道光二十年（1840年）进士，曾任翰林院编修、贵州学政、詹事府任少詹事。咸丰八年（1858年），担任安徽巡抚，成为封疆大吏，期间，正是太平军血洗江淮大地之际，定远城失守时，他弃城逃到寿州，致使绅练仇杀，酿成轰动一时的“寿州血案”之事。寿州城陷后，奏报情形又前后矛盾，被曾国藩严词弹劾（据说是李鸿章奉命代为起草的），关押进京师死牢。次年，被发配新疆伊犁。后来病死在甘肃花马池，朝廷鉴于他在平定回族叛乱时有功，下令他开复原官，并追赠左都御史，赐谥号文勤。著有《药房诗文集》《文勤杂著》等。

二哥翁同爵（1814—1877），咸丰年间，由荫生而任兵部主事、盐运使等。同治朝以后，先后担任陕西布政使、湖北巡抚。著有《皇朝兵制考略》。

二、同是状元，属于同龄人

俗话说，后来者居上。这句话，在孙家鼐和翁同龢身上得以完美体现。

孙家鼐生于道光七年三月十二日（1827年4月7日），兄弟姐妹八人（五男三女），排行最小；而翁同龢生于道光十年四月二十七日（1830年5月19日），兄弟姐妹六人（四男二女，三哥早夭），排行也是最小。

咸丰元年（1851年），咸丰皇帝即位，在恩科①顺天府乡试中，25岁的孙家鼐成为举人。次年，是正科乡试，翁同龢也如愿中举。孙家鼐三哥家怿与本家哥哥家穀，双双中举，成为翁同龢的“年兄”。

到了咸丰六年（1856年，丙辰科），是正科会试。全国举子跃跃欲试，都希望金榜题名、一鸣惊人。翁同龢身在京城，作为额外主事，担任刑部江西司行走，每日公务之余，潜心功课，又得到身为帝师、时任户部右侍郎的老父亲的悉心指点，所以，对于这次大比志在必得。果然，他在殿试中一鸣惊人，夺得状元。

① 按照当时的规定，每逢子、午、卯、酉年，朝廷举行一次乡试、会试，称作正科。每次正科会试相隔三年。如果遇到新皇登基、朝廷庆典等重大活动，特别增加一次，称为“恩科”，以示皇恩浩荡、普天同庆。如正科与恩科合并举行，则称其为恩正并科。

本来，孙家鼐也是准备参加这次会试的。可是，“烽火照江水，戎马躏郊邑”。道光三十年十二月十日(1851年1月11日)，洪秀全领导万名拜上帝会信徒，在广西桂平金田村起义。随后，太平军自贫穷的西南杀向富庶的东南，所向披靡。1853年3月29日，定都江宁(今称南京)，更名天京。然后，太平军举师北伐，越过长江，向江北挺进。江淮之间，历来是兵家必争之地。与此同时，淮北地区爆发捻军起义，与太平军相互呼应，其势力波及皖、苏、鲁、豫等省，存在了18年之久。“自咸丰元年至同治六年，十七年间停科者共十四个省，除顺天、山西外，盖无有不停试之省。”(商衍鎏语)兵荒马乱的，各省的乡试都不得不停办，该省的举人进京之路中断，对于会试，举子们只好望京兴叹。

为了阻击太平军，绞杀捻军，湘军、安徽团练分别在曾国藩、袁甲三等人的指挥下，配合清军，在淮河两岸，与太平军、捻军展开拉锯战，连续几年，寿州地区烽烟四起、十室九空。孙家鼐作为寿州知州金光筯的幕僚，也参加了“剿匪”战争。连续三年，出生入死，耽误了丙辰科会试。假如咸丰六年，孙家鼐也进京赶考，是不是翁同龢独占鳌头，只有天知道。

到了咸丰九年(1859年，已未科)，太平天国经过几次内讧，元气大伤，局势已被清廷掌控。捻军也在清军的绞杀下，势力锐减。在家人、亲友的多次规劝下，孙家鼐抱着无所谓的态度，从容启程。答卷时，他不慌不忙，文思泉涌。三场考试下来，获得贡士，离进士仅有一步之遥。犹如研究生学历，要想获得硕士学位，还要通过论文答辩。而贡士迈向进士的最后一级台阶，是殿试，也就是在紫禁城的保和殿里，以皇上名义组织考试(有时，皇帝也会亲自到场监考)。很多人，就是因为这一步没迈好，而与进士失之交臂，落下终生遗憾。孙家鼐却已知足，因为能获得贡士，他已经可以向父老乡亲交差了。所以，他拿到殿试对策试题，认真地看了一遍，试题要求考生从崇学、课史、正儒、治军四个方面分别阐述自己的观点。他闭目思考了一下，几年来的战斗生活的磨砺，让他的视野更加开阔，思想更加成熟，分析问题、解决问题的能力明显提高。于是，他一气呵成，在雪白的考卷上留下了1970多个俊秀的楷书：

臣对。臣闻建极者敛福之原，知人者安民之本，学古者入官之要，整军者制胜之资。载稽往籍，《易》占进德，《书》纪奋庸，《礼》重上贤，《诗》歌整旅。古帝王握镜临宸，执枢斟化，以勤念典，则逊敏昭也；以励赞襄，则明良会也，以宏乐育，则陶淑周也；以诘戎兵，则承平奏也……

当科考试的前三名：状元孙家鼐、榜眼孙念祖、探花李文田。孙家鼐成为清朝安徽江北广大地区唯一的一个状元郎。而榜眼、探花后来也都成为晚清政坛上的佼佼者。其中，孙念祖担任过翰林院编修、湖北学政、贵州镇远府知府等，李文田官至礼部侍郎（从二品），是清代著名的蒙古史家和碑学名家。

三、同朝为官，都是官运亨通

在戏剧中，一个人一旦高中状元，便会由皇帝做主，招为驸马，青云直上。实际上，这种情况不能说没有，即使有，也是极少的。这是因为，一是科举考试，犹如彩票中大奖，比例很少：清朝276年间，全国两至三年举行一次大比，进士、同进士最多的一次是399人，最少一次仅有81人，平均每科二三百人左右，而当时全国人口有4亿之众，有资格参加会试的举人数以万计，难度可见一斑；而高中状元，好比是彩票中了亿量级的特等奖，一般学子不经过几十年的"头悬梁、锥刺骨"，休想金銮殿折桂。据统计，清朝状元夺魁时，平均年龄是35岁。而当时的婚龄普遍较早，18岁的男子，大都完婚。等考中状元，已经妻妾成群、儿孙满堂。皇帝的公主，都是金枝玉叶，岂肯下嫁给状元郎做陪房？

当然，考中状元，不仅名声好听，而且也很实惠，可以为今后的仕途晋升打下一个良好的平台：

按照规定，清朝科举分为院试（府级，由省里的提督学政主持，在各府、州或县举行，考生员即秀才，不算正式的科举考试）、乡试（省级，在各省省会举行，由皇帝任命的正、副主考官主持，考举人）、会试（集中全国举人会同考试，中央级，由礼部主持，皇帝挑选的德高望重的大臣监考，考贡士）、殿试（皇帝亲自出题，在保和殿举行，亲王大臣监试，读卷大臣负责阅卷，也叫御试、廷试、廷对等，考进士）。殿试之后，录取者分为三个档次：一甲三人（状元、榜眼、探花），赐进士及第；二甲一百人左右，赐进士出身；三甲人数最多，二百来人，赐同进士出身。

进士及第者，当即授官。状元授予翰林院修撰，从六品；榜眼、探花授予翰林院编修，正七品。

进士出身和同进士出身者，不能即时授官，而要在殿试后第三天，举行朝考，再分出三等。一等为庶吉士，约占参加考试总人数的二成，授予主事；其余的，分别授予内阁主事、知县分省即用等。很显然，主事的品级不可能高于正七品。据朱维铮考证，新科进士、未到任候补工部主事，康有为为正七品官职，在红顶如云、官大一品压死人的晚清京师政坛，康有为的官衔还处于候补、编外序列，其社会政治地位之低可想而知。

翰林院，是皇家储备人才之所，主要负责编修国史、编纂皇帝的起居注、进讲经史等。它的名声好听，却是个清水衙门，翰林的收入菲薄。但人们为何以翰林为荣呢？这是因为，翰林有机会接近皇帝，如得到皇上赏识，荣华富贵不在话下。如果被皇上派到各省担任学政或主考官，你不想发财都不行。翰林就像现在的领导秘书一样，是升官发财的一条终南捷径。而且，清朝政坛有个“潜规则”，当大学士的人，履历上大多要有“翰林”二字。

因此，翁同龢与孙家鼐两人高中状元以后，仕途上都是一帆风顺，步步高升：

	翁同龢			孙家鼐		
职务	年龄	距离科举时间	距离前次任职时间	年龄	距离科举时间	距离前次任职时间
学政	29岁	2年		33岁	5年	
日讲起居注官	33岁	6年	4年	42岁	9年	4年
上书房行走	39岁	12年	6年	42岁		
内阁学士	42岁	15年	3年	53岁	20年	1年
毓庆宫行走	47岁	20年	5年	52岁	19年	10年
刑部尚书	50岁	23年	3年	63岁	30年	10年
协办大学士	68岁	41年	18年	72岁	39年	9年
大学士				75岁	42年	4年

清随明制，实行的是“大部制”：吏、户、礼、兵、刑、工，不设宰相，六部直接对皇帝负责。六部尚书满、汉各一人，都是从一品，但“权归满人”，汉官只能仰人鼻息，听人摆弄。大学士(含协办大学士一个)6个位置，正一品，缺一个补一个，职级上相当于宰相，但并无宰相之实权。在官员众多、有人候补一辈子也捞不到一官半职的情况下，翁同龢与孙家鼐都用40年左右的时间(翁41年、孙39年)，分别走到位极人臣的大学士高位，除了他们自身的努力、时代的机遇等之外，与他俩的状元出身，不无关系。

四、同为帝师，共育明君

从当朝道德、文章俱佳的重臣中挑选师傅，教授年幼的皇帝、皇子，是封建王朝的传统。这样做的好处是，既使皇帝、皇子受到最好教育，又可以通过富有学识、从政经验的师傅的理论联系实际，传授治国理政的知识、智慧。这与教书匠“空对空”的教学方法是完全不同的。而当朝官员也都以“帝王师”为最高荣耀，趋之若鹜。不用说，成为“帝王师”，不仅光宗耀祖，而且也为今后的飞黄腾达铺平了道路。

道光二年(1822年)，31岁的翁心存考中进士，不久，他在大考中又脱颖而出，被破格提拔为中允(正六品官)，专门负责为皇后、太子提供各种服务。道光十七年(1837年)，他入值上书房，兢兢业业，诲人不倦，一直做到总师傅。在30年的“帝王师”生涯中，他先后授读、指导过咸丰帝奕詝、恭亲王奕䜣、惇亲王奕誴等，深受朝野器重。同治四年(1865年)，翁同龢被慈禧太后看好，子承父业，奉旨在弘德殿行走，授读同治帝，给他讲授《帝鉴图说》《圣祖廷训格言》《清朝开国方略》等，慈禧太后非常满意，多次表扬他“入值甚勤”“讲授有方”。

同治七年(1868年)九月，孙家鼐也奉旨来到上书房，教授惠亲王爱新觉罗·绵愉[①]的儿子奕询、奕谟。自此，孙家鼐与翁同龢成为同事。

---

① 爱新觉罗·绵愉(1814—1864)，嘉庆帝第五子，道光帝的弟弟。1853年10月29日，太平军北伐至北京门户天津，清廷震惊，以胜保为钦差大臣，后又任命惠亲王绵愉为奉命大将军、科尔沁郡王僧格林沁为参赞大臣，会同胜保“进剿”太平军。

但是，同治帝不爱读书，又时常闹病，上课无精打采，"精神散极，嬉笑言动，无可著力"，加上翁同龢与同事徐桐等矛盾日益突显，深感郁闷。1871年，母亲逝世，他按照规定，回籍丁忧①，正式离开上书房。

1875年1月25日，同治帝纵淫过度突患疾病，一命归西，年仅19岁。随后，年仅4岁的爱新觉罗·载湉即位，改年号光绪，史称光绪帝。他的父亲是醇亲王奕譞，生母叶赫那拉·婉贞为慈禧皇太后的亲妹妹。从婆家的角度看，奕譞为咸丰帝的异母弟，慈禧太后是光绪帝的婶婶；而从娘家的角度看，慈禧太后则是光绪帝的大姨妈。

光绪元年十二月（1876年1月），翁同龢意外地收到一道懿旨，令他去毓庆宫授读光绪帝。翁同龢掂量再三，又意外地上了一份奏折《为披沥下忱恳请两宫皇太后收回成命折》，婉言谢绝：

> ……臣衰疾之余，智力短浅，自问已难称职。若复缅颜就列，必至有负圣恩。惟有叩恳两宫皇太后收回恩命，别简贤能，臣不胜惶悚激切待命之至。

但是，慈禧太后坚决不允。胳膊拧不过大腿。翁同龢别无选择，只得走马上任，耐心地给小光绪讲解图文并茂的《帝鉴图说》。等光绪长大，又陆续讲授《四书》《左传》和《公羊》等国学经典……

三年后，孙家鼐奉懿旨，也担任了毓庆宫行走，翁、孙二人再度共事，一起担负起培养光绪帝的重任。

光绪帝的汉族师傅先后还有夏同善、张家襄、孙诒经等人，但翁同龢与孙家鼐同事时间最长，配合得也最为默契。从1879年至1894年间，每年两人的来往都有30多次。两人不仅向光绪帝系统传授儒家之经、帝王之术、治国之道，而且，还能与时俱进，结合时政和社会思潮，通过进呈新书等形式，

① 古代，父或母死后，子女需要守孝三年，官员必须离职以尽孝道，在此期间，要吃、住、睡在父或母坟前，不喝酒、不洗澡、不剃头、不更衣，不得行婚嫁之事，不预吉庆之典，并停止一切娱乐活动。

向光绪帝灌输新知识、新观念，为培养光绪帝的维新变法思想打下了坚实基础。翁同龢在日记中做了详细记载：

1885年4月，进呈魏源的《海国图志》；

1889年1月，进呈钱恂的《中外交涉表》；

1890年7月，进呈钱恂的《通商出入表》《关税出入表》，出国《游历诸臣日记》，曾纪泽荐呈汉译西学新书16种；

1893年4月，安排资深外交官张德彝①进讲西国近事；

1897年5月，进呈黄遵宪的《日本国志》……

由于义和团运动中，孙府遭到官兵、义和团员的洗劫，大量财物、图书、手稿等被劫走或烧毁。在培养、教育光绪帝时，孙家鼐做了哪些具体工作，目前能见到的证据不多，但也能一斑窥豹，说明问题：

其一，1871年7月25日（同治十年六月初八日）。“竟日浓阴欲雨。……邀孙燮臣便饭，主客二人，自戌初谈至亥正而散。燮臣以母老乞养，进退倬然，其议论和平中正，洵有道之士矣。……又曰：‘上果以尧舜汤武为心，必有尧舜汤武之佐。胆生于识，识生于上下千古之议论。’亦名言也。”②

尧舜是唐尧、虞舜的合称，都是远古传说中的圣主明君；汤武是商汤王、周武王的合称，都是替天行道，分别举兵推翻了残暴的夏桀王、商纣王，成为商、周的开国帝王。尧、舜、汤、武是有胆识、有作为、有创新精神的。作为帝师，孙家鼐坚信如果皇上“果以尧舜汤武为心”，那么，身旁就会出现像伊尹、姜尚这样忠心耿耿、才智超群的谋臣，辅佐他建功立业，名垂青史。一席话言简意赅，折射出孙家鼐胸怀大志、不甘守成的政治抱负。

---

① 张德彝（1847—1918），字在初，一字俊峰，祖籍盛京铁岭（今辽宁铁岭河西蔡牛乡张家庄），清初编入汉军镶黄旗。同治元年（1862年），考入京师同文馆，是该馆培养出的第一批译员之一。4年后，他便同中国近代第一个官方外派使团斌椿使团出访。随后40年，他虽然没有担任过驻外大使，却一直从事外交和外事活动。一生出国8次，在国外27年。每次出国，他都坚持记日记，依次成辑《航海述奇》《再述奇》《三述奇》《四述奇》……《八述奇》，共约200万字。

② 陈义杰整理：《翁同龢日记》第二册，中华书局，1989年版，第863页。

其二，1879年4月24日，《翁同龢日记》写道："读极顺，燮臣始将《大学衍义辑要》进讲。"《大学衍义辑要》（六卷）是由一代名宦陈宏谋编著。《清史稿·列传·陈宏谋传》评价道：

乾隆间论疆吏之贤者，尹继善与陈宏谋其最也。尹继善宽和敏达，临事恒若有余；宏谋劳心焦思，不遑夙夜，而民感之则同。宏谋学尤醇，所至惓惓民生风俗，古所谓大儒之效也。于义督军储、策水利，皆秩秩有条理。大受刚正，属吏惮之若神明，然论政重大体，非苟为苛察者比。允随镇南疆久，泽民之尤大者，航金沙江障洱海，去后民思，与江南之怀尹继善、陈宏谋略相等。

《大学》是儒家经典，与《中庸》《论语》《孟子》并称"四书"。《大学》提出的"三纲领"（明明德、亲民、止于至善）和"八条目"（格物、致知、诚意、正心、修身、齐家、治国、平天下），强调修身是治人的前提，修身的目的是为了治国、平天下，说明治国、平天下和个人的正心、修身是一致的。《大学衍义辑要》是研读《大学》的重要著作。同年11月18日，翁同龢在日记评价说："燮臣讲书详细也。"①对于为人比较挑剔的翁同龢来说，这一评语十分难得。

其三，1898年7月17日，百日维新进行期间，孙家鼐见康梁乱政企图日益现形，群臣莫衷一是，朝野乱作一团，变法缺乏理论指导，于是，上了一道《请饬刷印〈校邠庐抗议〉颁行疏》，建议将冯桂芬的《校邠庐抗议》②刷印一二千部，"发交部院卿寺堂司各官，发到后，限十日，令堂司各官，将其书中某条可行，某条可不行，一一签出；或各注简明论说，由各堂官送还军机处，择其

① 陈义杰整理：《翁同龢日记》第三册，中华书局，1989年版，第1387页。

② 《校邠庐抗议》是近代思想家冯桂芬的代表作。冯桂芬（1809—1874），字林一，号景亭。江苏吴县（今苏州）人。道光十二年（1833年），林则徐任江苏巡抚时，称赞他为"百年以来仅见"之人才，并招入抚署读书，收为学生。1840年（道光二十年），冯桂芬高中榜眼，授翰林院编修。1844年，任广西乡试正考官。咸丰三年（1853），太平天国定都南京，冯桂芬返回家乡兴办团练，收复松江府诸城升为詹事府右中允。后来前往上海，作为幕僚，协助李鸿章编练、指挥淮军。期间，他有感于国力衰败、政治腐朽、"五不如夷"（即船坚炮利不如夷、人无弃才不如夷、地无遗利不如夷、君民不隔不如夷、名实必符不如夷），写作《校邠庐抗议》一书，提出"采西学""制洋器""自强攘夷"等变法主张。

签出可行之多者，由军机大臣进呈御览，请旨施行。如此，则变法宜民，出于公论，庶几人情大顺，下令如流水之源也；且堂司各官签出论说，皇上亦可借以考其人之识见，尤为观人之一法”。在《请饬刷印〈校邠庐抗议〉颁行疏》中，孙家鼐回忆说：

臣昔侍从书斋，曾以原任詹事府中允冯桂芬《校邠庐抗议》一书进呈，又以安徽青阳县知县汤寿潜《危言》进呈，又以候选道郑观应《盛世危言》进呈，其书皆主变法，臣亦欲皇上留心阅看，采择施行。

这说明，早年间，孙家鼐也像翁同龢一样，陆续向光绪帝进呈了《校邠庐抗议》《危言》《盛世危言》等倡言变法的著述。

其四，李提摩太是著名的英国传教士，也是著名教育家，曾创办山西大学。在《亲历晚清四十五年》一书中，他回忆道：

(1895 年)10 月 12 日，我同光绪皇帝的师傅孙家鼐进行了一个多小时的谈话。接受了李鸿章总督的建议，我像跟皇帝本人谈话一样与他交谈。他是李鸿章的老乡，也是安徽人，当时已经有六十多岁。我发现，他是所有中国官员中最有教养、最具绅士风度的人之一。第一次见面时，他告诉我，有两个月的时间，他每天都为皇上读我翻译的麦肯西的《泰西新史揽要》。

这说明，作为帝师，孙家鼐在中外人士心目中的地位是崇高的，更说明，孙家鼐在培养光绪帝的变法思想、国际视野方面，与翁同龢一样，是一以贯之、不遗余力的。所以，在《新编古春风楼琐记》中，高拜石断定：“二人亦儒重忠悫，德宗得其濡沃（滋润，此指施教），锐意讲求新政，翁、孙实有以启之。”

五、忠君爱国，都有赤子之心

晚清时期，内忧外患接连不断，被人们称作中国“三千年未有之大变局”。犹如垂死之人，多症并发，即使扁鹊、华佗再生，也无回天之力。这一切都预示着，绵延几千年的封建专制制度，在波澜壮阔的时代大潮面前，即将退出历史舞台。

当局者迷。

作为朝廷重臣、光绪帝的左膀右臂，孙家鼐与翁同龢仍然兢兢业业、任劳任怨，并在一些关系到国家、民族命运的大是大非问题上，竭尽所能，忠君爱国。

民国年间，由著名学者丁祖荫主纂的《重修常昭合志·翁同龢传》指出：

> 同龢忠孝源清，读书靡不贯彻，尤邃于性理，屡司文柄，擢经术渊通之彦，平居延揽人才，虚心下士，一时叹为莫及。事亲竭终身之慕，忧国之心时见于词色。

由于“同龢以世受国恩，当时事艰难，投艰遗大，朝夕忧劳，冀得图报于万一。其在讲帷也，于列圣遗训、古今治乱，反复陈说，曲尽其理；其调和宫廷，以圣孝为本；其阐明政要，以忧勤为先。尤能真言极谏，造膝事秘，世莫得闻。章疏又强半焚稿”，所以，很多事情，不为外人所知。只有这么几件事，记录在案：“请止临幸王府，请罢修圆明园，请省宫禁一切工程，免外省传办各物，皆蒙嘉纳。”①每一件事，都是彪炳史册、造福国家的。

同样，孙家鼐为官数十年，位高权重，但“公每有建白，动关大计，不求人知，亦罕有知者”。而且，他的家曾经被兵痞和义和团洗劫过，作为侄女婿的龚心铭“获侍左右，每于燕间稍稍窥见一二，附志于此，以告海内有识之士”：

> 甲午之役，举朝言战，公独力言：衅不可开。平壤失挫，京师戒严，公又力阻迁都之议，卒赖以安向微。公言：根本动摇将至，不可收拾。

① ［台］高拜石：《新编古春风楼琐记》第三集，作家出版社，2005年版，第306—307页。

……若夫戊戌变法，公实主其议，而惟以正人心、遏乱萌为宗旨。盖公之于学无间中外新旧，要在放之而准，措之而安，初不为一身声誉计，故其思深虑远有如此者。①

在《异辞录》中，知情人刘体智②则写道：

甲午之后，慈眷大替，不得不屈于麟相。孙文正素性严正，戊戌变法，时有献替。及慈圣（即慈禧太后）听政，谗者以公曾进《校邠庐抗议》一书，遂有官制之改革，摭拾书中节目，上达天听。慈圣闻之，微愠云："不意孙家鼐亦附和。"外间揣测，以为公将得罪。是时公为吏部尚书，兼管顺天府尹。

还有一件事，更为具体、生动地反映了孙家鼐的国格：

1898年8月10日，孙家鼐突然接到总署的《为义国（即意大利）公使荐义国教习事咨大学堂》公文及抄件《义萨署使来照会》，《照会》写道："该章程各国言语教习内，并未载义国言语教习，此系遗忘无疑。义国之言，诸国中之最古最佳者也。……将来除英、俄、德等国言语之外，仍教义言，并请义师教授。"

一周后，总署又转来德国公使海靖的《照会》。海靖对京师大学堂教习分配方案说三道四："第五章第三节内，定设英文分教习十二人，英人、华人各六。德国分教习一人，或用德人，或用华人……查如此布置，实于均称相抵之道大有不符之处，且于中国国体自主权大有妨碍。"进而，他提出"瓜分"西学教习名额的无理要求："如各国文学共设教习十五人，均系五大国之人。若聘请德国教习三人，如此方为公允。又查，该章程内定，专门学校十种分教习各一人，共十人，内亦须聘请德国人二人。"

① 龚心铭编：《太傅孙文正公手书遗折稿·后记》，宣统元年（1909年）出版，影印本，第16页。
② 刘体智（1879—1963），安徽合肥人，系四川总督刘秉璋（1826—1905）之子，孙家鼐的六女婿，李经方（李鸿章之子）的内弟，在清朝出任过户部郎中、大清银行安徽总办等职。

弱国无外交啊。两个《照会》,意大利和德国一唱一和,事关中外关系,处理起来非常棘手。同意他们的无理要求,中国主权就会受到损害;如果拒绝,他们能善罢甘休吗?酿成争端怎么办?弄不好会引火烧身。经过深思熟虑,8月26日,在《拟拒德、意自荐教习咨复总署》中,孙家鼐旗帜鲜明地答复:

查中国开设大学堂乃中国内政,与通商事体不同,岂能比较一律。德国、意国大臣似不应于干预。相应移复贵衙门可也。

德国闭嘴了,意大利却不死心。9月7日,意大利驻华领事乔瑟普·萨尔瓦格·拉奇气势汹汹,亲自来到总署,要求张荫桓(时任总理各国事务大臣)立即向光绪帝转达他们的抗议。迟迟未见结果,他又于9月23日,发来一个措辞更加严厉的《照会》:

新开学堂,华士学习西洋学课,今切不可废置义文、免用义国教习。义国原属近世学文之兴起之国。万国内法、天文、格致等类,均系义人开创。华人非不知其事。古时聘用出名义师如利玛窦等人,勉力大利于中国兴起学问,而不知此事者,便为老年传教、并无学问之人,实未得欧洲开教之据。此人前次误派同文馆,因其无能,则同文馆创设多年,至今并无成效之势。兹又闻此人管理新设大学堂。查原编辑学堂章程者遗忘义国。本署大臣提及此误,仍请总署管学大臣添改章程……如不将外国大臣之请奏明,此事即违背大皇帝之谕旨!

接到这个《照会》时,戊戌事变已经发生了,北京城已陷入白色恐怖之中。孙家鼐却大义凛然,接到总署转来的《照会》第二天,他就义正词严地答复:

查本大臣办理大学堂,皆遵照贵衙门原奏章程,期于中外交涉语言文字相通而已,非必各国皆有教习也。且中外交涉者,共十余国。若各国皆荐教习,贵衙门何以应之?仍请贵衙门斟酌回复可也。

遥想当年，清政府“外战外行、内战内行”，对西方列强和日本俯首帖耳，极尽谄媚之能事，孙家鼐却在“新法悉罢，独留家鼐为管学大臣，刚毅、徐桐嫉之，时相龉龁”[①]之时，为捍卫中国的主权，对列强的无理要求一再说“不”，其民族气节、爱国情怀溢于言表，让人可敬可佩。

深厚的交情

在长达36年的来往中，孙家鼐与翁同龢不仅同朝为官，而且同为帝师，长期在一起办公，当时，“维时冲人践祚，母后临朝，强敌凭陵，国势渐弱，士大夫言变法，新旧交争，渐成门户之见”[②]。他俩非但没有成为“政敌”，反而建立了深厚情谊。无论是放在晚清政坛，还是放在整个古今政坛上，都是十分罕见的，堪称人间佳话。

一、交往频繁

翁同龢酷爱记日记。从咸丰八年六月二十一日（1858年7月31日）开始，到光绪三十年五月十四日（1904年6月27日，一周后，翁同龢逝世），46年间，几乎是寒暑无阻，逐日记录，留下了丰富史料，被誉为“晚清三大日记”之一。在日记中，翁同龢不仅记录当日天气、朝廷大事、读书心得等，还记录了与亲友、同僚的交往。其中，记载孙家鼐高达800余次，有时，一年中记载的交际就有三四十次之多。

《清史稿·列传·孙家鼐》记载，“家鼐简约敛退，……闭门斋居，杂宾远迹，推避权势若怯。”孙家鼐是个不爱交际、不乱交际的人，他一生能与翁同龢交往如此频繁，充分证明，两个人的感情非同一般。

---

① [台]高拜石：《新编古春风楼琐记》第十三集，作家出版社，2005年版，第364页。

② [台]高拜石：《新编古春风楼琐记》第三集，作家出版社，2005年版，第307页。冲，意为幼小；践祚，意为即位。此处是指光绪帝年幼登基。

二、经常推杯换盏

人与人之间的交往，大都是通过聚餐这个活动进行的。能吃到一块，才有可能说到一块。酒逢知己千杯少，话不投机半句多。而能说到一块，才会好到一块。对此，罢官开缺回籍前，翁同龢在其《翁同龢日记》中几乎每年都有比较详细地记录：

1879年5月11日，“邀请岑彦卿小饮，孙燮臣、徐颂阁等作陪。”①

1891年2月20日（光绪十七年正月十二日），晴，极暖，午后阴。……（翁同龢）“是日邀请数客，申初坐待福相至，酉正毕，谈至戌正罢，肴尚佳。（参加者）李中堂（兰孙）、福中堂（箴亭）、麟冢宰（芝庵）、豫大臣（锡之）、孙总宪（燮臣）、徐侍郎（颂阁）。”②

1894年1月23日（光绪十九年十二月十八日），“浓阴欲雪。……是日消寒第三集，客甫齐而余疾作，勉强送酒，眩不可支，遂偃卧，汗出如浆，气涌如沸。……令斌孙陪客，……徐荫轩、李兰孙、豫锡之、孙燮臣、麟芝庵、许筠庵。”③

1897年5月5日，“阴，旋晴，午后风，似外间有雨。……午邀谭敬甫，麟、徐二公、孙燮臣、钱子密陪。”④

1898年1月19日，“晴。……是日招同人小集，而客强半皆总署友，于是四客先坐，直至戌初总署四公始来，草草饮数杯，客去亥初矣，兀坐至五鼓。徐小云、孙燮臣、崇受之、徐颂阁、敬子斋、张樵野、廖仲山、立豫甫。”⑤

翻阅《翁同龢日记》，可以明显看出，早年，翁同龢与孙家鼐聚首的机会

---

① 陈义杰整理：《翁同龢日记》第三册，中华书局，1989年版，第1418页。

② 都察院左都御史俗称“总宪”。陈义杰整理：《翁同龢日记》第五册，中华书局，1989年版，第2425页。

③ 陈义杰整理：《翁同龢日记》第六册，中华书局，1989年版，第2658页。

④ 陈义杰整理：《翁同龢日记》第六册，中华书局，1989年版，第2994页。

⑤ 陈义杰整理：《翁同龢日记》第六册，中华书局，1989年版，第3245—3246页。

多一些，每年好多次；到了晚年，这种聚会日益减少，每年不过一次半次。这并不等于两个人产生隔阂，关系疏远，而是两人都是当朝大员，位高权重，公务缠身，又加上两人都已年老体衰，时常闹病，不可能再像年轻时那样有时间和精力，这也是人之常情、天之常理。

三、私交密切

官员之间，公共场合的交际，有可能属于场面上的应酬。而真实反映两个人密切程度的，还要看两个人的私下往来。对此，《翁同龢日记》里，也有不少证据：

> 1862年4月25日(同治元年三月二十七)，"晚与燮臣谈。"
>
> 1862年8月7日，"晨霞班驳，旋阴云四塞……到中街检书。未初访燮臣。"①
>
> 1863年7月9日，"翁同龢访孙家鼐，谈良久，益友哉。"②
>
> 1871年7月25日，"竟日浓阴欲雨。……邀孙燮臣便饭，主客二人，自戌初谈至亥正而散。"③
>
> 1878年4月12日，"吊孙燮臣兄(孙家丞)之丧。"④
>
> 1878年5月2日，"未出，孙燮臣来，夜诣绍鹏谈。"⑤
>
> 1878年6月9日，"燮臣带诗，日来皆顺。"⑥
>
> 1878年7月2日，"拜客，晤燮臣。"⑦
>
> 1878年11月12日，"翁同龢贺孙燮臣移居，再到长安街屋。"⑧
>
> ……

① 陈义杰整理：《翁同龢日记》第一册，中华书局，1989年版，第218页。
② 陈义杰整理：《翁同龢日记》第一册，中华书局1978年版，第279页。
③ 陈义杰整理：《翁同龢日记》第二册，中华书局，1989年版，第863页。
④ 陈义杰整理：《翁同龢日记》第三册，中华书局，1989年版，第1351页。
⑤ 陈义杰整理：《翁同龢日记》第三册，中华书局，1989年版，第1355页。
⑥ 陈义杰整理：《翁同龢日记》第三册，中华书局，1989年版，第1361页。
⑦ 陈义杰整理：《翁同龢日记》第三册，中华书局，1989年版，第1365页。
⑧ 陈义杰整理：《翁同龢日记》第三册，中华书局，1989年版，第1387页。

1898年5月9日(光绪二十四年闰三月十九日),“晴,午后风起云翳。……晨,燮臣来谈。”①

他俩聚会吃了什么,吃饭时,又聊了什么……这些在《翁同龢日记》里,记载较少,即使有一些,也是片言只语。困惑多时,拨云见日,却在《翁同龢诗集》中有了意外发现。

大家都知道,翁同龢的书法名声很响亮,《清史稿·列传·翁同龢传》认为,翁同龢书法“自成一家,尤为世所宗”。《清稗类钞》中,徐珂指出:“叔平相国书法不拘一格,为乾嘉以后一人……晚年造诣实远出覃溪(翁方纲)、南园(钱沣)之上。论国朝书家,刘石庵(刘墉)外,当无其匹,非过论也。光绪戊戌以后,静居禅悦,无意求工,而超逸更甚。”而清末民初著名的金石学家、书法家杨守敬对翁同龢的书法更是赞赏有加,在《学书迩言》一书中断言:“松禅学颜平原(颜真卿),老苍之至,无一稚笔。同治、光绪间推为第一,洵不诬也。”

其实,翁同龢多才多艺,能绘画、制联、写文章,也善于作诗。他的诗歌题材多样,委婉含蓄,清隽典雅,富有浓郁的生活气息。《翁同龢诗集》里,收录他的1200多首诗作。其中,有一首《咏菜糊涂》:

其一

再拜惊呼麦一盂,老来才识菜糊涂。
海州学舍斋厨味,柔滑香甘似此无。

其二

一饭艰难世岂知,当年豆屑杂麸皮。
孤儿有泪无从咽,不见耶娘吃粥时。

其三

隔巷孙兄德有邻,炊藜饷我倍情亲。
夜长月落尖风紧,多少穷檐忍饿人。②

---

① 陈义杰整理:《翁同龢日记》第六册,中华书局,1989年版,第3121页。
② 翁同龢:《咏菜糊涂》,《翁同龢诗集》,上海古籍出版社,2009年版,第133页。

菜糊涂，清汤寡水，青菜煮沸，浇上用麦麸子、麦面等搅和成的面糊糊，俗称“菜糊涂”，也叫“菜糊糊”。笔者出生在安徽淮南，生于20世纪60年代初，“刮五风”饿死人乃至后来时期，“菜糊涂”几乎是老百姓的家常饭。历朝历代，“菜糊涂”都是江淮贫苦人家的常见食物，喝得肚子鼓，还有什么值得吟咏的？

翁同龢自己做了回答。在《咏菜糊涂·序》中，他说：“江淮间屑麦和菜，入釜调之，曰‘菜糊涂’。先祖在海州时，举家所常食者，同龢熟其名而未知其味。一日，燮臣以此见饷，既荐于寝，追忆八十年旧事，感叹不已。”

是啊，翁同龢生长在一品大员之家，娇生惯养，锦衣美食，哪有机会喝上菜糊涂？好在他不忘本，老想喝一喝菜糊涂，体味祖父创业的艰辛。而孙家鼐，也不是富贵之家出生，经历太平天国时期的战乱以后，他的家庭也陷入喝菜糊涂度日的窘境。直到孙家鼐在京城高中状元，他的夫人宋氏还在寿州老家帮别人洗衣服贴补家用呢。所以，当翁同龢与孙家鼐聊起海州往事，宋夫人特意为他做了一顿菜糊涂。喝过这碗菜糊涂，忆苦思甜，作为性情中人，翁同龢忍不住长吁短叹：“一饭艰难世岂知，当年豆屑杂麸皮。孤儿有泪无从咽，不见耶娘吃粥时。”并发自肺腑地表白：“隔巷孙兄德有邻，炊藜饷我倍情亲。”翁、孙友谊，可见深厚。

四、互相帮忙

从父亲翁心存开始，翁家久居京城，数次搬迁。道光十年四月二十七日（1830年5月19日），翁同龢就出生在宣武门内石驸马大街罗圈胡同寓所里。1849年，他父亲奉召进京，擢为内阁学士、兼礼部侍郎，“有两处住房，一在内城东华门，一在宣武门外南横街。”①1860年，翁同龢以每月20两的价钱，租住了兵马司中街一个有20余间房子的院落，命名为“小苏斋”。到了1871年，他又在头条胡同买下一处住房，请母亲住正房，自己住在西耳房。

1879年，他的母亲已谢世7年。为了让老友方便到毓庆宫上班，免遭

① 王汝丰主编《：清代宣南人物事略初编》，燕山出版社，2006年版，第449页。

劳顿之苦，他把这处离皇宫较近的头条胡同住所，以优惠价格，租给了孙家鼐。

1879年5月9日，“是日定议将头条胡同屋让孙燮臣居之，每月租价12两。”①

当时，翁同龢已是工部尚书，他许是想换一个更合适的府邸，所以，三个月后，孙家鼐帮他相中一处院落，并领着他去看房。此房位于紫禁城“南河沿东安门，金姓屋，甚轩爽，价须三千，力不能任”②。按理说，他父亲是大学士，他的两个哥哥都是封疆大吏，家底丰厚，而他也是正部，俸禄可观。为何连买房子的三千两银子都掏不出来呢？

一则，他一生居官清正，廉洁自持，担任主管钱财的户部尚书很多年，从不贪赃、受贿，没有外捞。他说过：“余等居官只图干净，穷死不怕。”③

二则，他爱好书画，更喜欢收藏古书、字画、古玩。自己的俸禄、家底，大都送给了琉璃厂、古玩店。为了购得王翚的《长江万里图卷》，他一下子花出去四百两银子。翁同龢一生为收藏破费多少钱财，实在无从统计。2000年，美籍华人翁万戈（翁同龢的五世孙）以450万美元的价格，向上海图书馆转让翁氏藏书80种542册善本。其中包括宋刻本《集韵》《邵子观物内外篇》和《长短经》等11种，元刻本4种，明刻本12种，清刻本26种，名家抄本和稿本27种。宋朝刻本多为孤本，被学术界评定为国宝级文物。2007年7月，“翰墨流传：翁氏六代珍藏书画精品展”在美国波士顿艺术博物馆展出，30余件书画，包括《圣祖降临画卷》（南宋宫廷画家梁楷作品）、《长江万里图卷》和明代著名书法家文征明的《家报卷》，都是精品。这些信息，无不表明，翁同龢的收藏颇丰，投入巨大。

人吃五谷杂粮，岂能无病无灾。特别是翁同龢出生时，父亲已40岁，母亲许氏也属于高龄产妇。他比大哥整整小了20岁。母亲缺少乳汁，正巧大嫂生下长子，于是，翁同龢就与大侄子一起，喝着大嫂的奶水长大。但他天

---

① 陈义杰整理：《翁同龢日记》第三册，中华书局，1989年版，第1418页。
② 陈义杰整理：《翁同龢日记》第三册，中华书局，1989年版，第1437页。
③ 翁同龢：《致翁同爵函》（光绪八年九月十一日），常熟周氏藏：《翁松禅家书》。

生体弱多病，经过多年的中医调剂，成人后，虽然体质好了不少，但还是免不了三天两头闹病。

据《翁同龢日记》记载：1893 年 11 月 11 日，翁昨夜呕吐、左脚极疼等。12 日，燮臣来诊脉，并赠酒黄散敷之。入夜，发胀而痛，药性起作用；晨起，腿脚正常。14 日，就上早朝，并能三跪九叩……

另外一处，《翁同龢日记》记载："邀燮臣为斌孙诊脉。"[①]（1880 年 11 月 27 日）"（斌孙）病有退机，孙燮臣来诊脉。"[②]（1881 年 2 月 12 日）

翁斌孙（1860—1922）是翁同书的长孙，也是翁同龢的侄孙。翁同书死后，他一直跟着翁同龢生活，翁同龢对其视若己出，呵护有加。1877 年，17 岁的翁斌孙少年得志，中了进士，以侍讲衔任翰林院检讨。后任武英殿纂修、内阁侍读、大同知府、冀宁道、署直隶提法使等职。

这两处日记说明，孙家鼐早年为了救治父亲，减轻家庭的经济负担，学过一段时间中医，医术较高；翁同龢、翁斌孙爷孙两代患病，孙家鼐都是上门送医送药，嘘寒问暖，两人的关系之密切，无需多言。

五、情投意合

当然，作为帝师，他俩在交往中，除了这些世俗生活、人情往来，还有一些不同常人之处。

两个人都是"心学"信徒。《翁同龢日记》多处记载：

1962 年 4 月 25 日（同治元年三月二十七日），"燮臣沉潜好学，服膺阳明之书，立志甚远，余欲兄事之。"[③]

1962 年 5 月 1 日，"与燮臣谈。燮臣凝厚而开展，余兄事之，冀其有所箴益。"[④]

---

① 陈义杰整理：《翁同龢日记》第三册，中华书局，1989 年版，第 1624 页。
② 陈义杰整理：《翁同龢日记》第三册，中华书局，1989 年版，第 1636 页。
③ 陈义杰整理：《翁同龢日记》第一册，中华书局，1989 年版，第 196 页。
④ 陈义杰整理：《翁同龢日记》第一册，中华书局，1989 年版，第 198 页。

同时，两个人学术水平旗鼓相当，还发生过“英雄所见略同”的趣事：

1881年11月16日，“访燮臣，对勘，意见竟相同，相对爽然，在彼处吃饭。”①

正因为有上述的密切交往和情感交流，所以两人义结金兰，成为结拜兄弟：

1864年5月24日(同治元年四月初三日)，翁同龢“晨诣燮臣，待树南来同换帖，遂归。”②

六、患难见真情

平平常常、顺风顺水的时候，友情不过是脖子上的一条领带，华丽、时尚、悦目，却并非“标配”；而风雨骤临、寒气袭来的时候，友情则像身上穿的一件棉袄，尽管朴素无华，却能温暖人心。

1898年6月11日，光绪帝颁布上谕，正式宣布变法，并将创办京师大学堂作为第一个大任务，写进了变法纲领性文件《明定国是诏》。“变法之事，遂如春雷之启蛰，海上志士，欢声雷动，虽谨厚者亦如饮狂药。”③

4天后，也就是6月15日，是翁同龢的68岁生日。

这一天，他和往常一样，在颐和园住宿值班。未待天亮，就到了朝房，同其他大臣一起静候皇帝的召见。是日，天气特别阴沉，下着毛毛雨，“檐滴有声”。一会儿，御前太监传呼诸大臣进殿，翁同龢勿入。约莫三刻钟光景，被召见的大臣陆续退朝。先是荣禄，接着是徐桐、刚毅，从他身边走过，连个招

① 陈义杰整理：《翁同龢日记》第三册，中华书局，1989年版，第1621页。

② 陈义杰整理：《翁同龢日记》第一册，中华书局，1989年版，第326页。

③ 罗振玉：《贞松老人遗稿》，中国光学会主编：《戊戌变法》第四册，上海人民出版社，1957年版，第249—250页。

呼也没打。最后一个出来的是孙家鼐，他神情沉重，默默地对翁点了点头，以示安慰。接着，御前大臣出来传翁同龢听旨："著即开缺回籍，以示保全。"

凤凰落毛不如鸡，虎落平原被犬欺。这是功利社会最生动、真实的写照。开缺前，翁同龢权倾朝野，家里宾客盈门，门生故吏、亲朋好友、远亲近邻，终日络绎不绝；开缺后，很多人都像躲避瘟神似的，连个影子也见不到了。恰恰在这个时候，不怕受到牵连的老哥哥孙家鼐不请自到：

> 四月二十九日(6月17日)，"晴，晚有风。……燮臣来。"①
>
> 五月初二日(6月20日)，孙家鼐派人送来菜肴。②
>
> 五月初五(6月23日)，朝廷做了重要的人事变动："孙家鼐以吏部尚书、协办大学士，王文韶户部尚书、军机大臣、总署大臣，荣禄直隶总署、北洋大臣，崇礼步兵统领。"③
>
> 五月初九(6月27日)，"早间，孙燮臣来谈。"④
>
> 五月十二日(6月30日)，也就是翁同龢启程的前一天晚上，孙家鼐再次上门，与翁同龢话别，"直至戌正二乃去，真深谈矣。余何人，仿佛谢迁之去耶，为之一叹。"⑤

在翁同龢遭受意外打击、动身返乡期间，孙家鼐毫无顾忌，多次探望、馈赠，眷恋、慰藉之情，感天动地。请问，世上能有这样重情重义的政敌吗？

内在的原因

从古至今，同朝为官，没有朋友孤掌难鸣。但被朋友利用、陷害，甚至兄

① 陈义杰整理:《翁同龢日记》第六册，中华书局，1989年版，第3135页。
② 陈义杰整理:《翁同龢日记》第六册，中华书局，1989年版，第3135页。
③ 陈义杰整理:《翁同龢日记》第六册，中华书局，1989年版，第3136页。
④ 陈义杰整理:《翁同龢日记》第六册，中华书局，1989年版，第3137页。
⑤ 陈义杰整理:《翁同龢日记》第六册，中华书局，1989年版，第3137页。

弟反目成仇、互相厮杀的悲剧，也是每朝都有，数不胜数。

到了晚清，政局动荡，政坛生态更为险恶，发生了著名的曾、左、李“窝里斗”事件。

曾国藩、左宗棠、李鸿章，再加上一个胡林翼，都是平定太平天国和捻军起义的功臣，受到朝廷重用，被誉为“晚清中兴四大名臣”。可是，共患难易，共富贵难。曾国藩、左宗棠是湖南老乡。曾国藩素来知人善任。咸丰十年，举人左宗棠成为他的幕僚。左宗棠如鱼得水，军事才华得以展现。两个人亦师亦友，亲如手足。经过曾国藩的悉心栽培、提拔，左宗棠与李鸿章都成为自己的左膀右臂。

咸丰六年(1856年)，左宗棠被任命为兵部郎中。

咸丰十年(1860年)，太平军攻破江南大营后，左宗棠随同钦差大臣、两江总督曾国藩襄办军务；李鸿章奉曾国藩之命，回安徽招募、组建淮军。

咸丰十一年(1861年)，太平军攻克杭州后，左宗棠由曾国藩疏荐任浙江巡抚，督办军务。

同治元年(1862年)，左宗棠组成中法混合军，称“常捷军”，并扩充中英混合军，先后攻陷金华、绍兴等地，升为闽浙总督；淮军在安庆成军，经曾国藩推荐，李鸿章出任江苏巡抚。

同治三年(1864年)，左宗棠攻陷杭州，控制浙江全境。论功，授封一等恪靖伯；淮军攻克常州，清廷赏李鸿章骑都尉世职。当时，湘军久攻天京不下，清廷屡次诏催李鸿章率淮军前往会攻。李鸿章比较讲义气，认为染指金陵有抢功嫌疑，会得罪曾国藩、曾国荃。于是，他掉头南下杀进浙江，没想到惹恼了左宗棠，上奏告他“越境掠功”，两人开始产生矛盾。攻克天京后，湘、淮军将帅得以加官进爵，曾国藩授封太子太保、一等侯爵，世袭罔替，赏戴双眼花翎；李鸿章授封一等肃毅伯，也赏戴双眼花翎。不久，左宗棠却因幼天王去向之事，与曾国藩产生嫌隙，最后演变为绝交。直到晚年，他还是逢人便骂曾国藩。

光绪元年(1875年)，清廷发生“海防”与“塞防”之争。限于当时财政枯竭，军费拮据，李鸿章等人力主以日本为主要假想敌，加强海防，放弃塞防，将“停撤之饷，即匀作海防之饷”；左宗棠则主张海防与塞防并重，不能顾此失彼。两个人因此闹得不可开交……

至于翁同龢本人，也有过多次的教训。他与潘祖荫[①]同年出生，既是江苏老乡，又是世交，同为"清流"南派首领。两人曾经作为正、副考官，一道前往陕西，组织乡试，应该说，交情很厚。《翁同龢日记》中，不时可以见到两个人的交往记载。然而，到了晚年，潘祖荫却对人坦言："叔平（翁同龢的字）虽为君之座师，其人专以巧妙用事，未可全信之也。……吾与彼同时贵公子，总角之交，对我犹用巧妙，他可知矣。"意思是说，翁同龢工于心计，善要手腕，言行不一，即使是对他这个"发小"也不放过。

翁同龢曾与荣禄结拜过。晚清时，两个人同为军机大臣，经常在一起商讨军国大事。光绪二十年十一月初三日，荣禄在给陕西巡抚鹿传霖的密函中写道："常熟（指翁同龢）奸狡性成，真有令人不可思意（议）者。其误国之处，有胜于济南（指军机大臣孙毓汶），与合肥（指李鸿章）可并论也。合肥甘为小人，而常熟则仍作伪君子。"

另外一个世交张之洞，对翁同龢更是耿耿于怀。《广雅堂诗集》中，有一首诗《送同年翁仲渊撰从尊甫药房先生出塞》，张之洞亲自做了一段注释："药房（即翁同书）先生在诏狱时，余两次入狱省视之。录此诗，以见余与翁氏分谊不浅。后叔平相国一意倾陷，仅免于死，不亚其章之于赞皇，此等孽缘，不可解也。"

实事求是地讲，翁同龢是一个纵横政坛、呼风唤雨几十年的官场老手，也是一个难交的大官僚。但是，他与孙家鼐，却是有始有终，推心置腹。这里面有什么内在的原因呢？

概括地分析，我认为至少有三点：

一是志趣相投。翁同龢学富五车、多才多艺，对王阳明的心学尤为宾服。15岁那年，翁心存给了他一本刘宗周的《人谱》。刘宗周（1578—1645），

① 潘祖荫（1830—1890），字在钟，号伯寅。江苏吴县（今苏州）人，大学士潘世恩的孙子。咸丰二年殿试，高中探花，授编修。后来担任日讲起居注官、侍讲学士、工部右侍郎、国子监祭酒、户部右侍郎等职。光绪十二年初，擢升工部尚书。光绪十三年，兼任顺天府府尹。光绪十六年病故，谥号文勤，赠太子太傅。

字起东，别号念台，浙江绍兴人，因讲学于蕺山，世称蕺山先生。他是明代最后一位理学（心学）大师，开创了蕺山学派，清初学者黄宗羲、陈确、张履祥等，都是他的弟子。《人谱》启迪初学者注重践行，而不要空谈心性。从此，翁同龢便开始“日夕读之，懔懔恐失坠”，一生都在学习、研究，造诣颇深。而孙家鼐恰巧也是王阳明的忠实信徒，从同治元年，两个人作为会试同考官认识，交流心学学习心得，到后来，两个人成为同事、好友、结拜兄弟，心学一直是他俩交流的重要话题。十分可贵的是，心高气傲的翁同龢对孙家鼐的观点深为赞许，“燮臣言：读阳明书，当知入九华山静坐一段，为最不可及，他人处此必以死生争之，则事或败矣。又曰：吾辈当体圣人中和之旨，勿与人竞尺寸之功，则私念自消。皆名言也！”[①]可以说，心学既是他俩开始交往的桥梁，也是维系他俩几十年感情的纽带。

二是惺惺相惜。一窝燕子，羽毛丰满后，共同飞向远方。但是，有的飞得快，有的飞得慢；有的飞得高，有的飞得低，用不了多长时间，必然会“劳燕分飞”。同样道理，两个兄弟一同踏上仕途，后来，一个飞黄腾达，另一个“不请不送，原地不动”，用不了多长时间，也必然会“形同陌路”。翁、孙能够维系三四十年的兄弟情谊，与两个人职务升迁基本同步大有关系。年轻但争强好胜的翁同龢总是快半步，年长但宁静淡泊的孙家鼐总是紧随其后，不仅不会对翁同龢产生实质性的威胁，而且还可以作为他的“援引”，这也是两个人交情持久的必要条件之一。

三是刚柔相济。翁、孙二人，都是中国传统文化培养出来的士大夫，温文尔雅，彬彬有礼，注重个人修养，“有古大臣风”。但比较起来，翁同龢毕竟是相府里走出来的“公子哥”，身上既有京官“依违圆滑”的一面，也有喜怒无常、“倔强负气”的一面，对人总是有意无意地流露出优越感，遇事也难免不够冷静。“光初朝局系翁一言，同僚议事，偶有不合，翁辄怫然，常入报帝，必伸己意，众已侧目……”[②]二哥翁同爵对此也有所耳闻，他在《致叔平弟》中提

① 陈义杰整理：《翁同龢日记》第一册，中华书局，1989年版，第324页。

② 金梁：《四朝佚闻》，中国史学会主编：中国近代史资料丛刊《戊戌变法》第四册，上海人民出版社，1957年版，第222页。

醒道："吾弟素性近于允厉，须时时自持之，切勿太过为嘱。"①但江山易改，秉性难移啊。遇到事情，他的火爆脾气，还是很难抑制。1897年12月11日，"论胶事，(皇)上述慈谕：看《照会》稿甚屈，以责诸臣不能整饬，坐致此侮。臣愧悔无地，因陈各国合谋图我，德今日所允，后日十即翻，此非口舌所能了也。词多激愤，同列讶之。"在光绪帝面前尚且"词多激愤"，对其他人更是少有顾忌。两天后，他再次发作，"与刚公刚毅语不合，几拂衣。"②以至于荣禄坦言："与其共事，几于无日不因公事争执。"③

翁同书因为失职渎职、奏报不实，受到刑部的审断，被流放到蛮荒边陲。闻讯后，翁同龢怒不可遏，以手击案，竟把自己的中指都拍骨折了，可见其性情暴烈。性格决定人生。晚年，他被开缺回籍，抛开别的不谈，他的火爆脾气也是一条导火索。平常无事，同僚们可以装聋作哑；一旦时机成熟，墙倒众人推，落井更下石，也是难免的事。

相比较来说，孙家鼐的性格更显成熟，修养也更高一些。"翁性偏急，以专断致嫌，晚遭谗沮，几致不测；孙则务简约敛退，本其黄老之学，能冥合道妙，默操元牝，调和宫廷母子之间，常以资望领新政，历三十年恩遇而不衰，世称寿州相国。"④

两个老友，一个外向，一个内向；一个刚，一个柔。性格互补，也是他俩保持终生友谊的不二法门。试想，如果两个人都刚，针尖对麦芒，见面必"打仗"；或者，两个人都柔，面团对泥团，遇事无主见，岂能在与同僚们的激烈竞争中脱颖而出，登上大学士高位，成为晚清政坛股肱、文坛双衡呢？

① 翁同爵：《致叔平弟》正月十三日，《翁氏家书》第十一册。转引自谢俊美：《翁同龢传》，中华书局，2000年版，第75页。

② 陈义杰整理：《翁同龢日记》第六册，中华书局，1989年版，第3068页。刚公，指军机大臣刚毅。

③ 邵循正等编：《中日战争》第四册，上海人民出版社，1957年版，第576页。

④ [台]高拜石：《新编古春风楼琐记》第十三集，作家出版社，2005年版，第362页。

四

和煦家风催人奋进

——孙家鼐家风简述

中国文化博大精深，一字一句，甚至是一笔一划，都充满智慧，也布满玄机。比如，大家知道，人才可以写作“人材”，就包涵“十年树木，百年树人”的道理。但也有让人困惑的现象：两块相邻林地，一块地里横成列、竖成行，大树参天，郁郁葱葱，另一块地里却杂树丛生，东倒西歪，难有栋梁之材；比邻而居的两户家庭，一家儿女勤奋学习，争先恐后，另外一家兄弟却横行乡里，比着使坏……同样条件下，是什么因素决定一棵树能否成材、一个人能否成才呢？寿州孙氏“一门三进士，五子四登科”的科举传奇，也许有助于解开这一谜团。

（一）

安徽省淮南市寿县是中国历史文化名城。她位于八公山下、淮河南岸，古称寿春、郢、寿阳、寿州等，州来、下蔡、楚国、淮南国等曾在这里建都，素有千年古都、成语之城、书画之乡、二十四节气和豆腐摇篮等美誉。由于战略位置险要、物产富足，一直是兵家必争之地。决定东晋存亡的淝水之战、决定赵匡胤生死的南塘之战，都发生在这里。而最为惨烈的，要数元朝末年，农民起义军与蒙古大军在这里的反复厮杀，到了明朝初年，已经是“白骨露于野，千里无鸡鸣”，几乎成为无人区。为恢复生产，明太祖朱元璋下令从山东、山西、湖北等地，向寿州大批移民。于是，孙鑑、孙铠兄弟二人，含泪离开山东济宁老家，风餐露宿，辗转千里，才抵达破败的寿州城。一个给人种田，另一个开豆腐房糊口，兄弟俩同心同德、起早贪黑，终于在异乡站稳脚跟，繁衍后代。

到了清乾隆二年，孙氏子孙遍布城乡，家族实力大增，有识之士出面牵头，发动全族，修成第一部宗谱，制订了《十条家训》，并在以后的续谱中代代传承。

宗谱中列入家训，作为全族人共同遵守的准则，是各个家族修谱的基本做法。但《寿州孙氏宗谱》所列家训，却特色鲜明。“丧葬必遵家礼，随家道之丰歉，勿奢勿俭，致敬致哀，祖宗虽远，祭祀不可不诚”“勿持强凌弱，勿以智欺愚”“居家戒奢靡、崇勤俭”“不可呼朋引众，聚餐赌博”“居心要存仁厚，勿事残刻奸巧”“族中子弟有聪俊者宜教品读书，不得问外事、交接官府”“婚姻要择门第，不许论财”等，十条家训，条条朴实具体，好记易行。从此，孙氏家训相习成风，形成了良好家风。而良好的家风又“润物细无声”，成为滋润每个子孙健康成长的阳光雨露……

美酒需要时间的积淀，才能香气袭人；金蝉需要数年的等待，才能一鸣惊人。时过百年，到了清朝中晚期，也就是道光朝之后，寿州孙氏人才横空出世，呈现井喷势头。从道光 15 年(1835 年)，十世孙树南考取举人，到宣统二年(1910 年)，75 年间，孙家有 1 人高中状元，9 人考取进士，13 人考取举人，获得秀才身份的人数以百计。因为全国性的会试，三年一考，特殊年份才增加一次“恩科”，每次科举只录取二三百名进士、同进士，在这个千军万马过独木桥的时代，每次科考，孙家都有子孙猎取功名，这在全国都不多见。寿州孙氏也因此一跃成为名门望族，享誉江淮大地。甚至连“天下第一家族”曲阜孔家“末代衍圣公”孔德成娶媳妇，也是从寿州孙氏女子中挑选的。

(二)

在寿州孙氏人才中，以孙家鼐为代表的“孙氏五魁”最为人们津津乐道。魁星为二十八宿之一，是古代主管文运的神仙。过去，各地的文庙里，都建有一座魁星楼，专门供奉它。魁星显灵，文运就能昌盛。

由于孙家鼐五兄弟个个聪俊善学，接连蟾宫折桂，所以，众乡亲都说他们是魁星下凡，五兄弟赢得了“孙氏五魁”美名。

远祖暂且不论，到了爷爷孙克伟这一代，孙家鼐家已跻身书香门第。爷爷孙克伟是贡生（指秀才中的成绩优异者，可入京师国子监读书），父亲孙崇祖是廪贡（享受奖学金的优秀贡生），担任过池州府教授。据说，孙崇祖又矮又胖，腰宽背圆，但却行动敏捷，走起路来像独轮车的“轱辘”一样，人送外号“孙轱辘”。

父母教子有方，五子你追我赶。长子家泽率先垂范，22 岁中举，27 岁考取进士，出任内阁中书、礼部主事等职；次子家铎不甘落后，25 岁中举，26 岁金榜题名，担任江西安仁知县、广信府河口同知等职；三子家怿学有所成，32 岁成为举人，实授刑部员外郎；四子家丞少年得志，入京朝考（大省 6 人，中省 4 人，小省 2 人），夺得一等优贡荣誉，当即被提升为浙江乐清知县，走马上任……

在这样一个家风正、学风浓、充满正能量的“小环境”里，孙家鼐学有榜样，赶有目标。1851 年，24 岁的他成为举人。此后，由于太平天国起义，从西南起事，席卷华东，大半个中国烽火连天，民不聊生，有些省份的科举考试不得不暂停。孙家鼐却一心向学，并未因时局动荡而自暴自弃。四个哥哥在外为官，他一个人，既要赡养年迈的父母，又要抚养年幼的儿女。白天，他为生计奔波；入夜，安顿好家人之后，他拨亮灯芯，潜心攻读。咸丰九年（1759 年），会试在京城举行，道路已通畅，孙家鼐进京赶考，几场考试之后，34 岁的孙家鼐过关斩将，状元及第。他也成为清朝历史上，安徽省江北地区唯一一名状元郎。

（三）

翻开孙家鼐的简历，用平步青云来形容，一点都不过分。翰林院修撰、山西正考官、湖北学政、翰林院侍读学士、毓庆宫行走（光绪帝师傅）、内阁学士兼礼部侍郎、督察院左都御史、工部尚书、刑部尚书、管理官书局事务大臣、管理京师大学堂事务大臣、吏部尚书、学务大臣、协办大学士、武英殿大学士……官至一品，位极人臣。

但是，他并没有学会拍须溜马、请客送礼等技巧，为了升官而升官。上班时间，他尽职尽责，认真处理各种政务；下班以后，没有公务应酬，他恪守“不得问外事、交接官府”“不可呼朋引众、聚餐赌博”等家训，早早回家，关门闭户，读书练字，怡然自乐。

孙家鼐为人低调，待人和气，“简约敛退，生平无疾言遽色”（《清史稿》）。但是对原则性问题，他却不做墙头草。

譬如甲午战争前夕，满朝文武都听从皇帝红人、协办大学士翁同龢的鼓噪，力主与日本开战，而深知中、日军事力量对比实情的孙家鼐却认为外有强敌、内有奸臣，战机并不成熟。于是，他顶住压力，提出“衅不可启”。实战证明他的建议是理性、正确的。“兵者，国之大事，死生之地，存亡之道，不可不察也。”历史的演进大都建立在一定的因果关系基础之上。如果清政府能够采纳他的建议，主动避免或延缓战争，那么，甲午战争的结局肯定不会那么惨。

再譬如，维新变法失败后，慈禧太后软禁光绪帝，屠杀“六君子”，废除变法举措。在白色恐怖下，孙家鼐牢记祖训“居心要存仁厚，勿事残刻奸巧”，他不顾个人安危，奔走呼号，运用政治智慧，终于让慈禧太后网开一面，使京师大学堂侥幸存活，为中国传统教育向现代教育转型创造了前提条件。

在日常生活中，他也是严以律己，积极践行家训。1871年夏天，孙家鼐请假回乡省亲。因家族人丁兴旺，住房日益局促，他就与三哥、四哥合伙购置了一块土地，准备盖几栋新房。可是，有一个老太太却上门胡闹。以他的京官身份，只要给知州打声招呼，老太太肯定吃不了兜着走。但孙家鼐遵循“勿持强凌弱，勿以智欺愚”的家训，动了恻隐之心，可怜她贫困无助，主动赠予她一笔钱，平息纠纷。他还对家人提出更为具体的要求：孙家后代每个人的言行举止都要以《家训》为准则，16岁之前不许穿丝绸，不许穿皮毛；如有偷、抢、奸等行为，族长有权给予严惩……

1900年1月，古稀之年的孙家鼐最后一次回乡探亲。身为当朝大员衣锦还乡，省、州两级政府非常重视，在状元府附近的寿州北门外张灯结彩，准备在孙家鼐抵达时举行隆重的欢迎仪式。但他却不愿意惊官动府，惊扰乡亲，下船后，他不顾鞍马劳顿，乘着普通轿子，绕道而行，直奔孙府。

小时候受到的教育和熏陶，往往会受益终生。晚年，孙家鼐曾撰写过一副对联："祖宗远，祭祀宜重宜诚；子孙愚，经书不可不读。"此联可以视为他对《家训》的进一步诠释，又可以从《家训》里找到源头(《家训》中有"祖宗虽远，祭祀不可不诚""族中子弟有聪俊者，宜教品读书"等内容)。

孙家鼐的品德，受到朝野内外的好评。比如前文提到的，同为光绪帝师傅的翁同龢在日记中写道："孙燮臣沉潜好学，服膺王阳明之书，立志高远，凝厚而开张，余欲兄事之。"与孙家鼐有交往的英国学者、传教士李提摩太回国后，也在《亲历晚清四十五年》一书中称赞说："孙家鼐是所有中国官员中最有教养、最具绅士风度的人之一。"

(四)

再好的《家训》，没人践行，也是空话；再好的家风，没人传承，也是枉然。

值得庆幸的是，虽然孙家鼐已经逝世一百多年了，但寿州孙氏的优良传统仍在继承、发扬之中。每年除夕，团圆饭上，后人们家家户户必有一道豆腐菜，以纪念始迁祖开豆腐店起家的历史。20 世纪 30 年代，孙多鑫、孙多森创建的上海阜丰面粉厂，日产量高达 2.6 万包，位居中国第一，所用的商标就是"老车牌"，意在缅怀始迁祖南下创业时所推的那辆独轮车。孙蟠(1727—1804)是孙家鼐曾祖父孙士谦的唯一一个亲弟弟，曾任侯选知府、钦加道衔加一级。后来，在寿州开办"石舟当铺"，聚财颇丰。八公山里的青琅玕馆(俗称孙家花园)，面积约有 6.6 万平方米，就是他修建的。孙蟠深受子孙们的尊敬和爱戴。后来，孙氏子孙为了避讳蟠字，盘子不叫盘子，都称作"碟子"……

在优良家风熏陶下，寿州孙氏人才辈出：同盟会元老、反清志士孙毓筠(原名孙多琪)曾任民国安徽第一任都督；黄埔一期毕业的孙一中(原名孙以悰)，投身革命后，担任红三军参谋长兼第七师师长，协助贺龙，为创建洪湖革命根据地立下了卓越功勋；中共南京市委书记孙津川(原名孙方淦)被叛徒出卖后，拒绝高官厚禄的引诱，宁死不屈，在雨花台英勇就义；孙多鑫、孙多森、孙多钰等投身实业，在面粉加工、煤矿开采、铁路铺设、银行创办等领域开疆拓土，成为中国著名的实业家、银行家；孙多慈酷爱丹青，曾以第一名的成绩考取南京中央大学艺术系，学成之后，投身艺术教育事业，担任台湾师范大学艺术学院教授、院长，桃李满天下……

据不完全统计，截至20世纪80年代，《寿州孙氏宗谱》记载的孙家子孙著书立说者已有29人之多，内容涉及政治、经济、文学、艺术等诸多领域，可见“敦品读书”的家风是多么浓厚，传承得多么持久。

2015年8月15日，中共中央候补委员、北京大学党委书记、校务委员会主任朱善璐率队来到寿县孙氏宗祠，向孙家鼐铜像鞠躬致敬。他对同行的北大教职员工说：“孙家鼐是北京大学的鼻祖，为了更好地弘扬北大精神、宣传北大历史，北大人应该来这里拜谒孙家鼐先生，要记住北大的根，要清楚北大的渊源。”

综上所述，我们不难发现，家训是培养家风的基础，家风是践行家训的结果。一棵幼苗能不能成材，与有无底肥大有关系，没有底肥的树苗先天不足，后天再怎么追肥也难以弥补；一个人能不能成才，与家风优劣密切联系，家风不良会让人从小沾染一身恶习，后天的调教顶多事倍功半。从这个意义上说，家风的作用就像底肥之于树木，它是促进一个人健康成长的家庭文化底蕴，能够自始至终提供成才的正能量、原动力。底肥充足苗儿壮，家风和煦人向上。这不正是寿州“孙氏五魁”群体成才的奥秘吗？

五

寿州孙文正年谱

根据《太傅孙文正公手书遗摺稿》(宣统元年影印本)、孙传栋纂:《寿州孙氏支谱·孙节公分支家谱》(清宣统三年木刻印本)、孙传棉:《寿州孙文正公年谱》(民国早年朱丝栏抄本)、安徽史学杂志社:《孙家鼐年表》,以及2009年版《寿州孙氏宗谱·枝兰公世系》等修订、整理而成。

一、寿州孙氏祖谱

始迁祖:

镃　配王氏(孙家鼐属于这一支)。

铠　配梅氏。

二世:

极　配陈氏。

相

用　(明正德四年,1509年生),字近桥,配王氏,生子肖宗。

三公世系无考,有遗缺。据推测,始迁祖与九世祖之间还应有若干代。

三世:

节　生卒年无考。居寿州城南孙厂(也称孙家厂),敦崇古道,隐德弗彰。配王氏,本邑人。合葬于宗祠西老茔东侧。

东　配刘氏,生子继盛。

肖宗　用公之子。

府

策

简

都

绍宗

四世：

楼　节公之子，字汝高。生卒年无考。明省祭官。天性诚确，不改父道。合葬于宗祠东老茔第一座。

五世：

明武(1609—1663)　字光吾。刚直朴毅，治家教子，世业日隆。省志有传记。配张氏，本邑人。

六世：

枝华(1632—1665)　明武长子，字文若，邑庠生(俗称秀才)。配薛氏，本邑人，生子承聘。

枝芳(1636—1688)　明武次子，字烨若，邑庠生。配向氏，本邑人。生子五：焜、辉、焯、炘、炯。

枝蕙(1639—1694)　明武三子，字馨若，邑庠生。配张氏，本邑人。生子七：玠、瑜、玥、琏等。

枝兰(1648—1721)　明武四子，庠名芝兰，字馥若，邑庠生。居心仁爱、和平广大、温厚端方。诰赠朝议大夫，晋赠中议大夫，钦加道衔加一级，省志有传记。配高氏，本邑人，孝慈庄静。诰赠恭人，晋赠淑人。合葬于宗祠东老茔西首第三座。生子二：珆、珩。

高祖：

珆(1674—1748)，枝兰长子，字汉倬，岁贡生，候选训导，例授修职佐郎。配陈氏，本邑人。生子二：士毅、士植。

珩(1696—1780)，枝兰次子，字履苍，号艮园，附贡生。诰赠中议大夫，晋赠武功将军，副将衔。崇祀乡贤祠。省志有传记。元配张氏。合葬宗祠东南二里许松林新茔。生子二：士谦、蟠。

曾祖：

士谦(1719—1781)，字怀六，号淮麓。太学生。钦旌孝子，敕祀忠义孝悌祠。省志有传记。诰赠奉政大夫，刑部湖广司郎中，覃恩赠中宪大夫，广西南宁知府。覃恩累赠光禄大夫，太子太傅，武英殿大学士。元配方氏，本邑举人之女。合葬于宗祠东南二里许松林坟茔左首第一座，生子一：克任(大房)；继配吴氏，本邑人，生子四：克依(五房)、克俊(六房)、克伟(七房)、克仪(八房)，一女，适合肥贡生、候选知州王运成。

蟠(1727—1804)，字十洲，号石舟，一号小巫山樵。增贡生，候选知府，钦加道衔加一级。覃恩诰赠中议大夫。广西南宁知府加一级，累赠荣禄大夫，二品顶戴，浙江按察使司，按察使加二级，颁给"盛世醇良"匾额，恩赏大缎。著有《群经析疑》《读书十八则》《十洲诗文钞》等。崇祀乡贤祠。省志有传记。元配王氏，本邑人，合葬于宗祠东南二里许松林坟茔右首第一座，生子一：克仁(二房)；继配李氏，凤台人，庠生李墅之女，生子一：克佺(九房)；侧室蒋氏，江苏吴县(今苏州)人，生子五：炳图(十房)、克佐(十一房)、克保(十二房)、克仿(十三房)、克修(十四房)。

祖：

克伟(1761—1828)，字约斋，号立人。贡生。诰封奉政大夫。配方氏，凤台人。合葬于凤阳府西南乡发红山。生子三：诰祖、本祖、崇祖，生女四。

父：

诰祖(1787—1847)，克伟长子。字凤章，号陶圃。太学生。江苏常州府督粮通判。

本祖(1793—1855)，克伟次子。字培元，号瀛槎。廪贡生。国子监肄业。议叙训导，敕授修职郎。元配方氏，定远人。合葬于寿州城南十里铺。继配孔氏，凤台人。

崇祖，乾隆六十年十月二十日(1795年11月30日)出生；咸丰四年十月十九日(1855年12月8日)逝世。字鼎叔，号巢云，又号岫亭。廪贡生，候选训导，署池州府教授。诰封中宪大夫，宗人府主事加四级。累赠光禄大夫，太子太傅，武英殿大学士。配林氏，怀远人。乾隆五十七年四月五日(1792年4月25)出生；同治十二年十月二十三日(1873年12月12日)逝世。合葬于寿州城南十里铺。生子五、女三(长、次女俱殇，三女适本邑方焕)。

兄：

家泽(1814—1846)，崇祖长子。字伯涛，号沛农，又号丽川。廪贡生。道光十五年乙未科(1835年)举人；道光十八年戊戌科(1838年)进士，授内阁中书。先后担任国史馆分校、礼部祠祭司主事加四级。道光二十六年(1846年)八月，病逝于北京。葬于寿州城南十里铺。配林氏，怀远人。生子二、女二。侧室王氏，怀宁人。生子四。著有《笔花轩经艺》。

家铎(1815—1871)，崇祖次子。字振之，号雪筠。郡廪生。道光十九年己亥科(1839年)举人。道光二十一年辛丑恩科(1841年)进士，授江西即用知县，历任彭泽、安仁、贵溪、广昌、庐陵等县知县，河口镇同知，瑞州府知府。政声卓著。年老卒于家。诰授朝议大夫，晋赠资政大夫。二品顶戴。江苏候补道。光禄大夫，户部右侍郎加三级。配方氏，凤台人。合葬于寿州城南油坊店。生子三、女三。《高安县志》二十八卷，孙家铎修，熊松之纂，清同治十年(1871年)刻本。

家怿(1821—1893)，崇祖第三子。字和民，号介臣。廪监生。咸丰二年壬子科(1852年)举人，选授休宁县教谕，议叙知县，刑部员外郎。奉天司行走，花翎，奉政大夫。赠封光禄大夫，工部左侍郎加三级。配胡氏，临淮人。合葬于寿州城东李家洼。生子二、女二。《孙氏族谱》六卷，孙恺元修，孙家怿编辑，光绪十九年(1893年)活字刻本。

家丞(1825—1878)，崇祖第四子。字石筠，廪贡生。曾任浙江乐清县知县，补用直隶州知州。勤政爱民，循声卓著。诰授朝议大夫，晋赠光禄大夫。吏部右侍郎加三级。元配李氏，阜阳人。生女二。长女适合肥郭庆琪，次女适合肥龚心铭。合葬于寿州城南滕家洼。侧室张氏，江苏人。生子一。工诗善文，著有《淮淝诗文稿》。

家鼐(1827—1909)，崇祖第五子。

二、孙文正年谱

孙家鼐，字燮臣，又字蛰生，号容卿，晚年号澹静老人。安徽寿州(今安徽淮南市寿县)人。

道光七年，丁亥(1827年)

三月十二日午时(4月7日11时—13时之间)，出生。

道光十二年，壬辰(1832年)，六岁

入塾受书。

道光十五年，乙未(1835年)，九岁

大哥家泽参加江南乡试，中举。

道光十七，年丁酉(1837年)，十一岁

二哥家铎与堂哥家醇(1815—1862，字懿甫，号钦生)同膺拔贡。

道光十八年，戊戌(1838年)，十二岁

大哥家泽进士及第，授内阁中书。

道光十九年，己亥(1839年)，十三岁

二哥家铎参加顺天乡试，中举。

道光二十一年，辛丑(1841年)，十五岁

二哥家铎进士及第，授江西即用知县。

道光二十二年，壬寅(1842年)，十六岁

入寿州府庠求学，受知于学使李公。考取秀才。

道光二十五年，乙巳(1845年)，十九岁

迎娶宋夫人(1830—1885)。宋夫人为怀远州同衔宋干之女。

道光二十六年，丙午(1846年)，二十岁

八月，大哥家泽病逝于京职。

道光二十七年，丁未(1847年)，二十一岁

十月一日(11月8日)，长子传榕出生。堂哥家醇进士及第。

道光二十九年，己酉(1849年)，二十三岁

与堂哥家縠(字贻卿，号稼生)同为拔贡，受知于学使罗文恪。十二月八日，长女传和出生。

咸丰元年，辛亥(1851年)，二十五岁

参加顺天府乡试，中举。是年1月11日，洪秀全在广西桂平金田起事，太平军席卷东南数省，大江南北起义不断，互相呼应，各地陷入兵荒马乱局面，百姓不得安宁。

咸丰二年，壬子(1852年)，二十六岁

次女出生，月日无考。三哥家怿与堂哥家縠参加顺天府乡试，一同中举。

咸丰四年，甲寅(1854年)，二十八岁

孙家鼐成为金光筯幕僚，前后三年时间。无论公事还是私事，金光筯都交给孙家鼐办理，月薪八两白银。

咸丰七年，丁巳(1857年)，三十一岁

金光筯率部与捻军在寿州正阳关激战，中弹坠水而亡。捻军被镇压后，为表彰金光筯，清廷下诏赠其为布政使衔，谥刚愍，并在寿州修建纪念馆“刚愍祠”。

金部被打散后，孙家鼐回到寿州，上有老，下有小，生计无着。此时，二哥家铎在江西任知县，为躲避战火，眷属避居浙江。因此，孙家鼐率领宋夫人及诸子女，随同三哥家怿护卫母亲林太夫人等绕道去浙江逃难，大嫂林夫人率传栋等侄在寿州老家留守。

咸丰八年，戊午(1858年)，三十二岁

政局渐稳，交通恢复。孙家鼐等在赴浙江途中，听说浙江也发生了战乱。进退两难，只好在江苏盱眙租房子，暂时住下。不久，次子出生，乳名履未儿，因病夭折。

咸丰九年，己未(1859年)，三十三岁

孙家鼐赴京参加会试。四月，殿试列一甲第一名，状元及第。授翰林院修撰。孙家鼐独居京城，宋夫人及子女均侍候林太夫人，去山西河口镇生活。当时，二哥家铎任河口镇同知。同年，四哥家丞担任浙江乐清知县。

咸丰十年，庚申(1860年)，三十四岁

二月，充武英殿纂修。十二月，充补总纂。

咸丰十一年，辛酉(1861年)，三十五岁

三月，奉旨遇有应升访缺关列在前。七月，授山西乡试正考官。

一月一日(2月10日)，风台团练练主苗沛霖与孙家结怨，率部围困、攻打寿州城，史称“寿州擅杀案”。

一月二十六日，翁同书开缺回到北京，随即被抓进刑部大牢。

九月二十六日(10月29日)深夜，风声凄厉，秋雨如注。苗家军以朱天祥、赵森保(寿州营守备)等为内应，乘守城将士一时麻痹，攻陷城池。苗匪入城后，孙氏家族遇害者一百多人。其中，孙家泰[①]一门四代15口，从71岁

---

① 孙家泰，字引恬，寿州人。祖父有善行，嘉庆帝赐予“盛世醇良”予以表奖。家泰生有殊禀，嬉戏异群儿。每出语，长老惊若成人。未冠，补诸生。道光二十九年，入赀为员外郎，分刑部广西司，治牍明决，为上官所器。咸丰三年，奉命回乡组织团练，战功卓著，受到凤台团练练主苗沛霖的嫉恨。

的老父孙赠祖，到3岁的幼童，被满门抄斩。大嫂林夫人及侄子孙传栋等均陷于苗寇。

同治元年，壬戌(1862年)，三十六岁

三月，孙家鼐充壬戌科会试同考官。闰八月，孙家鼐充实录馆纂修。九月，京师瘟疫横行。此时，孙家鼐全家团聚不久，子女受到感染。九月二十五日(11月16日)，传榕以痧症(即疹子)先殇，年仅十六岁。随后，次女也以痧症而殇。

同治二年，癸亥(1863年)，三十七岁

三月二十三日(5月10日)，次子传棨出生。

充翰林院汉办事官，兼庶常馆提调，教习庶吉士。

同治三年，甲子(1864年)，三十八岁

二月，补詹事府左春坊右赞善。四月，授湖北提督学政。八月，迎养林太夫人到湖北武昌，二哥家铎同大嫂林夫人侍送到署，而后，家铎返回江西任所。

同治四年，乙丑(1865年)，三十九岁

三月，充乙丑科会试知贡举副考官，转左春坊左赞善。五月，授翰林院侍读。长子传榕聘妇宋恭人，闻榕讣告，矢志来归，抱木圭成礼。

同治五年，丙寅(1866年)，四十岁

在湖北任学政。八月，三女出生。

同治六年，丁卯(1867年)，四十一岁

六月，转翰林院侍读。

同治七年，戊辰(1868年)，四十二岁

二月，差竣，湖北学政任满回京，教习庶吉士。九月，奉旨在上书房行走，教授惠亲王之子奕询、奕谟。十月，纳侧室王氏(1848年11月20日出生)。十一月，补翰林院侍读学士，充日讲起居注官。十二月，仍充武英殿总纂。

同治九年，庚午(1870年)，四十四岁

正月，长女嫁给王昌年(山东长山人，举人，内阁中书)。七月，转翰林院侍读学士，充武英殿提调。

同治十年，辛未(1871年)，四十五岁

三月九日，二哥家铎在江西任上病逝。林太夫人在家乡寿州，由三哥家怿、四哥家丞侍养。五月七日(1871年6月24日)，孙家鼐奏请开缺，得到朝廷批准，回寿州省亲。十二月，四女出生，侧室王氏出。

六月二十八日(8月14日)，爱新觉罗·载湉生于北京太平湖醇王府的柳荫斋，其父奕譞是道光皇帝的第七子、咸丰皇帝的弟弟。其母叶赫那拉氏，是慈禧太后的亲妹妹。

同治十二年，癸酉(1873年)，四十七岁

十二月二十三日，林太夫人卒，享年八十二岁。孙家鼐居丧期间，并不奉佛，设经忏一遵文公家礼。他报请朝廷批准，丁忧三年。

同治十三年，甲戌(1874年)，四十八岁

三月，五女生，侧室王氏出。四月，大儿媳宋氏病逝。

光绪元年，乙亥(1875年)，四十九岁

有精于道教占验术者，给孙家鼐占过一卦，预言他能够官至一品，终京职，不外任，后来竟应验。

光绪二年，丙子(1876年)，五十岁

二月起，丁忧期满，返回北京。九月，奉旨仍在上书房行走，充武英殿提调。

光绪四年，戊寅(1878年)，五十二岁

二月九日，四哥家丞在寿州逝世。春，孙家鼐奉懿旨在毓庆宫行走，授光绪帝读书，补侍读学士缺。八月，充日讲起居注官。十二月，授詹事府少詹事。

光绪五年，己卯(1879年)，五十三岁

三月，授内阁学士，兼礼部侍郎衔，署工部左侍郎，为次子传檠娶媳妇程氏。八月，六女出生，侧室王氏出。

光绪六年，庚辰（1880 年），五十四岁。

八月，补工部左侍郎。

光绪七年，辛巳（1881 年），五十五岁

七月四日，二儿媳程氏病逝(21 岁)。

三月十日，东太后慈安去世。

光绪八年，壬午（1882 年），五十六岁

二月，兼署吏部左侍郎。五女夭折。四月，查贡院工程，阅试差卷，派往西陵行礼。八月，又兼署礼部左侍郎，简放壬午科顺天府乡试副考官。十一月，又兼署吏部右侍郎，赴东、西陵查工。是岁，次子传棨娶继室王氏(1869 年 2 月 11 日出生)。

光绪九年，癸未（1883 年），五十七岁

五月，召见。六月，调补户部右侍郎，兼管钱法事务，同日，署吏部左侍郎。在工部任内失察，司员收受津贴银两一案应得降级留任处分，奉旨准其抵消。

光绪十年，甲申（1884 年），五十八岁

十月，加恩在紫禁城骑马。

是岁，法越构兵，越南为我属国，廷议起用前寿春总镇博崇武为将，孙家鼐以博崇武在“寿州擅杀案”中曾协助苗沛霖据炮攻城，巧诈奸回，不堪起用。密书具劾得寝。

光绪十一年，乙酉（1885 年），五十九岁

四月，乙酉科顺天乡试覆试阅卷大臣。五月，召见。六月一日，宋夫人逝世，享年 56 岁。八月，兼署礼部右侍郎。九月，考御史阅卷。

十一月二十九日，翁同龢由工部尚书调补户部尚书，一直到光绪二十四年四月开缺回籍为止。

光绪十二年，丙戌（1886 年），六十岁

三月，署都察院左都御史。四月，覆勘试卷。七月，召见。十二月，三女儿嫁给徐桢祥(江苏嘉定人,直隶候补道)。

光绪十三年,丁亥(1887年),六十一岁

正月,以户部酌易制钱工本过巨案,堂官交部议处,部议阎敬铭、福锟、翁同龢、嵩申、孙诒经、景善、孙家鼐革职,奉旨改为革职留任,补授兵部右侍郎。

五月六日,总理各国事务衙门大臣奕劻、孙家鼐与法国驻华公使恭思当,在北京签订了《中法续议商务专条》。

七月十七日,李鸿章擅自与美国商人合伙筹开华美银行,其中美商出资居多,实为美商节制。九月,翁同龢策动多名御史上奏,弹劾李鸿章欺君卖国。慈禧太后遂降旨李鸿章停止筹开华美银行。翁同龢、李鸿章矛盾进一步加深。

光绪十四年,戊子(1888年),六十二岁

四月,阅试差卷。八月,孙家鼐担任覆核朝审大臣。十月,任磨勘翻译试卷大臣。十二月,署经筵讲官(负责为皇帝进讲书史)。

六月十九日,慈禧太后宣布,皇帝大婚礼成,即行亲政。七月,慈禧太后准奏李鸿章修津通(天津至通县)铁路。翁同龢与孙家鼐联衔封奏,以国家财力不足、列强虎视为由,主张缓筑津通铁路。十月五日,慈禧太后宣布,立副都统桂祥(慈禧的亲弟弟)之女二十一岁的叶赫那拉氏为皇后,封原任侍郎长叙之女十五岁他他拉氏为瑾嫔、十三岁他他拉氏为珍嫔。十二月,慈禧太后谕令罢修津通铁路。翁同龢、李鸿章矛盾更加尖锐。

光绪十五年,己丑(1889年),六十三岁

正月,孙家鼐调任吏部右侍郎。正月二十七,光绪帝大婚礼成,而后,赏孙家鼐头品顶戴(翁同龢获赏花翎,按照清朝规制,文官未有军功者一律不赏花翎。此举可以看出,慈禧太后已将翁同龢视为心腹)。三月,己丑科会试知贡举副考官。八月,孙家鼐署工部尚书,荫子谢恩。侄孙孙多玢在江南乡试中中举。

光绪十六年,庚寅(1890年),六十四岁

三月,孙家鼐署刑部尚书。四女儿嫁给胡铭业(湖北天门人,江苏候补道)。七月,兼署工部左侍郎。十一月,孙家鼐补都察院左都御史,遵议醇亲王饰终典礼会议。初祭、大祭礼会议庙制葬祭事宜。

光绪亲政恩科,文廷式中榜眼,孙家鼐的侄孙孙多玢考取进士。次年,孙多玢又成为庶吉士。

十一月二十一日,光绪帝的父亲爱新觉罗·奕譞逝世。

光绪十七年,辛卯(1891 年),六十五岁

光绪帝赏孙家鼐御制《劝善要言》一部。十一月,奉旨:礼亲王世铎、庆郡王奕劻、克勤郡王晋祺、大学士额勒和布、兵部尚书许庚身、刑部尚书孙毓汶,户部尚书翁同龢、都察院左都御史孙家鼐,均加恩在西苑门内骑马。大学士张之万,在西苑门内乘坐二人小椅。

辛卯科,侄传樾(传铎三子)、堂侄传绮、侄孙多鑫(祖父家怿,传越长子)、堂侄孙多捷同举江南乡试,轰动城乡。

光绪十八年,壬辰(1892 年),六十六岁

二月,孙家鼐署户部尚书。六月,署工部尚书。八月,补工部尚书兼管顺天府尹事。十一月,上谕李鸿章、孙家鼐等察赈,被灾州县有玩视民瘼者,严劾以闻。十二月,孙家鼐担任总办万寿庆典大臣。

光绪十九年,癸巳(1893 年),六十七岁

六月,京师地区连降暴雨,山洪暴发,永定河等河流决堤,李鸿藻、翁同龢、孙家鼐等联名奏请朝廷赈灾。十二月,孙家鼐充会典馆副总裁。

光绪二十年,甲午(1894 年),六十八岁

正月,赏戴花翎。三月,孙家鼐兼署左都御史,大考阅卷。孙家鼐陪同光绪帝到昭仁殿,检点天禄琳琅藏书。皇上留意古籍,常以宋元书画赐其观赏。九月,覆勘试卷。

正月,慈禧太后六十大寿,礼成,赏李鸿章戴三眼花翎;初三日,朝鲜东学党起义;六月二十二日,应朝鲜国王之请,清政府派直隶提督叶志超率兵入朝,镇压东学党。日本趁机出兵朝鲜。朝议主战,家鼐力言:“衅不可启”。廷议举曹克忠替代李鸿章,孙家鼐力争不过,于是向皇上密疏陈状,谓李鸿章为列强所特推服脱，轻易人恐缓急不可恃。

光绪二十一年，乙未（1895年），六十九岁

孙家鼐覆奏顺天府灾情较重，请朝廷拨款赈灾。十二月，充管理沟渠河道大臣。

六月，康有为在北京组建强学会，孙家鼐予以支持，并出面协调，在安徽会馆中给强学会解决了办公场所；十二月六日，杨崇伊上书弹劾强学会，随后，强学会被朝廷取缔。李鸿藻当时在京外出差；翁同龢得知这是太后的意思，便"嘿不一言"，"见人推之两邸"；只有孙家鼐对"有利无弊"的强学会被查封十分不满，毅然"请假数日，意欲请开缺……有以去就相争之志"。

光绪二十二年，丙申（1896年），七十岁

正月，孙家鼐造膝密陈强学会事宜，对皇上"力言其诬，且谓事实有益"。光绪帝明白事实真相后，"意乃解"，并"悔行之不当"。于是，强学会改为官书局，孙家鼐担任管理官书局事务大臣。汪大燮称赞道："此次寿州（即孙家鼐）难得。"初九日，孙家鼐上奏《官书局章程》，明确了官书局的七项职能：藏书籍、刊书籍、备仪器、广教肄、筹经费、分职掌、刊印信。

三月，七十大寿，朝廷赏寿，赏孙家鼐在颐和园里乘坐二人肩舆。

五月二日，刑部左侍郎李端棻上《奏请推广学校折》，建议创建"京师大学，选举贡监年三十以下者入学；其京官愿学者，听之"。总理衙门根据光绪帝谕令，上《议覆李侍郎推广学校折》，指出："该侍郎所请于京师建设大学堂，系为扩充官书局起见，应请旨饬下管理书局大臣察度情形，妥善办理。"

七月，孙家鼐调任礼部尚书，仍兼管理书局大臣、顺天府尹等。经过"与在局诸臣悉心筹议"之后，孙家鼐上了一道《议复开办京师大学堂折》，提出了具体的办学宗旨和实施方案。

十一月，孙家鼐兼署工部尚书。六女儿嫁给刘体智（1879—1962，四川总督刘秉璋之子）。

光绪二十三年，丁酉（1897年），七十一岁

三月，孙家鼐署吏部尚书。四月，奉旨盘查户部银库。七月，补授吏部尚书。八月，简放丁酉科顺天府乡试正考官。九月，赏绸缎。十一月，覆勘试卷。

光绪二十四年，戊戌（1898年），七十二岁

正月十日，御史王鹏运奏请开办京师大学堂。

三月，孙家鼐简放戊戌科会试正考官。

四月十一日，恭亲王奕䜣病逝。

四月二十三日，光绪帝颁布《明定国是诏》，正式宣布变法。

四月二十五日，侍读学士徐致靖上《保荐人才折》，保荐康有为、黄遵宪、谭嗣同、张元济和梁启超等五人参与新政。

四月二十七日，翁同龢开缺回籍。

五月一日，孙家鼐充会典馆正总裁。

五月五日，授孙家鼐吏部尚书、协办大学士。

五月十五日，总署《奏拟京师大学堂章程》。光绪帝决定："即著照所议办理。派孙家鼐管理大学堂事务；办理各员由该大臣慎选奏派。""所需兴办经费及常年用款著户部分别筹拨。""所有原设官书局及新设之译书局均著并入大学堂，由管学大臣督率办理。""赏举人梁启超六品衔，办理译书局事务。"

五月二十九日，孙家鼐分别上了《请严禁悖书折》《筹办大学堂总教习等事务折》《请饬刷印〈校邠庐抗议〉颁行疏》《委派大学堂教习各员折》《奏请添派官书局提调等员片》和《请先行指派官房开办大学堂片》。

六月，《孙家鼐代梁启超奏译书局事务折》。

六月十七日，《孙家鼐议覆五城建立小学堂疏》。

六月二十二日，《孙家鼐奏覆筹办大学堂情形片》和《孙家鼐筹办官报事宜折》。

六月二十七日，徐致靖奏《请开编书局》一折，皇上命孙家鼐酌核具奏。

七月三日，《孙家鼐遵议徐致靖请开编书局应毋庸议折》。

七月五日，孙家鼐《奏多设中小学堂折》《大学堂添设文案处折》《改派御史李盛铎充大学堂总办片》《官书局经费由部改拨片》。

七月七日，《孙家鼐代奏译学馆经费折》。

七月十日，孙家鼐代奏《梁启超请在上海设编译学堂并请免书籍报纸纳税》(原呈原片各一件)，《孙家鼐拒德、意自荐教习咨复总理衙门》。

七月十四日，《孙家鼐奏准派员赴日本考察学务折》。

七月二十四日，《孙家鼐奏请另设医学堂折》《孙家鼐议复徐致靖请高散卿折》《孙家鼐议复庞鸿书条陈大学堂章程折》等。

七月二十九日，孙家鼐《奏拟医学堂章程折》《奏派朱启勋充提调片》《通艺学堂请列入中学堂折》《遵议恽毓鼎请设武备学堂折》。

八月四日，《孙家鼐奏设大学堂功课折》。

八月六日，慈禧太后再度"训政"，变法举措基本都被废除。

八月九日，《孙家鼐为义国(即意大利)大使执意荐举义国教习事咨复总理衙门》。

八月十三日，谭嗣同、林旭、刘光第、杨锐、杨深秀、康广仁"戊戌六君子"在北京菜市口遇难。

十月二十日，《孙家鼐奏大学堂开办情形折》。

十月二十一日，光绪帝朱谕：翁同龢著即行革职、永不叙用，交地方官严加管束。

十一月二十七日，《孙家鼐咨行各省送交学堂章程、教习姓名、学生额数等》。

戊戌变法夭折，慈禧太后及议废长立幼，孙家鼐独持不可。旋以病为由请求开缺，以示抗议。

光绪二十五年，己亥(1899年)，七十三岁

正月，召见，奏皖省饥民甚众，请筹款散放。自戊戌变法夭折，宫廷因之多故，孙家鼐知事不可为，曾两次以年老体衰、身体多病为由，请求开缺，未获批准，但赏假休养。十一月，第三次上疏，奉准开缺，仍赏食全俸。由许景澄暂代管学大臣职务。十二月十六日，返回家乡寿州。二十四日，慈禧太后采纳荣禄建议，用立“大阿哥”（即皇储）迫使光绪帝退位。以光绪帝名义颁诏，称其不能诞育子嗣，立端王载漪之子溥儁为大阿哥。诏书发布，国内舆论哗然，群情激愤，上海绅商各界和维新人士联名通电反对，并号召各省抗争。各国公使提出警告，拒绝入贺，“己亥建储”计划被迫搁置。

光绪二十六年，庚子（1900年），七十四岁

三月，孙家鼐修缮并移居八公山深处的青琅玕馆，以自己起草的奏章等为课本，招族中及家乡优秀子弟数十人前来就学。

时京津乱民假奉术符咒仇教，以扶清灭洋为名，三月十八日，清政府正式承认义和团为合法团体。五月十七日至二十日，义和团于右安门内、宣武门内、正阳门外连日焚教堂、杀教民，致使各教堂传教士、教民纷纷逃入东交民巷使馆区。二十四日，端郡王载漪许以晋升并赏银七十两，命虎神营队长恩海于哈德门大街拦路击杀德国驻华公使克林德。当晚，义和团与武卫军甘军部攻击位于使馆区边缘的奥地利大使馆，打响了围攻各国使馆区的第一枪。二十五日，清政府对十一国列强宣战。五月二十六日，北京兵匪开始抢劫，孙府、京师大学堂遭到洗劫。反对对外开战的许景澄、袁昶、徐用仪、立山、联元等五大臣先后被杀。七月二十日，八国联军攻入北京；次日清晨，西太后挟光绪帝仓皇“西狩”。孙家鼐养病在都，赀斧（即家财）荡尽，侄传栻担任赵州知州，于是全家前往赵州维持生活。二十六日，朝廷以光绪帝名义发布“罪己诏”，向列强赔礼致歉。八月十四日，朝廷发布剿灭义和团谕旨。十月，两宫在西安特旨，起用孙家鼐为礼部尚书，授翰林院掌院学士。

光绪二十七年，辛丑（1901年），七十五岁

孙家鼐应召赴西安。三月，调吏部尚书。

七月二十五日，李鸿章、奕劻代表清廷签署《辛丑条约》。

八月，两宫启程返京。

九月二十七日（11月7日），李鸿章卒于北京，谥文忠，晋封一等侯。

十二月，孙家鼐补体仁阁大学士，管吏部事务。吏部尚书张百熙为管学大臣。

光绪二十八年，壬寅(1902年)，七十六岁

三月，任辛丑、壬寅并科会试正考官。七月，赏西苑门内乘坐二人肩舆。八月，召见，磨勘试卷。十月，两宫以公年老，特旨免带领引见。

七月十二日，张百熙上呈学堂章程即《钦定学堂章程》，史称“壬寅学制”。十一月十八日(12月17日)，京师大学堂重新开学。

光绪二十九年，癸卯(1903年)，七十七岁

二月，孙家鼐任癸卯科会试正考官。京师贡院毁于庚子战乱，借河南贡院举行考试。

四月，长孙女嫁钱瀛孙(浙江嘉兴人，侍旌节孝)。

五月，覆试贡士阅卷。闰五月，充殿试阅卷大臣。六月，考试优贡阅卷。

八月，充覆核朝审大臣，补东阁大学士。九月，孙家鼐、张百熙任政务处大臣。

十一月二十七日(1904年1月14日)，朝廷下诏改管学大臣为学务大臣，并加派孙家鼐为学务大臣，命大理寺少卿张亨嘉充大学堂总监督。

光绪三十年，甲辰(1904年)，七十八岁

二月，孙家鼐请求开缺，未被批准。四月，谢赏荫生恩。五月，加班召见，充甲辰科殿试阅卷大臣。六月，派充考试留学生阅卷大臣。七月，考御史阅卷。八月，赏绸缎。十二月，赏穿带膝貂褂。

光绪三十一年，乙巳(1905年)，七十九岁

九月，阅卷，孙家鼐调文渊阁大学士。诏以各省学堂次第兴办，必须有总汇之区，以资董率而专责成。特设学部，命荣庆为尚书，熙瑛、严修为侍郎。裁国子监，归并学部。

光绪三十二年，丙午(1906年)，八十岁

三月十二日，赐寿。太后、皇上均赏匾额、对联及多种珍贵礼物。慈禧太后匾曰：“耄学调元。”联曰：“中朝补衮推良辅，内殿传经锡大年。”光绪帝匾曰：“台衡笃祜。”联曰：“德并甘盘资旧学，望齐潞国重耆英。”九月，孙家鼐任国史馆正总裁。十二月，赏坐暖轿。

七月，考察政治大臣载泽等还京。下谕立宪预备，须先厘定官制，命大臣编纂，奕劻、孙家鼐、瞿鸿禨总司核定，取旨遵行。

光绪三十三年，丁未(1907年)，八十一岁

五月，召见二次，派稽查钦奉上谕事件。六月，转任武英殿大学士。八月，立资政院，以贝子溥伦、孙家鼐为总裁。时议将裁礼部，孙家鼐以礼为国本大典所在，不可轻废，礼部得以保留。九月，谢子传棨补主事恩。十月，命派孙家鼐、荣庆、陆润庠、张英麟、唐景崇、宝熙、朱益籓进讲经史及国朝掌故。皇太后率皇上亲御讲筵。

三月二十五日，御史赵启霖奏："段芝贵善于迎合，上年贝子载振往东三省，道经天津，芝贵以万二千金鬻歌妓以献，又以十万金为奕劻寿，夤缘得官。"上为罢芝贵，而命醇亲王载沣、大学士孙家鼐按其事，不得实，夺启霖官。载振复疏辞御前大臣、农工商部尚书，许之。

光绪三十四年，戊申(1908年)，八十二岁

二月，参加重宴鹿鸣(朝廷为考中举人满六十周年者举行的纪念、庆贺仪式)，赏加孙家鼐太子太傅衔。十一月，赏用紫缰，汉臣赏用紫缰者盖异数也。十月二十一日(11月14日)傍晚，光绪帝驾崩于瀛台涵元殿，孙家鼐顶风冒雪，徒步进宫哭临。特旨赏穿孝服百日。次日，慈禧太后病死。

宣统元年，已酉(1909年)，八十三岁

正月，召见。二月，修德宗实录。皇上命熙彦、乔树枏、刘廷琛等分日进讲。讲义令孙家鼐、张之洞核定。

七月，估修资政院要工，孙家鼐为政廉洁，旧制户、工两部视他部饶裕，故京师有金工银户之谚。唯独孙家鼐任工部尚书时，一介不取，尝承估太和殿铜炼工程，视原估大臣减数十万之巨。皇上知道他办事一丝不苟，故衡文外，凡估大工多以属公。当时，孙家鼐已重病缠身，曾两次奏请开缺，都未获准，朝廷特意赏给他三两老参滋补身体。

十月十七日(12月29日)，孙家鼐病逝。临终前，还手书遗折，"愿皇上观览经史，专心讲求知人之法、用人之方，则天下之大、百务之烦，皆可不劳而理。”哀荣备至。“著赏给陀罗经被，派贝勒毓朗带领侍卫十员前往奠酌，加恩予谥：文正。晋赠太傅。照安定学士例，赐恤入祀贤良祠，赏银三千两，治丧由广储司给发，任内一切处分悉予开复，应得恤典，该衙门察例具奏。灵柩回籍时，沿途地方官妥为照料。伊子陆军部郎中孙传棨以四品京堂补用。伊孙一品荫孙多焌、孙多煃均著以郎中分部补用。”

宣统二年，庚戌（1910 年），三月二十二日，孙家鼐的灵榇运回寿州。

十二月，葬在寿州城东南九里柳树茔（今寿县九龙乡新庄村）。